本书是教育部人文社科基金项目《新媒体语境下少数民族传统文化现代性建构研究——以湖南侗族为例》（编号12YJAZH083）的最终成果。

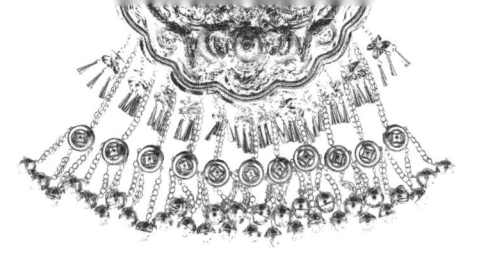

龙运荣 ◎ 著

# 嬗变与重构

新媒体语境下侗族传统文化的
现代性变迁研究

中国社会科学出版社

# 图书在版编目(CIP)数据

嬗变与重构:新媒体语境下侗族传统文化的现代性变迁研究/龙运荣著.—北京:中国社会科学出版社,2015.11
ISBN 978-7-5161-6535-5

Ⅰ.①嬗…　Ⅱ.①龙…　Ⅲ.①侗族—民族文化—研究
Ⅳ.①K287.2

中国版本图书馆 CIP 数据核字(2015)第 159982 号

| | |
|---|---|
| 出 版 人 | 赵剑英 |
| 责任编辑 | 郭晓鸿 |
| 特约编辑 | 席建海 |
| 责任校对 | 韩海超 |
| 责任印制 | 戴　宽 |

| | |
|---|---|
| 出　　版 | 中国社会科学出版社 |
| 社　　址 | 北京鼓楼西大街甲 158 号 |
| 邮　　编 | 100720 |
| 网　　址 | http://www.csspw.cn |
| 发 行 部 | 010-84083685 |
| 门 市 部 | 010-84029450 |
| 经　　销 | 新华书店及其他书店 |

| | |
|---|---|
| 印刷装订 | 三河市君旺印务有限公司 |
| 版　　次 | 2015 年 11 月第 1 版 |
| 印　　次 | 2015 年 11 月第 1 次印刷 |

| | |
|---|---|
| 开　本 | 710×1000　1/16 |
| 印　张 | 19.5 |
| 字　数 | 306 千字 |
| 定　价 | 76.00 元 |

凡购买中国社会科学出版社图书,如有质量问题请与本社营销中心联系调换
电话:010-84083683
版权所有　侵权必究

图 1 湖南侗族地区在中国的位置示意图

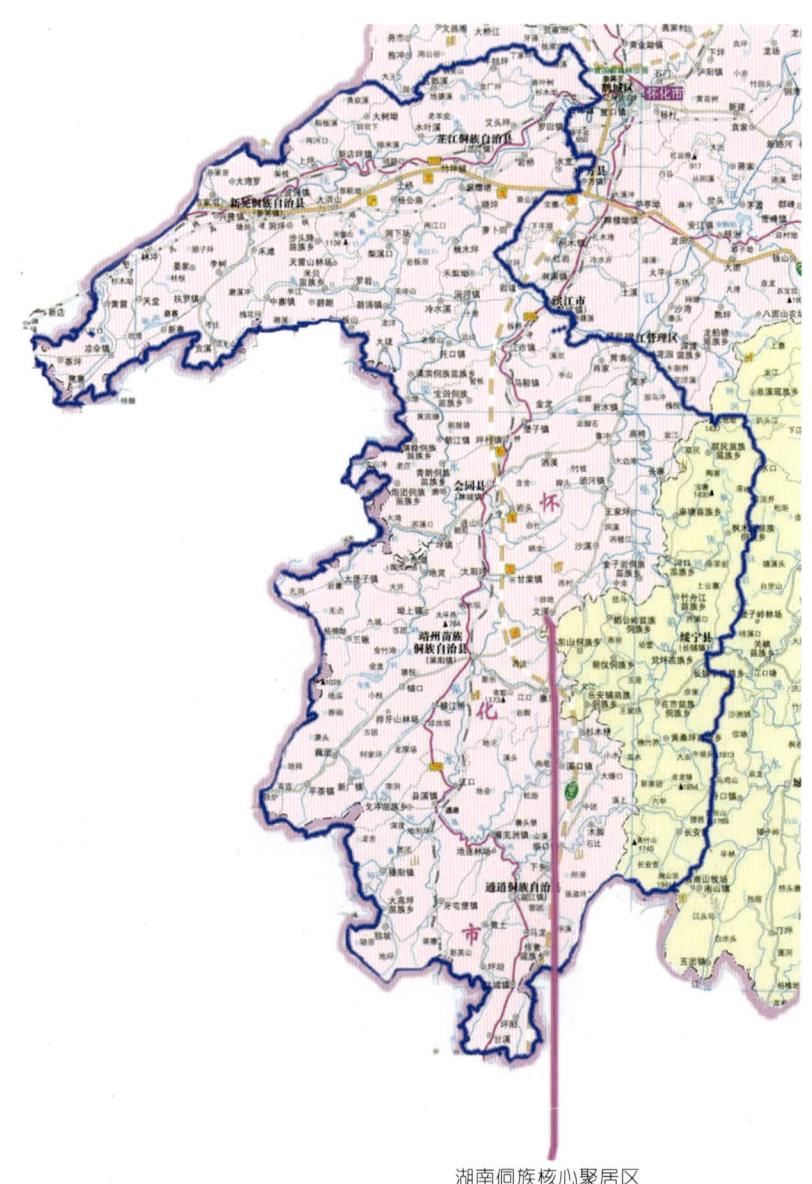

图 II 湖南侗族核心聚居区

# 目　录

**导论** …………………………………………………………（1）
　一　选题缘由与意义 ………………………………………（1）
　二　国内外相关研究综述 …………………………………（4）
　三　研究目标、内容与难点 ………………………………（8）
　四　研究理论与方法 ………………………………………（12）

**第一章　湖南侗族概貌** ……………………………………（21）
　第一节　自然生境 …………………………………………（21）
　　一　区位交通 ………………………………………………（21）
　　二　地形地貌 ………………………………………………（22）
　　三　气候条件 ………………………………………………（23）
　　四　物产资源 ………………………………………………（23）
　第二节　社会生境 …………………………………………（26）
　　一　侗族源流 ………………………………………………（27）
　　二　人口分布 ………………………………………………（28）
　　三　语言文字 ………………………………………………（30）
　　四　周边民族 ………………………………………………（30）
　第三节　生计方式 …………………………………………（31）
　　一　主要生计方式 …………………………………………（31）
　　二　辅助生计方式 …………………………………………（35）
　第四节　传统文化事象 ……………………………………（36）

一 物质文化 …………………………………………………… (37)
二 精神文化 …………………………………………………… (49)
三 制度文化 …………………………………………………… (56)
四 风俗习惯 …………………………………………………… (65)

## 第二章 新媒体及其在湖南侗族地区的发展 ………………………… (75)
### 第一节 新媒体及其内涵 ……………………………………………… (75)
一 有关新媒体的讨论 ………………………………………… (75)
二 我看新媒体 ………………………………………………… (80)
### 第二节 新媒体的特点 ………………………………………………… (82)
一 技术性特点 ………………………………………………… (82)
二 社会性特点 ………………………………………………… (84)
### 第三节 湖南侗族地区新媒体发展概况 ……………………………… (90)
一 湖南侗族地区的新媒体类型 ……………………………… (90)
二 湖南侗族地区新媒体发展特点 …………………………… (110)
三 湖南侗族地区新媒体发展存在的主要问题 ……………… (113)

## 第三章 新媒体语境下湖南侗族传统文化的现代性建构 ………… (117)
### 第一节 物质文化现代性建构 ………………………………………… (118)
一 居住方式 …………………………………………………… (118)
二 交通出行 …………………………………………………… (121)
三 衣着服饰 …………………………………………………… (123)
### 第二节 制度文化现代性建构 ………………………………………… (127)
一 经济制度 …………………………………………………… (127)
二 政治制度 …………………………………………………… (133)
三 教育制度 …………………………………………………… (137)
四 婚姻家庭 …………………………………………………… (145)
### 第三节 精神文化现代性建构 ………………………………………… (153)
一 价值观念 …………………………………………………… (153)
二 维权意识 …………………………………………………… (156)

三　闲暇生活 …………………………………………… (159)
　　四　审美意识 …………………………………………… (160)
　　五　宗教信仰 …………………………………………… (162)
　　六　民族认同 …………………………………………… (164)
　第四节　风俗习惯的现代化变迁 ……………………………… (166)
　　一　饮食习俗变迁 ……………………………………… (166)
　　二　节庆习俗变化 ……………………………………… (169)
　　三　人生仪礼变化 ……………………………………… (171)
　　四　社交习俗变迁 ……………………………………… (171)
　　五　医护习俗变迁 ……………………………………… (173)

第四章　新媒体语境下湖南侗族传统文化现代性建构方式及特点 …… (177)
　第一节　新媒体语境下湖南侗族传统文化现代性建构方式 …… (177)
　　一　市场经济的推进 …………………………………… (177)
　　二　民族政策的引导 …………………………………… (181)
　　三　农村城镇化带动 …………………………………… (188)
　　四　人口流动的促进 …………………………………… (189)
　　五　现代教育的示范 …………………………………… (192)
　　六　大众媒介的宣传 …………………………………… (193)
　第二节　新媒体语境下湖南侗族传统文化现代性建构制约因素 …… (196)
　　一　偏僻的区位交通 …………………………………… (196)
　　二　缺位的政策扶持 …………………………………… (197)
　　三　滞后的经济发展 …………………………………… (201)
　　四　封闭的文化模式 …………………………………… (202)
　　五　落后的文化教育 …………………………………… (203)
　　六　乏力的传媒引导 …………………………………… (207)
　第三节　新媒体语境下湖南侗族传统文化现代性建构特点 …… (212)
　　一　侗族传统文化的现代性建构属后发外生型 ………… (212)
　　二　侗族传统文化的现代性建构呈现失衡状态 ………… (213)
　　三　侗族传统文化的现代性建构方式复杂多元 ………… (214)

四　侗族传统文化的现代性建构是项未竟事业 …………… (215)

## 第五章　新媒体影响少数民族传统文化现代性建构的机制与特点 …… (216)
### 第一节　文化生态学视野中的新媒体与民族文化生态 ………… (216)
　　一　文化与传播研究的生态系统观 ………………………… (216)
　　二　新媒体是全球文化生态系统的重要组成部分 ………… (223)
　　三　新媒体影响下的民族文化生态及变迁 ………………… (225)
### 第二节　新媒体影响少数民族传统文化现代性建构的机制 …… (233)
　　一　众说纷纭的传媒影响机制 ……………………………… (233)
　　二　新媒体：社会引信调控下的"深水炸弹" ……………… (235)
　　三　新媒体影响少数民族文化现代性建构的方式 ………… (237)
### 第三节　新媒体影响少数民族传统文化现代性建构的特点 …… (243)
　　一　作为一种生活方式，其影响更具隐蔽性 ……………… (243)
　　二　作为一种技术手段，其意识形态更显著 ……………… (244)
　　三　作为一种文化观念，媚俗已成集体意识 ……………… (248)
　　四　作为一种消费符号，炫耀成为社会潮流 ……………… (249)

## 第六章　新媒体语境下少数民族传统文化现代性建构的问题与对策 …… (252)
### 第一节　新媒体语境下少数民族传统文化现代性建构存在的问题 ……………………………………………………………… (252)
　　一　传统文化生态遭破坏 …………………………………… (252)
　　二　系统内部发展不协调 …………………………………… (254)
　　三　系统外部发展不平衡 …………………………………… (254)
　　四　个体发展差异性较大 …………………………………… (256)
### 第二节　新媒体促进少数民族传统文化现代性建构的对策 …… (257)
　　一　利用新媒体促进民族地区文化产业的发展 …………… (257)
　　二　利用新媒体提高少数民族同胞的媒介素养 …………… (259)
　　三　利用新媒体促进少数民族传统文化的传播 …………… (261)
　　四　利用新媒体促进少数民族传统文化的传承 …………… (262)
　　五　利用新媒体实现少数民族传统文化的开发 …………… (263)

六　利用新媒体促进少数民族事务的自主管理 …………… (264)
第三节　少数民族传统文化现代性建构应处理好的关系 ……… (268)
　　一　传统文化与现代文化的共生关系 …………………… (268)
　　二　经济发展与文化传承的协调关系 …………………… (270)
　　三　媒介宣传与文化建构的互动关系 …………………… (271)
　　四　政府力量与民族精英的协同关系 …………………… (272)

**第七章　新媒体的现代性反思** …………………………………… (273)
　　一　互联网使数字鸿沟越来越深 ………………………… (273)
　　二　解构传统但尚未建构新秩序 ………………………… (276)
　　三　网络成瘾：新的都市流行病 ………………………… (277)
　　四　偷窥，撩拨的不仅是好奇心 ………………………… (278)
　　五　网络暴力：被操控的伪民意 ………………………… (280)
　　六　网络犯罪：难以承受之隐痛 ………………………… (281)

**附录** ……………………………………………………………… (283)
　　一　调查问卷 ……………………………………………… (283)
　　二　调查提纲 ……………………………………………… (298)

**后记** ……………………………………………………………… (303)

# 导 论

## 一 选题缘由与意义

（一）选题缘由

20世纪90年代以来，以手机和互联网为代表的新媒体在中国快速发展，无论是都市的大街小巷还是乡村的田间地头，都可以见到人们使用手机打电话、发短信、上网的身影。使用新媒体作为一种全新的生活方式，已经悄然地嵌入人们的日常生活，影响到人们的行为举止、思维方式和审美情趣，进而影响到深层次的社会结构和文化形态。新媒体已经成为我国现代化发展的重要推进器，对我国社会文化的现代性建构起着不可估量的作用。

然而，我国是一个多民族聚居的统一国家，由于历史和现实的原因，各民族在经济发展、社会进步和文化传承方面各具特色。新媒体在各民族地区的发展快慢不一，各少数民族同胞使用新媒体的情况迥异，新媒体对少数民族经济、社会、文化的影响也不相同。因此，在当前急速发展的新媒体时代，在我国步入快速现代化的进程中，各民族地区新媒体发展现状如何，各少数民族同胞使用新媒体有什么特点，新媒体对少数民族社会文化的现代化发展有何意义和作用，亟待学界和业界的研究和思考。

（二）选题意义

本书以新媒体语境下的少数民族传统文化现代性建构为主要研究内容，其意义体现在理论和实际两个方面。

1. 理论意义

本书的理论意义主要体现在新闻传播学和民族文化研究两个方面。

从民族文化研究的意义来看，主要体现在以下两方面。

其一，本书可以丰富现代性的内涵与特点研究。现代性是一个充满争议、不断发展的概念，对于现代文化的研究始终绕不开现代性这个话题。而我国目前现代性研究多沿用西方的研究模式，注重对宏观社会意识、社会形态的研究。虽然现代性概念源自西方，但是现代性并非西方的"专利"。2000 年，美国人文科学院杂志《代达洛斯》（*Daedalus*）在冬季号第一期上以"多元现代性"（Multiple Modernities）专号发表了多篇从非西方视野看现代性的论文①，从此"多元现代性"成为学界热议的话题。不少学者指出，现代化不等于西方化，人类现代化并无统一的模式，各国需要根据自身的国情建设自己的现代性。而我国是一个统一的多民族国家，地大物博，民族众多，各民族的地理区位、发展阶段、历史文化传统各不相同，其现代化发展程度和途径各有差异。因此，对中国少数民族传统文化现代性建构的研究，可以丰富现代性的内涵与特点。

其二，本书可以丰富文化发展理论。手机、互联网等新媒体以全新的形态将人们带入一个全新的新媒体时代，民族文化的发展也面临着全新的冲击，呈现不同的特点。对新媒体时代民族文化发展、变迁的规律与特点的研究，对新媒体时代少数民族传统文化现代性建构的研究，可以丰富文化发展的理论。

而本书对新闻传播学的理论意义体现在以下三个方面。

其一，可以丰富和发展民族新闻与传播理论。民族新闻传播理论的研究是独具特色的新闻与传播学领域，新媒体传播理论研究当前还处在十分薄弱的环节，对湖南侗族地区新媒体发展现状、特点与问题的研究，可以丰富和发展民族新闻与传播理论。

其二，可以丰富和发展新媒体研究理论。新媒体是当前新闻传播学研究的一个新领域，对其研究尚待进一步深入。本书采用人类学民族学质化研究和新闻传播学量化研究相结合的方法，对少数民族地区的新媒

---

① 方朝晖：《多元现代性研究及其意义》，载《马克思主义与现实》2009 年第 5 期。

体发展进行深入调研，可以丰富和发展新媒体研究。

其三，可以总结传媒与文化发展的影响机制，提出新媒体促进少数民族传统文化现代性建构的发展策略。侗族是我国特色鲜明的少数民族之一，湖南侗族因其特殊的地理区位、历史文化传统在我国少数民族文化发展研究中具有特殊的地位，对湖南侗族文化受新媒体影响的变迁规律与特点的研究，可以总结其影响机制，提出新媒体促进其他少数民族传统文化现代性建构的发展策略。

2. 实际意义

本书的实际意义体现在以下几个方面。

其一，对民族地区现代化建设的指导意义。新媒体已经从根本上改变了现代人类的生存和生活方式，并预示着其在未来社会中将会发挥越来越重要的作用。民族地区的现代化进程同时也是少数民族传统文化现代性建构过程，如何充分发挥新媒体的积极作用，对民族地区现代化具有重要的指导意义。本书对新媒体与民族文化相互影响的机制进行研究，总结其规律，提出新媒体促进其他少数民族传统文化现代性建构的发展策略。

其二，对地方经济和社会发展的参考意义。本书以较为翔实的田野调查资料为基础，对民族地区新媒体发展现状、特点与问题的研究，以及对少数民族传统文化现代性建构现状、特点与问题的研究，可为地方政府和有关部门制定区域经济和社会发展战略提供决策参考依据。

其三，对民族文化传承、传播与保护的启示意义。文化是人类之根，保护文化就是保护人类发展的根本。在民族地区现代化进程中，少数民族传统文化遭受新媒体的冲击而发生急剧变迁，许多优秀文化濒临消亡的危险。本书深入分析新媒体影响少数民族传统文化的途径与特点，有针对性地提出少数民族传统文化保护的措施与对策。

其四，对民族新闻传播实践的借鉴意义。民族新闻传播是党的新闻宣传事业的重要组成部分，民族地区新媒体传播研究对于党的新闻传播实践具有重要参考意义。在民族地区现代化进程中，如何正确理解新媒体与民族社会文化的关系，准确把握新媒体的角色定位，对新媒体的健康发展具有重要的现实意义。

## 二 国内外相关研究综述

自20世纪90年代以来,互联网、手机、数字电视等新型传媒在我国获得了快速发展,人们进入了新媒体时代。与传统媒体相比,新媒体对社会政治、经济、文化、休闲娱乐的影响更加广泛而深刻;并已经深入社会的各个角落,为亿万人民群众所接受,成为影响和引导人们的思维方式、行为方式和社会组织形式的重要因素。新媒体对民族文化的传承和发展带来了巨大的冲击,而少数民族传统文化的传承与发展因经济基础、历史背景、自然地理环境等因素影响,本来就面临重重困难,在新媒体的影响下更是举步维艰。

目前关于新媒体的研究主要集中在新闻与传播业务,舆论引导与社会管理,民族文化传承、传播与发展,社区发展、文化认同与身份建构,疾病预防等方面。

新闻与传播业务研究是当前新媒体研究的主要内容。一是对新媒体本身的特点研究。其中以新媒体类型、特点为主要研究内容。根据不同的标准,新媒体可以分为不同类型。一般根据其载体,分为网络新媒体、手机新媒体、电视新媒体和户外新媒体等形式。研究者普遍认为,新媒体具有快捷性、交互性、多媒体性、容量海量性、社群性等特点。也有研究者从技术性与社会性两个层面对新媒体特点进行了研究。[①] 二是新媒体对传统媒体影响的研究。有的认为在新媒体的冲击下,传统媒体会面临消亡的危险,即所谓"报业消亡论";有的认为新媒体为传统媒体发展带来了机遇,即所谓"报业春天论";有的认为新媒体会促进传统媒体的转型,即所谓"报业拐点论"。三是新媒体广告研究。其中,新媒体广告类型与特点,新媒体广告制作、营销与策划是研究的主要内容。四是媒介融合研究。研究者普遍认为,新媒体时代媒介融合将不可避免。王潄蔚的《媒介融合:传媒业发展的必然趋势》认为,新媒介的出现打破了媒介间的壁垒,为不同的传媒提供了资源整合的平台和基础。传统媒介

---

① 龙运荣:《新媒体时代党报创新与社会发展》,中国社会科学出版社2013年版,第27—34页。

之间、传统媒介与新媒介之间正形成一种互为补充、相互融合的关系，媒介融合俨然成为传媒业发展的必然趋势。周志平的《媒介融合：媒体未来发展的新趋势》也认为，随着信息技术的发展，媒介融合已经成为当今媒体发展一个不容忽视的趋势。

舆论引导与社会管理研究。研究者普遍认为，新媒体对舆论引导、社会管理以及执政能力建设具有重要影响。刘学峰在《新媒体与公共危机管理》中认为，以互联网、手机为代表的新媒体对社会舆论的形成、发展起着巨大作用，对公共危机的缓解和政府危机管理有着重要的影响。王玉珠的《新媒体时代地方政府的舆论引导策略》指出，新媒体时代地方政府应依托地方权威媒体，占领新媒体舆论空间；加强政府门户网站建设，打造网络品牌栏目；与时俱进，重视对新兴传播方式的舆论引导。刘宇赤的《论新媒体时代的执政能力建设》认为，新媒体时代对执政能力建设提出了新的要求。媒体的有效运用与否，成为衡量执政能力强弱的又一标准。各级党政部门和领导干部都必须提高与媒体打交道的能力，把握新媒体时代的机遇，应对新媒体时代的挑战，充分运用媒体来体现并提高我们党的执政能力和水平。曲明、聂法良《新媒体时代高校危机管理机制建构及对策初探》认为，新媒体时代高校必须强化危机管理，建立应对危机管理的有效机制，设置高校危机管理常设机构，引导高校管理层树立媒介危机管理意识，提高危机管理水平，以保证高校健康发展。

民族文化传承、传播与发展研究。研究者普遍认为，新媒体对民族文化传承、传播与发展产生了巨大影响，民族文化发展面临机遇与挑战。程曼丽的《从历史角度看新媒体对传统社会的解构》指出，以互联网为代表的新媒体对社会传统的生产、生活方式以及社会关系产生了革命性的影响，它加快了人类生活的节奏，改变着人们的思维方式、交流方式、学习方式、娱乐方式以及消费方式，推动着社会向前发展。姜在新的《新媒体艺术在文化遗产保护中的应用研究》一文，通过对黑龙江图书馆中藏书楼的三维模型构建的考察，认为三维模型保护了文物不被破坏，又使大众可以在千里之外直接通过网络进行浏览，起到了一举两得的作用，具有非常实际的意义，是对文物保护和开发方式的新探索。杨璇的

《新媒体艺术语境中的文化遗产数字化传播》认为，新媒体艺术的发展引领着文化遗产数字化的进程，新媒体艺术运用在文化遗产数字化领域的前景是不可想象的。Ruth Lemon 的 *The Impact of New Media on Māori Culture and Belief Systems* 探讨了殖民地毛利人从传统口语到标准书面语言交流系统的发展进程，以及新媒体对毛利文化和信仰系统的各种影响，认为毛利文化所拥有的强大文化根基足以为新媒体领域提供工作框架，毛利人正准备在全球知识经济领域利用新媒体对文化安全提供支撑。鲁鹏军、张富博、张涛的《秦腔的本位传播——新媒体时代秦腔的传播方式探析》对新媒体时代秦腔的传播方式探析认为，自从改革开放以来，我国的科学技术迅速发展，特别是进入 21 世纪以来，人们逐渐迈入信息时代，我们的传统文化尤其是戏曲很快就被边缘化。但是，不管媒介技术多么发达，戏剧的现场感都是无法复制的，即使有最优秀的演员、最出色的剧本、最先进的技术，也会缺少声气相求、息息相通的交流，缺少现场的变化莫测的刺激和冒险。本位传播的核心就在于传播的是无法复制的现场感。这是秦腔取胜的根本之道。

社区发展、文化认同与身份建构研究。研究者认为，新媒体促进了网络使用者对虚拟社区的认同与身份建构，促进社区管理和发展。笔者的《全球网络时代的大众传媒与民族认同》认为，大众传媒在促进民族认同的同时，也为一些极端民族主义思想传播提供了途径，对国家统一和民族团结造成了不利影响。网络时代，信息的传播更加快捷，大众传媒对民族认同的影响日益深刻。因此，亟须采取措施，充分发挥大众传媒在民族认同中的积极作用，促进民族认同与国家认同的统一，促进各民族共同繁荣和发展。庄晓东就云南网络传播与少数民族文化认同、身份建构和文化传播进行了研究[①]。孟繁华从传媒与文化领导权的角度，对当代中国的文化生产与文化认同进行了研究[②]。Jennifer Marie Almjeld 在其博士学位论文 *The Girls of Myspace: New Media as Gendered Literacy Practice and Identity Construction* 中指出，博客促进了女性文化和身

---

① 庄晓东：《网络传播与云南少数民族文化的现代建构》，科学出版社 2010 年版。
② 孟繁华：《传媒与文化领导权：当代中国的文化生产与文化认同》，山东教育出版社 2003 年版。

份构建。Marcus Foth. Helen Klaebe. Greg Hearn 在 *The Role of New Media and Digital Narratives in Urban Planning and Community Development* 一文中分析了新媒体在社区发展中的作用。

疾病预防研究。研究者认为，新媒体为疾病预防提供了有益的手段。谭宗洋、陈思、何景琳的《新媒体时代的艾滋病预防与倡导》提出，新媒体技术的不断涌现为艾滋病相关知识的传播提供了更多有益的手段和可行的方法。

目前，学界对民族文化的现代性建构研究，主要从"国家层面、民族层面、异质文化等方面"来探讨"传统/现代"一元对立和"单线式"的社会进化、"大传统"与"小传统"再建构等，其研究涉及传统文化、乡村社会、民间信仰、宗族的变迁、民族文化的重构、民族自觉等研究领域。涉及少数民族文化现代性建构研究的主要有：庄晓东将网络媒介及其激发的社会文化变迁置于云南少数民族文化现代建构的理论背景下考量，从三个不同的向度——作为媒介使用者的少数民族族群成员及相关社会文化变迁，虚拟世界的真实文化话语建构，民族地区政治博弈、经济发展和现代性变化的过程中网络传播的现代性效能，展开了较为细致和全面的分析。① 王真慧就市场经济背景下浙江畲族的现代性建构进行了研究，重点分析了畲族文化现代性建构的推动因素，制约着畲族文化现代性建构的原因，以及畲族文化现代性建构应处理好的几个关系②。海阔从关注历史不同人群的视角来探究大众传媒与中国社会文化现代性的关系问题。③ 肖青以"大社会"的宏观历史发展为主线，以"小地方"的"社区史"为叙述框架，在"国家—社会"关系视野中具体展现湖村的撒尼文化建构历程。④ 崔榕研究了湘西苗族在国家力量引导下的文化现代性建构历程，认为其现代性文化的建构特征主要表现为：理性、科学对民间信仰的冲击，权利意识的强烈伸张，文化主体意识的增强，文化开放

---

① 庄晓东：《网络传播与云南少数民族文化的现代建构》，科学出版社 2010 年版。
② 王真慧：《市场经济背景下畲族文化现代性建构研究》，中南民族大学博士学位论文，2012 年。
③ 海阔：《大众传媒与中国现代性：一种传播人种学研究》，浙江大学博士学位论文，2006 年。
④ 肖青：《民族村寨文化现代建构》，云南大学出版社 2009 年版。

性的日益明显。① 李春霞从电视对彝族乡村传统的影响研究了彝族地方性知识的建构与变迁。② 刘鹤的《抗战时期湘西现代化进程研究》以现代化的角度对抗战时期湘西地区的社会发展进行了研究，总结了促进湘西政治现代化、经济现代化、教育现代化和民众思想现代化发展的动力，并指出战争对湘西现代化发展的影响。③ 此外，也有一些关于传媒与中国近现代社会文化变迁的研究也涉及少数民族文化现代性建构问题。如陆汉文的《现代性与生活世界的变迁：20世纪二三十年代中国城市居民日常生活的社会学研究》④、钱春莲的《幻影年华：跨越时空的影像作者研究》⑤、田中阳的《双轮：本土与现代》⑥，等等。

综上所述，新媒体与少数民族传统文化现代性建构的研究目前还是很薄弱的。文化变迁是永恒的，现代性是民族文化变迁的特点，现代化与民族性结合是民族文化变迁的最佳选择。少数民族传统文化的现代性建构过程也是其不断向现代化发展变迁的过程，其中会受到各种因素的影响和制约，新媒体无疑是最重要的方面之一。随着新媒体的不断发展，其对社会各方面的影响也会越来越广泛而深刻。因此，新媒体对少数民族传统文化变迁的影响将是不可回避的话题。随着新媒体研究的不断深入，其研究领域将进一步拓宽，从宏观研究向微观研究深化，从理论研究向应用研究拓展，从单一方法运用向多手段转变。

## 三 研究目标、内容与难点

（一）研究目标

本书研究力争实现以下四个目标。

1. 正确认识现代性的内涵与特点，科学审视各民族现代化发展道路。

---

① 崔榕：《湘西苗族文化的现代性建构》，载《云南民族大学学报》（哲学社会科学版）2011年第4期。

② 李春霞：《地方性知识的建构与变迁——电视对彝族乡村传统的影响研究》，载《西南民族大学学报》2005年第7期。

③ 刘鹤：《抗战时期湘西现代化进程研究》，湖南师范大学博士学位论文，2009年。

④ 陆汉文：《现代性与生活世界的变迁：20世纪二三十年代中国城市居民日常生活的社会学研究》，社会科学文献出版社2005年版。

⑤ 钱春莲：《幻影年华：跨越时空的影像作者研究》，上海文化出版社2007年版。

⑥ 田中阳：《双轮：本土与现代》，湖南大学出版社2007年版。

现代性是现代化的结果和内在规定性。现代性是一个复杂的体系，而随着时代的发展，现代性的内涵与特点也在不断发生变化。西方现代性作为生长于西方文化土壤的一支文明之花，是在西方悠久的历史文化传统的浇灌之下长成的，是典型的"地方性知识"。作为一种文明之花，现代性对全人类的意义是一样的，那就是促进人类社会的发展和文明的进步。但是，这支文明之花却可以有不同的绽放方式。换句话说，现代性应该有多元性而不是单一的西方特性。只有找到适合各个民族、各个地区的"地方性"现代性，才能真正实现各民族、各地区的现代化。因此，我们必须正确认识现代性的内涵与特点，科学审视各民族现代化道路。

2. 正确理解少数民族社会文化变迁的性质、特点与规律，引导少数民族有计划地变迁。文化变迁是永恒的主题，任何文化都在不断变迁。因受不同因素的影响，文化变迁的性质、特点不同。文化变迁有自发变迁和指导性变迁两种主要方式，指导性变迁是现代社会民族文化变迁的主要方式。通过本书的研究，力争对少数民族社会文化变迁的性质、特点与规律有较为正确的认识，有计划地引导少数民族社会文化变迁，促进少数民族社会文化现代性健康快速发展。

3. 客观评价新媒体对少数民族社会发展和文化变迁的影响，更好地发挥新媒体在少数民族社会文化传承与发展中的作用。新媒体对少数民族社会文化发展具有十分重大的影响，但是其影响的效能到底有多大，还没有客观和全面的考察。本书通过民族学田野调查和社会学量化研究的方法，对新媒体在少数民族社会文化变迁中的作用进行定性和定量的综合考察，客观和全面地对新媒体在少数民族社会文化发展变迁中的作用进行评价，更好地发挥新媒体在少数民族社会文化传承与发展中的作用。

4. 探索新媒体影响少数民族社会文化变迁的规律与特点，总结其影响机制，提出新媒体促进少数民族传统文化现代性建构的引导机制，供其他民族地区或少数民族借鉴和参考。

（二）主要内容

1. 新媒体的内涵、特点及对少数民族传统文化发展的意义。新媒体是指以网络、手机、数字电视为代表的新型媒体，新媒体与传统媒体相比,具有交互性、快捷性、数字性、多媒体性、超大容量性等特点。而对民族地区来说,新媒体具有更加特殊的意义,新媒体成为现代物质文明和精神文明发展的重要标志,成为少数民族同胞与汉族同胞一样获取信息、了解外界、相互沟通的最重要方式之一,成为少数民族传统文化现代性建构的重要力量。同时,新媒体也对少数民族传统文化造成了很大冲击,引起了少数民族传统文化的急剧变迁。本书首先从新媒体的内涵、特点出发,来探讨新媒体对少数民族传统文化发展的意义,继而引出民族地区新媒体发展现状及对少数民族传统文化现代性建构的影响问题。

2. 湖南侗族地区新媒体发展现状、特点与存在的主要问题。新媒体与传统媒体相比具有很大的传播优势,特别是在民族地区,因为受到自然地理条件、文化水平和语言因素的影响,传统媒体如报纸、杂志的发展受到很大制约。新媒体发展比较迅速,手机新媒体因为便于携带、资费便宜,已经成为各少数民族同胞获取信息、了解外界的主要媒体;卫星数字电视也因为"村村通"工程的实施而获得快速发展,卫星数字电视在民族地区的普及率达到了90%以上。湖南侗族地区因为各地经济发展水平的差别,各个侗族聚居区新媒体发展情况不一样,呈现不同的特点,存在诸多问题。这些问题的研究将有助于分析和考察新媒体对湖南侗族传统文化现代性建构的影响效能。

3. 新媒体语境下湖南侗族传统文化现代性建构现状、特点与存在的主要问题。在现代化大潮的影响下,湖南侗族传统文化现代性得到了很大发展,无论是物质文化、制度文化还是精神文化各方面都呈现出鲜明的现代性发展趋势和特点,但是由于受到各种因素的制约和影响,湖南侗族传统文化现代性建构依然存在各种问题。本书将通过详细的民族学田野调查和传播学量化分析,对湖南侗族传统文化现代性建构现状进行综合考察,总结其特点,并指出存在的主要问题。

4. 新媒体对湖南侗族传统文化现代性建构的影响方式、特点及存在的主要问题。影响侗族传统文化现代性建构的因素很多,不同因素影响的方式与特点不同,存在的问题也不一样。本书将考察新媒体影响侗族传统文化现代性建构的方式、特点,并提出存在的问题,为提出新媒体促进侗族传统文化现代性建构的措施、对策与建议打下基础。

5. 新媒体时代湖南侗族传统文化现代性建构的措施、对策与建议。在全面考察新媒体影响湖南侗族传统文化现代性建构的方式、特点与存在的问题基础上，有针对性地提出新媒体时代湖南侗族传统文化现代性建构的措施、对策与建议，力求做到措施更具现实性和可操作性，研究更具参考价值。

6. 新媒体促进少数民族传统文化现代性建构的影响机制，对其他民族地区或少数民族的借鉴和参考。

7. 新媒体的现代性反思。作为现代性历史发展的本性和现代性构成的标准化判断，大众传媒成为西方现代性发展的内在要求和代表性旗帜，成为现代化发展的重要"推进器"。新媒体更是以传统媒体无可比拟的优势极大地促进了现代性的发展，但是新媒体在带给人类全新文化形式的同时，也给人类社会文化带来了严重冲击，引起了民族社会文化的急剧变迁。因此，我们必须深刻反思新媒体的现代性，客观评价新媒体在各民族社会发展和文化变迁中的作用。唯有如此，我们才能更好地发挥新媒体在少数民族传统文化现代性建构中的作用。

（三）拟突破的重点和难点

1. 重点

新媒体给民族文化发展带来了机遇，也造成了很大的冲击。以往的研究多关注民族文化的宏观层面或某一专业领域，如博物馆、图书馆等，新媒体对少数民族特别是湖南侗族的传统文化现代性建构研究还十分薄弱，尚没有较多资料可资借鉴。新媒体语境下湖南侗族传统民族文化现代性建构现状、特点与存在的问题，以及新媒体对侗族传统文化现代性建构的影响方式、特点，新媒体对少数民族传统文化建构的影响机制，新媒体促进少数民族传统文化现代性建构的引导机制，新媒体时代侗族传统文化现代性建构的措施、对策与建议，将是本书研究的重点。

2. 难点

少数民族传统文化现代性建构是一个十分复杂的过程，其中的影响因素很多，各种因素在其中所起的作用很难进行具体的区分。如何有效地把握和度量新媒体在少数民族传统文化现代性建构中的作用，将是本书研究的难点。本书研究拟综合运用民族学与传播学两种方法，通过民族学田野调查方法对少数民族传统文化现代性建构进行细致的描述；通过社会学的统计分析方法，对影响少数民族传统文化现代性变迁的各种因素进行统计学分析，得出各种因素的影响权重，然后具体分析其作用。宏观和微观相结合，定性与定量相结合，对新媒体时代民族文化发展存在的问题进行全面而整体的把握，以求措施更具针对性，研究更具参考价值。

## 四　研究理论与方法

（一）研究理论

本书主要的理论是社会文化变迁理论，其核心概念是现代化与文化传播。

社会文化变迁是民族学人类学的重要理论之一。无论是早先的进化论学派、文化传播学派还是历史学派或文化生态学派，都将文化变迁作为研究的重心。进化论学派认为，人类自从与动物分离以来，在生产技术、社会组织、婚姻、法律、宗教、思想意识等方面都在不断地进步，从低级向高级发展，从蒙昧、野蛮的原始社会逐步走向19世纪的文明社会；并认为世界上各民族都有独立创造发明的能力，都大致经历了或将经历相同的一系列发展过程。传播学派认为，文化变迁的过程就是传播的过程，文化主要是在传播过程中发生变迁，强调文化在时间和空间上的移动。而历史学派既看重社会内部因进化、发现和发明所引起的变化，又重视外部的自然环境的变化、民族间的接触和政治制度的改变。文化生态学派把文化变迁看成对环境适应的结果，文化之间的差异是由社会与环境相互影响的特殊适应过程所引起的，越是简单的社会受环境的影响越直接。同时，技术与环境之间也具有相互制约和促进作用。功能学派则从社会文化结构和功能的变化来探讨文化的变迁。马克思、恩格斯探讨社会发展的动力时，认为生产方式是基础，"物质生活的生产方式制约着整个社会生活、政治生活和精神生活的过程"。马克思指出了物质生产活动在人类社会生活中起决定的作用，而物质生产本身又包含着生产力和生产关系的矛盾运动，这对矛盾和另外一对矛盾即经济基础和上层建筑的矛盾都是社会的基本矛盾，这些矛盾运动是社会发展、变迁的动力。恩格斯强调在社会发展中各种因素之间的交互作用和合力的作用，但更强调经济条件归根到底还是具有决定意义的。

社会文化变迁理论认为，按分类来讲，社会文化变迁可以分为无意识变迁和有意识变迁。无意识变迁是完全遵循自然变迁的规律，没有任何方向和目的性的变迁。有意识变迁又包括主动变迁、指导性变迁和强制变迁三种类型。有意识变迁是现代社会变迁的主要形式。

文化变迁的主要机制为创新、传播和涵化三种。创新，通常包括发现和发明两种。涵化可能出现的几种情况：接受、适应（同化或融合）、抗拒。传播依形式的不同而分直接传播、间接传播和刺激传播三类。民族学人类学认为，传播是文化变迁过程的重要内容，是创新的普遍形式。早期进化论者不仅强调发明和发现，也指出了传播的作用。摩尔根说，"所有的重大发明和发现都会自行向四方传播"；泰勒也讲"文化的传播法则"；马林诺夫斯基认为，社区内部所引起的文化变迁是由于独立进化，不同文化接触产生的文化变迁则是由于传播，他甚至把借用看作与其他的文化创新形式一样具有创造性。传播有几个特点：（1）传播是一个选择的过程。文化特质和文化丛体被接受或抗拒，视其对接受一方的效用和适应性而异，传播的速度各不相同。A.M.罗杰斯等认为，对某一特定的创新所采用的速度，取决于创新在接受一方文化中的相对优越性、适应性、复杂性、可行性和可鉴性，即新的文化特质与旧特质相比的优越程度，与现存的价值观念、经验和需要的适应程度，被理解和应用的难易程度，能够进行试验的范围大小，其结果的可见程度，等等。（2）传播是互相的，双向进行的。不同民族的文化相接触，文化的传播一般是相互的、双向进行的，它们有选择地互相采纳对方的文化特质和文化丛体。（3）文化传播的范围或借用的程度取决于两个民族之间接触的持续时间和密切程度。

金耀基认为，现代化是社会文化变迁理论的一种，常被用来描述现代发生的社会和文化变迁的现象，主要是指工业革命以来人类社会所发生的深刻变化，这种变化包括从传统经济向现代经济、传统社会向现代社会、传统政治向现代政治、传统文明向现代文明等各个方面的转变。根据马格纳雷拉的定义，现代化是发展中的社会为了获得发达的工业社会所具有的一些特点，而经历的文化与社会变迁的、包容一切的全球性过程。从历史上讲，它主要指近代以来，世界各国以西欧及北美等地国家近现代以来形成的许多价值为目标，寻求新出路的过程，因此常与西方化的内涵相近。一般而言，现代化包括学术知识上的科学化、政治上的民主化、经济上的工业化、社会生活上的城市化、思想领域的自由化和民主化、文化上的人性化等。

现代化可以理解为四个亚过程：技术的发展；农业的发展，农产品的生产更多是用来作为商品，而不是自己使用；工业化；都市化。随着现代化的发展，社会文化各个方面都随之发生变化：官僚政治逐渐发展；学习的机会扩大；宗教信仰和传统习俗的影响力减弱；人与人之间的关系发生变化；社会流动增加；技术的大爆炸，它使人类思想以惊人的速度和数量增长和传递；不同文化之间的差别在缩小，而专业技术领域的差别却在扩大。

从世界范围的现代化发展历程来看，世界现代化的发展是不平衡的。第一次现代化，又称经典现代化，指从农业时代向工业时代、农业经济向工业经济、农业社会向工业社会、农业文明向工业文明的转变过程。对发达国家而言，第一次现代化的大致时间是1763—1970年；发展中国家，迄今还没有实现第一次现代化。第二次现代化，又称新现代化、后现代化、后工业时代、知识经济时代，指从工业时代向知识时代、工业经济向知识经济、工业社会向知识社会、工业文明向知识文明的转变过程。对发达国家而言，第二次现代化的大致时间是1971—2100年；发展中国家，不得不同时面对第一次现代化和第二次现代化的挑战。第二次现代化不是文明进程的终结，将来还有第三次、第四次和第五次现代化等。

几乎与现代化理论研究同步，西方学者对发达工业国家未来的发展进行研究，并提出了许多种新理论。例如，后资本主义社会（达伦多夫，1959）、后工业社会（贝尔，1973）、后现代主义（Lyotard，1984；Rose，1991；格里芬，1997）、后现代化理论（Crook，1992；Inglehart，

1997)、知识社会（莱恩，1966)、信息社会、网络社会和数字化社会等。其中，后工业社会和后现代主义是与经典现代化理论紧密相关的，后现代化理论则与经典现代化理论相对应。

后现代主义起源于西方发达国家。根据韦氏辞典，后现代（post-modern）指20世纪中叶在西方艺术、建筑和文化等领域兴起的思潮，它分析现代社会的种种问题和危机，反对现代化运动的哲学和实践，主张复兴传统要素和技术。有些后现代主义者倾向于对现代思想的否定和解构；有些后现代主义者比较重视后现代社会的建设和创造；有些后现代主义者把社会发展分成三个阶段，即传统社会、现代社会和后现代社会。但是，他们关于"后现代"的时间含义，没有形成一致意见。有些学者认为，后现代是一种文化思潮，不是一个时间概念；有些学者把第二次世界大战结束后的历史阶段称为"后现代阶段"；有些学者提出"后现代时代"。后现代思潮在政治、经济、社会、科技等领域都有反映。有人认为，后工业社会理论、后现代主义等是后现代化理论的组成部分，它们是后现代化理论在社会经济、思想文化等领域的反映。

后现代化理论是西方学者提出的一种社会发展理论。它认为，社会经济的发展不是直线的，20世纪70年代以来，发达国家社会发展方向发生了根本转变，已经从现代化阶段进入后现代化阶段。在20世纪50年代末，美国社会学家丹尼尔·贝尔就产生了后工业社会的思想，1973年正式出版《后工业社会的来临》一书。他认为，人类社会的发展分为前工业社会、工业社会和后工业社会三个阶段，在今后30—50年，发达工业国家将进入后工业社会。美国密歇根大学教授殷格哈特（Inglehart，1997）把1970年以来先进工业国家发生的变化称为"后现代化"。他认为，后现代化的核心社会目标，不是加快经济增长，而是增加人类幸福，提高生活质量。

在现代化理论家看来，后现代化也是现代化研究的一个领域，它是关于发达国家的社会发展研究。例如，美国普林斯顿大学布莱克教授在1976年出版的《比较现代化》一书中谈到，有大量文献讨论高度现代化的社会，往往把它们称作"后工业化社会"。

大众传媒是兴起于美国20世纪60年代的现代化理论关注的焦点。现代化理论把传媒的高度发展看成社会现代化的特征之一,对传媒在现代化进程中的重要作用寄予很高期望。美国社会学家勒纳在 1958 年发表的《传统社会的消逝——中东的现代化》一书中就提出大众传媒可以帮助人们突破地理的限制,冲破传统观念的束缚,培养现代性格,从而加速发展中国家的现代化进程。美国现代化专家阿历克斯·英格斯在《人的现代化——心理·思想·态度·行为》一书中也认为,社会现代化关键是人的现代化,而"使用一架收音机很可能是他真正参与这个世界的开始","在我们看来,一个现代人应当经常与大众传播媒介接触,如报纸、电影、收音机,如果有,还包括电视","较为现代的人对于新的大众传播工具较为信任,而不太现代的人则信赖传统的消息来源"。① 其实,在现代化研究中,对大众传媒一直有两条截然不同的研究路径。一条是以传播学的四大奠基者(拉扎斯菲尔德、拉斯韦尔、霍夫兰、卢因)为代表的美国实用主义色彩的传媒效果研究,认为大众传媒的兴起是人类社会现代化的重要标志,是社会现代化加速发展的缩影和助推器。另外一条则是源自欧洲(以德国法兰克福学派为代表)的传媒批判研究,认为大众传媒的发展并没有实现预期的现代化目标,反而出现了许多新的社会问题。

与现代化紧密相关的是关于现代性的理论。现代性是现代化的结果和内在规定性②,或者说,"所谓现代化,具体体现为一个国家、一个地区的现代性生长和构成的过程。……换言之,现代性是现代化的理论抽象、基本框架;现代化是现代性的具体实现、现实展开;现代性代表着与'传统性'不同的理念和因素,现代化代表着与'传统社会'不同的崭新时代和社会形态"③。

西方现代性概念与内涵经历了一个不断发展和丰富的过程。17 世纪笛卡儿时代,现代性的核心是数学,期望以数学的原理解释社会和宇宙。而到 18 世纪,"现代性"内涵已经有所改变,此刻"现代性"指的是启

---

① [美]阿历克斯·英格尔斯:《人的现代化——心理·思想·态度·行为》,殷陆君译,四川人民出版社 1985 年版,第 140—141 页。
② 刘建新:《马克思现代性批判理论及其当代意义》,载《求实》2006 年第 8 期。
③ 周穗明:《现代化——历史、理论与反思》,中国广播电视出版社 2002 年版,第 166—175 页。

蒙运动，它关注的是人权和社会解放。哈贝马斯谈到现代性是"一项未竟的事业"指的就是启蒙运动。而到19世纪，现代性主要指的是工业化运动。可是到了20世纪，它反过来在很大程度上就变成了对工业化后果的一种抗议，站到了科学和技术的对立面。作为现代性论述的经典代表，马克斯·韦伯、尤尔根·哈贝马斯和安东尼·吉登斯等人将如下概念构成其核心范畴：理性主义、个人主义、工业化、城市化、科层化、世俗化、市民社会、殖民主义、民族主义、民族国家、全球化等。①

而随着时代的发展，现代性的内涵也发生了变化。在当代知识话语中，现代性指的是：以文化为意义和意识的社会生产和再生产，为社会意义和意识的生产、消费和流通的过程。"我们今天所说的'现代化'，指的不是别的，就是'现代性'的上述形式。此一西方文明的现代形式不乏其他特征，诸如资本主义、世俗文化、民主、个人主义、人文主义等。这些特征分散来看，本身很难说是史无前例，唯有当它们与科学、技术、工业和自由市场结合在一起的时候，才构成了历史上独一无二的现代性。"②

其一，"将'现代性'理解为'现代社会生活'或'现代世界'"。将其"等同于现代社会（及其相应的经济、政治与文化）形式"。其实也就是将"现代性"概念等同于"现代"概念。其二，"将'现代性'理解为贯穿在现代社会生活过程中的某种内在精神或体现、反映这种精神的社会思潮。从这种角度来加以理解的'现代性'，往往成为'现代主义'或'现代精神'的同义词"。其三，"将'现代性'理解为现代社会生活中的人与事物（在时间和空间上）所具有的一种特殊性质或品质，以及人们对这些特殊性质或品质所获得的某种体验"③。

现代性有两种同源而又彼此相互冲突的类型。一是制度层面的现代性，是在西方近代工业文明中与时俱进的现代性，它的旗帜是科学和技

---

① 海阔：《大众传媒与中国现代性：一种传播人种学的研究》，浙江大学博士学位论文，2006年，第7页。
② 陆扬、王毅：《文化研究导论》，复旦大学出版社2006年版，第19页。
③ 参见金岱《文化现代化：作为普世性的生活方式现代化》，载《学术研究》2011年第1期。

术进步，它是工业革命即资本主义所引起的广泛经济和社会变迁的产物。二是文化现代性，或者叫作美学现代性，它本身构成对先者的反叛和超越。制度层面的现代性的主角是资产阶级，这正是文化现代性的批判对象。我们今天谈论的现代性概念主要是资本和制度上的现代性，它延续启蒙运动的传统：坚信科学技术可以造福人类，"时间就是金钱"替代了"时间就是力量"，崇拜进步和理性、人文主义、自由理想、实用主义，崇拜行动和成功，等等。它很大程度上仍然不失为包括中国在内的第三世界国家现代化事业的主导理念。而文化的现代性，"首先，它意味着宏大叙事的解构，意味着平面化、琐细化、去深度"①，"其次，文化现代性意味着艺术是大众的艺术，而不复是天之骄子们的专利"②。"最后，文化现代性意味着对我们日常生活常新不败的'审美化'倾向，始终能够保持一种批判意识。"③

（二）研究思路

本书的研究思路是：以湖南侗族核心聚居区的芷江、通道、新晃、靖州、绥宁、会同等县为田野调查点，对田野调查点的新媒体发展情况进行了解，总结该区域的新媒体发展现状与特点；同时对田野调查点传统文化现代性建构的现状、特点与问题进行调查，分析新媒体对调查点侗族传统文化现代性建构的影响方式、规律与特点，并指出新媒体时代侗族传统文化现代性建构中存在的主要问题，针对具体影响方式和特点提出新媒体时代侗族传统文化现代性建构的主要措施与对策。同时，总结新媒体促进少数民族传统文化现代性建构的影响机制，为其他民族地区或少数民族的传统文化现代性建构提供借鉴和参考。

（三）研究方法

本书采用民族学田野调查和传播学量化分析相结合的研究方法，以扎实的田野调查资料为依托，从微观层面对新媒体时代侗族传统文化现代性建构的现状、特点与存在的问题，以及新媒体对侗族传统文化现代性建构的影响方式、规律与特点，进行定性研究；同时，辅以传播学量

---

① 陆扬、王毅：《文化研究导论》，复旦大学出版社2006年版，第38页。
② 同上书，第39页。
③ 同上书，第41页。

化分析方法，从宏观层面对侗族传统文化现代性建构现状、特点与存在的问题，以及新媒体对侗族传统文化现代性建构的影响方式、规律与特点进行量的考察。

定性与定量相结合，以图对新媒体时代湖南侗族传统文化现代性建构问题有一个整体而全面的把握，通过探索新媒体对湖南侗族传统文化的影响方式、规律与特点，总结其影响机制，并有针对性地提出新媒体促进少数民族传统文化现代性建构的策略和措施，并将其推而广之，为其他民族地区或少数民族传统文化现代性建构提供借鉴和参考。

本书调查分田野调查和网络调查两种形式。

田野调查。课题组成员分别于2012年7—8月、2013年7—8月、2014年7—8月三次深入湖南侗族比较集中的芷江、通道、新晃、靖州、绥宁、会同等县田野调查点进行调研。共发放调查问卷700份，回收652份，回收率93.14%；其中有效问卷615份，占全部问卷的87.86%。从性别构成来看，男性328人，占全部人数的53.3%；女性287人，占全部人数的46.7%。男女比例跟湖南省第六次人口普查比例基本一致。① 从民族构成来看，侗族437人，占全部人数的71%；苗族168人，占全部人数的27.3%；汉族人数占全部人数的1.7%，基本反映了湖南侗族地区侗族苗族聚居的特点。当然，在调研中，我们也发现一些民族成分认定与认同方面的新问题，留待讨论。从年龄分布来看，41—55岁的339人，占全部人数的55%；56岁及以上的130人，占全部人数的21.1%，基本反映了当前我国农村地区老年人留守、年轻人外出打工的情况②。另外，受客观因素影响，年纪较大者接受访问的情况较少。从职业分布来看，农民528人，占全部人数的85.8%。明确自己为打工者身份的15人，占全部人数的0.02%。其实，农民中也有很多人为打工者，打工者同时也绝大多数是农民，他们具有双重身份。

网络调查。课题组在问卷星官网发布"侗族文化传播问卷调查"的

---

① 湖南省第六次全国人口普查主要数据公报显示，全省常住人口中，男性人口为33768248人，占51.41%；女性人口为31915474人，占48.59%。

② 调查发现，受访的侗族农村，由于村民受教育程度不高，十多岁外出打工者较为普遍，二十多岁结婚生子者较多，所以农村四五十岁就当爷爷奶奶，留在家里照顾小孩而成为"老人"。

互联网调查问卷,发布地址为 http://www.sojump.com/report/3604406.aspx,发布时间从 2014 年 11 月 15 日至 2015 年 1 月 3 日共 50 天,回收调查问卷 197 份。从性别构成来看,男性 124 人,占总人数的 62.94%;女性 73 人,占总人数的 37.06%。从民族构成来看,其中侗族 89 人,占全部人数的 45.18%;汉族 67 人,占全部人数的 34.01%;苗族 28 人,占全部人数的 14.21%。从年龄构成来看,20 岁及以下的 7 人,占总人数的 3.55%,21—30 岁的 55 人,占总人数的 27.92%;31—40 岁的 74 人,占总人数的 37.56%;41—50 岁的 54 人,占总人数的 27.41%;51 岁以上的 7 人,占总人数的 3.55%。

  本书田野调查使用的统计软件是 SPSS 19.0,主要用于计算频率、百分比、相关性参数等。其中多项选择都为值为 1 时制表的二分组统计结果,百分比均为相应百分比。网络调查的相关统计数据由网站自动生成。

# 第一章 湖南侗族概貌

如果从太空两万米的高度俯视地球，可以发现在中国中部偏西南地区有一块深绿色版图格外引人注意。如果将高度降到 600 千米，就可以发现，在湘西及湘西南有一块"神奇绿洲"。那里群山绵延，溪流密布，植被茂盛。这块神奇的绿洲就是湖南侗族的核心聚居地，包括新晃侗族自治县、芷江侗族自治县、通道侗族自治县、靖州苗族侗族自治县、会同县、绥宁县等。湖南侗族世代在这里繁衍生息，创造出了独具特色的侗族文化。下面，笔者将带领各位读者领略这块神奇绿洲上侗族文化的独特魅力。

## 第一节 自然生境

生境指生物的个体、种群或群落生活地域的环境，包括必需的生存条件和其他对生物起作用的生态因素。人类社会必须依存自然生境和社会生境才能生存和发展。自然生境是人类赖以生存的自然生态环境，特定的自然生境孕育了特定的人类群体和文化类型。独特的地理区位、气候条件以及物产资源等自然环境孕育了湖南侗族特有的文化类型，塑造了湖南侗族独特的文化特质。

### 一 区位交通

从湖南省省会长沙沿湘黔铁路一路向西，穿过湘中宝地新化县的烟溪大峡谷，进入了湖南怀化地区，这里就是湖南侗族聚居区了。从地理位置上看，湖南侗族地区地处湘桂黔交界边区，南接广西，西连贵州，与湘中宝地——湖南的邵阳、娄底接壤。因此，湖南侗族地区自古以来就有"黔滇门户"、"全楚咽喉"之称,是我国东中部地区通往大西南的"桥头堡",地理区位十分险要。

湖南侗族地区水陆空交通十分发达。境内不仅有沅水经湘江入洞庭下武汉,而且湘黔、枝柳、湘渝铁路纵横交错,国道G209、G319、G320"一纵二横"沟通中原与云贵川,在抗日战争中立下赫赫战功的远东第二大机场——芷江机场的复航更彰显着湖南侗族地区进入了航空新时代。

## 二 地形地貌

湖南侗族主要聚居于怀化市和邵阳市两地,系江南丘陵向云贵高原过渡地带。境内地势西北高、东南低,海拔在500米至1000米之间。北部属武陵山脉和苗岭山脉支系,南部有苗岭山脉,东部有雪峰山脉,三大山脉绵延几百公里,形成了群山绵绵、青山叠嶂、沟壑纵横的湘西、湘西南山区。这里山区具有喀斯特、丹霞、砂岩风蚀等多种地貌特征。境内的名山有通道三省坡、万佛山,靖州的飞山、五老峰,城步的八十里南山,会同的天鹰界,芷江的明山,新晃的天雷山、玉龙山、滚马山,洪江市的雪峰山、八面山,绥宁的牛坡头、神坡山、高登山,等等。

在山谷之间往往又有大小低丘平坝成千上万,大的平坝达成千上万亩,小的平坝几亩至几十亩不等。比较著名的平坝有通道的临口坝子,靖州的渠阳,绥宁的东山,芷江的芷江镇、新店坪、公坪,等等。

高山有好水,武陵山脉和苗岭山脉同样孕育了千百条溪流。因此,湖南侗族地区又有"五溪"之称,境内舞水、渠水、沅水、巫水、辰水大小五条溪流,滋润着几百平方公里的五溪大地。武陵山脉孕育了舞阳河、清水江和渠水。舞阳河发源于贵州省瓮安县谷才村,穿山越谷流经贵州玉屏县,出湖南新晃、芷江、洪江等地汇入洞庭湖。清水江发源于贵州都匀与贵定交界的斗篷山,流经贵州天柱县出湖南会同、芷江、洪江入沅江。渠水发源于贵州省黎平县地转坡,流经通道侗族自治县、靖州苗族侗族自治县、会同县、洪江市,于洪江市托口镇注入沅水经洞庭湖后流入长江。巫水源出城步苗族自治县东巫山,南流后西经绥宁县、会同县至洪江注于沅水。苗岭是长江水系和珠江水系的分水岭,都柳江发源于贵州省独山县,流经榕江县、从江县、融安县汇入柳州的柳江,浔江发源于广西猫儿山，注入柳江后汇入珠江。

境内土壤多为红土和山地黄壤、水稻土、菜园土、潮土等类型，有机质含量高，土层深厚疏松，保水保肥，抗旱力强。得益于茂盛的森林植被和充沛的雨量滋润，境内的土壤肥沃，适应各种作物生长。

### 三　气候条件

整个湖南侗族地区都属于大陆性亚温带气候，终年气候温暖，霜期短，一年四季分明，冬天最低气温不低于-10℃，夏天最高气温不会超过40℃，年平均气温在15℃左右。雨量充沛，年均降雨量达1200毫米。良好的气候条件适宜于农、林、畜牧业的发展，为湖南侗族人民从事山地农业经济提供了优越的自然条件。

同时，湖南侗族地区大陆性季风气候明显，也常伴有一些极端的灾害性气候。春季容易形成"倒春寒"，造成水稻秧种的腐烂。秋季因为寒露风的入侵容易形成"秋寒"，影响晚稻抽穗扬花。7—8月还容易形成夏旱，有时连续干旱无雨超过百日，对农作物生长带来极大不利，影响收成。近年来，随着森林植被不断遭受破坏，洪灾、泥石流、滑坡等自然灾害时有发生，给当地各族群众的生命财产安全带来隐患。

### 四　物产资源

每年金秋八月，通道境内的大小平坝和直上云天的高山梯田里，稻谷渐渐泛黄，犹如一块块金毯镶嵌在碧水青山之间，吸引着大批的摄影发烧友前来拍摄创作。湖南侗族地区物产资源丰富，除了盛产水稻、红薯、玉米等粮食作物外，还出产烟叶、大豆、竹木等经济作物。

水稻是湖南侗族的主要粮食作物，水稻品种主要有粳稻和糯稻。新晃、芷江、会同、洪江等地多产粳稻，而通道、绥宁、靖州等地盛产糯稻。通道糯稻品种很多，其中"香糯"为糯中珍品。

除水稻外，湖南侗族地区还有小麦、小米、红薯、玉米、土豆等粮食作物。红薯曾经是许多贫苦侗族同胞充饥的主要粮食作物。同时还盛产黄瓜、四季豆、长豆角、南瓜、丝瓜、白瓜、胡萝卜、茄子、白菜、辣椒等蔬菜，以及梨子、柑橘、西瓜、柚子、杨梅、葡萄等水果。一些经济效益好的水果逐渐发展成为大宗经济作物，广泛种植。靖州坳上杨梅颇负盛名，已经发展成为当地侗族苗族同胞的一项重要产业。靖州杨梅种植历史超过2000年，是全国杨梅主产区之一，被称为"中国杨梅之乡"。其特有的"木洞杨梅"有"江南第一梅"的美誉，杨梅种植面积超过6万亩，产值达4亿元，杨梅产业是该县重点打造特色农业产业之一。① 洪江的沙田柚、芷江的高山葡萄深受青睐。

经济作物主要有烟叶、油菜、大豆、辣椒、西瓜、柑橘、白蜡等。《怀化地区志》记载："三国时，武陵人李衡营造柑橘林，规模较大，橘树长成后，卖橘所得，岁得绢数千匹，家道殷足。"（《太平御览》）柑橘、蔬菜、烤烟已经成为芷江侗族自治县的支柱产业，2012年烤烟产量达2.3万担。靖州苗族侗族自治县2013年种植烤烟2.1万亩，共收购烟叶3.5万担，实现产值4432万元，完成烟叶产业项目投入4788万元，烟农户均增收2万元。② 新晃的烤烟种植年产量也达上万担。

芷江历来就有"白蜡之乡"的美称。早在明万历年间，就有"年产白蜡几百担"的记载。1942年《湖南白蜡调查》载：湖南产蜡之区，首推芷江。每年的八月，白蜡丰产的时候，远远望去犹如皑皑白雪，"侗乡八月雪"的美誉由此而来。近年来，芷江建成了全国最大的虫白蜡生产基地，芷江白蜡产量常年占全国50%以上。

湖南侗族地区林木资源十分丰富，其中杉、松、竹等蓄积量很大，是全国八大林区之一。会同、靖州、通道、绥宁等县是湖南的重要林区县，所产的杉木久负盛名，早在明清两朝就被当作贡木献给朝廷，民国时期远销大陆各地和海外。这里的杉木挺直、细密、轻韧、耐朽、易加工，是建筑、造船、造纸、制作家具的上等材料。侗族人民喜爱的杆栏式建筑也多用杉木造成，冬暖夏凉，防潮除湿。

近年来，楠竹发展成为湖南侗族地区大宗商品。楠竹因为生长速度快，出产率高，用途广，很受侗族人民的喜爱。冬天，大家喜欢挖冬笋到市场出售，价格高，有时可以卖到每公斤20元。春笋多被制成玉兰

---

① 张景武、黎明：《靖州杨梅节6月7日开幕》，载《怀化日报》2014年5月24日第1版。
② 刘杰华、张君：《靖州烤烟生产劲头足》，载《靖州新闻网》，http://www.jingzhouxw.com/Info.aspx?ModelId=1&Id=12833，2014-04-16。

片，销往国内外。绥宁县的玉兰片生产技术始于明末清初，因色泽和形状酷似玉兰花瓣而得名。根据竹笋生长和加工季节的不同，可分为"宝尖"、"冬片"、"桃片"、"春花"四个种类。玉兰片含有蛋白质、维生素、粗纤维、碳水化合物以及钙、磷、铁、糖等多种营养物质，是人们酷爱的美食。竹子被广泛用于造纸、手工艺、筷子、建筑、凉席等。会同、洪江、靖州等地发展出几万亩规模的竹林。通道三省坡高山秋末冬初出产一种特别的实心小竹笋，嫩脆可口，是笋中精品。

湖南侗族地区是世界油桐分布中心之一，以新晃、沅陵、芷江、麻阳、会同较多。油桐品种多，优良品种有"五爪桐"、"大米桐"、"小米桐"，丰产性能好。新晃侗族自治县早在1300年前就栽培油桐，其中波洲镇油桐林达上万亩。

此外，湖南侗族地区树种繁多，共有200多科，1000多属，5000多种。属于国家一级保护的树种有银杉、珙桐、秃杉、桫椤等，属国家二级保护的有23种，属国家三级保护的有30种。绥宁县黄桑自然保护区有国家重点保护的珍贵树种22种，国家二类保护树种——冰川世纪的"活化石"长苞铁杉群落为世界罕见，引起国内外有关方面注目。2014年7月，林业专家在通道侗族自治县菁芜洲镇境内发现一株树高42米，胸径达1.32米，冠幅418米，蓄积量达20.65立方米，树龄600年以上的野生楠木。中南林业科技大学教授喻勋林现场考察后认为，此株楠木为目前湖南省发现的最大楠木。①

湖南侗族地区野菜资源丰富，有青蒿、蕨菜、鱼腥草、鸭脚板、马齿苋、薇菜、野芹菜、野葱等数十种。

湖南侗族地区中药材资源十分丰富，有药用植物2000多种，可药用的真菌100余种。主要有茯苓、竹荪、天麻、黄柏、厚朴、灵芝、党参、当归、何首乌、虫草、杜仲、桔梗、天冬、银花、吴茱萸、木瓜、白芍、黄连、八角莲、大血藤、小血藤等。近年来，出现了很多中药材种植基地。靖州已建成全国最大的茯苓专业市场，日交易茯苓达100吨以上。

---

① 肖军、黄巍、杨玉玮、郑娜薇：《通道发现湖南最大野生楠木 树龄600年以上》，载《湖南日报》2014年7月12日第1版。

因为独特的地质地貌，湖南侗族地区各种矿产资源也非常丰富。已探明的有重晶石、原煤、石煤、汞、石膏、锑、铁、黄金、铜、锰、铜、锌、硫黄、铀、磷、钾、水晶石、石灰石、大理石、花岗石、铝土等。其中贵州天柱、湖南新晃两县的重晶石蕴藏量超过全国的40%。新晃汞矿曾是我国著名的汞矿之一，最早开采于明朝末期，直到2003年4月因资源自然枯竭才彻底停产。

由于地处长江水系和珠江水系分水岭，湖南侗族地区生态环境好，森林覆盖率高，雨量充沛，溪河纵横，海拔落差大，水能蕴藏丰富。境内分别有洪江电站、芷江和平电站、芷江蟒塘溪电站、会同柘溪水电站、会同大圳水库、会同朗江水电站、会同长田水电站、会同蓑衣塘水电站、靖州太阳坪水电站、靖州水酿塘电站、绥宁江口塘电站等。洪江托口水电站是沅水干流梯级开发的第五级电站，位于洪江市托口古商镇下游，装机容量83万千瓦，年均发电量21.31亿千瓦时，年创税收约1.5亿元，总投资63亿元，是湖南省目前在建的最大水电站，为湖南省重点工程，湘西大开发"6+1"首要项目。

湖南侗族地区动物资源丰富，有华南虎、金钱豹、锦鸡等各种物种2100种，其中华南虎、云豹、白鹳、黑鹳、白颈长尾雉、黄腹角雉、金钱豹、蟒、中华鲟等属国家一级保护动物；另有猕猴、穿山甲、水獭、大灵猫、花面狸、苏门羚、天鹅、鸳鸯、红腹角雉、大鲵、虎纹蛙、白冠长尾雉、灰鹤、麝、水鹿、小灵猫、豺、猴面鹰、猫头鹰19种二级保护动物；还有红嘴相思鸟、八哥、画眉、啄木鸟、燕子、竹鸡、野鸭、灰鹤、斑鸠、乌鸦、白鹭、白腹锦鸡、杜鹃、黄鹂、苦恶鸟、喜鹊、黄鼬、刺猬、豪猪、华南兔、竹鼠、狐、蛇、蟾、蛙25种三级保护动物。

## 第二节　社会生境

人类社会除了依赖特定的自然生境外，还必须依赖与自然生境相适应的各种社会组织、制度规范、风俗习惯和文化传统，"各民族还与其他民族以各种不同方式共存，也还需要其他社会范畴，如国家，以不同方式并存，这些围绕在具体一个民族周围的全部社会实体，又构成了该民族的另一种生存环境,即该民族的社会生境"①。

## 一 侗族源流

对于侗族的历史源流,史学界有不同的看法。目前主要有四种观点。第一种认为侗族是土著民族,自古以来就劳动生息在这块土地上,是在这块土地上形成的人们共同体;第二种认为,侗族是从都柳江下游的梧州一带溯河而上迁徙到今日侗乡的,因为南部方言的侗族中都流传有"祖公上河"的迁徙歌谣;第三种认为,侗族是从长江下游的温州一带经过洞庭湖沿沅江迁徙来的,因为北部方言的侗族中流传的"祖公进寨"歌有这样的传说;第四种认为,侗族的主体成分是土著,在长期的历史发展过程中融合了从外地迁来的其他民族成分。②

民族学、人类学界一般认为,侗族是从古代百越的一支发展而来的。

1000多年前,南宋诗人陆游仕途受挫,晚年安居乡下,著有《老学庵笔记》,其卷四中记载"在辰、沅、靖州之地,有仡伶、仡览"。辰、沅、靖州之地就是今天的新晃、芷江、玉屏、天柱、三穗、靖县、会同一带,正是侗族聚居区的中心地带。其中新晃、芷江、通道、靖州、会同、绥宁是今天湖南侗族的主要聚居区。

因此,有专家认为,早在隋唐时期侗族就已作为单一民族载于史册。唐代,侗族中的上层人物——酋长或首领开始归附于中央王朝。唐王朝在"峒区"开始设立州郡,建立羁縻政权,任命当地的大姓首领为刺史。当时在侗族地区设立的州郡有羁縻晃州(大体包括今湖南新晃侗族自治县全境以及芷江和贵州天柱的一部分)、叙州潭阳郡(领龙标、潭阳、朗溪三县,包括今湖南的芷江、会同、靖州和贵州的锦屏、天柱、黎平东部)、思州宁夷郡(包括今贵州的岑巩、石阡、玉屏、三穗和镇远东部)、古州乐兴郡(包括今贵州的从江、榕江和黎平的西南部)、融州融水郡(包括今广西三江、融水和龙胜西北部)。唐末五代时期,封建王朝衰落,无力统治边疆地区的少数民族,侗族中的大姓土豪自称"峒主",分管

---

① 杨庭硕、罗康隆:《西南与中原》,云南教育出版社1992年版,第48页。
② 佚名:《侗族》,载《中央政府门户网站》,http://www.gov.cn/test/2006-04/14/content_253809.htm,2006-04-14。

诚、徽二州，辖十峒，今天的靖州、会同、芷江、绥宁、通道、黎平、锦屏、天柱等地均属"十峒"范围。"峒"作为侗族社会内部的行政区划，"峒中"的政治、经济、军事都由"峒主"把持。

侗族称谓见于典籍，最早始于宋代史籍，用反切的方法记为"仡伶"或"仡览"。《宋史·西南溪洞诸蛮》载："乾道七年（1171年），靖州有仡伶杨姓，沅州生界有仡伶副峒官吴自由。"从当前姓氏来看，杨、吴两姓至今仍然是湖南侗族的主要姓氏之一。杨再思被湖南杨姓侗族称为始祖而备受尊崇。现会同县沙溪乡一带杨姓居民，系杨再思第七子杨政岩的子孙。相传南宋咸淳元年（1265年），杨再思的第五代孙杨盛榜由靖州迁居会同县水一里瓦窑坪（即现会同县若水镇瓦窑村一带）。后杨再思第八代孙杨再亨徙丰山乡（即今会同县沙溪乡一带），现已繁衍子孙四十余代。一千多年来，会同县杨姓子孙以抬杨太公官轿的形式纪念杨再思的习俗一直流传至今，从未间断，其中以沙溪乡尤甚。所抬杨太公的轿子分为两层，轿子雕有青瓦，轿顶上雕有一只象征和平的展翅欲飞的鸽子。轿门正上方为一"杨公祠"匾，门首两边有分书"威德"、"神恩"的匾，并有两副对联，里面一副为"祖德与天长"，"宗功同地久"；外面一副为"威灵显赫"，"远邑靖邦"。身着官袍的杨再思在轿中正襟危坐，威风凛凛。4名身着侗族节日盛装的轿夫抬着轿子，在两面上书"杨"字的红色旗子和24面绘有龙、花、民间传说人物的幡旗以及鼓乐队、狮子队、参加祭祀活动的成百上千各族群众的簇拥下，走上街头，煞是热闹。整个抬杨太公菩萨的活动根据路程的远近，持续1个多小时，盛况空前。

明清以来，侗族被称为"僚人"、"侗僚"、"峒人"、"洞蛮"、"峒苗"或泛称为"苗"或"夷人"。民国时期称为"侗家"，新中国成立以后称为侗族。

## 二 人口分布

根据第5次人口普查数据，湖南全省侗族人口842123人，主要聚居在怀化市和邵阳市。怀化市有808155人，约占全省侗族人口数的96%，其中新晃侗族自治县193678人，芷江侗族自治县175030人，会同县173947人，通道侗族自治县156719人，靖州苗族侗族自治县63962人，鹤城区10370人，溆浦县6214人，其余散居在该市各县。邵阳市有22170人，占湖南侗族人口的2.63%，为仅次于怀化的第二大侗族人口分布地，其中绥宁县13973人，城步苗族自治县3498人，武冈市1765人，洞口县1597人。此外，全省各地亦有侗族分布。其中长沙市3357人，湘西土家族苗族自治州2044人，株洲市910人，湘潭市832人，衡阳市794人，永州市771人，娄底市681人，常德市663人，益阳市571人，郴州市466人，岳阳市384人，张家界市325人。

根据第6次人口普查数据，湖南全省侗族人口854960人，占全国侗族人口的29.69%，主要聚居在怀化市和邵阳市。怀化市有816481人，约占全省侗族人口数的96%，其中新晃侗族自治县197046人，芷江侗族自治县186155人，会同县170500人，通道侗族自治县158663人，靖州苗族侗族自治县60602人，洪江市24128，鹤城区12722人，溆浦县5253人，其余散居在该市各县。邵阳市侗族人口25970人，约占全省侗族人口总数的3.04%，为仅次于怀化的第二大侗族人口分布地，其中绥宁县19760人，城步苗族自治县3288人，洞口县1812人，新宁县343，武冈市248人。全省各地均有侗族人口分布，其中长沙市5650人，湘西土家族苗族自治州1537人，株洲市1238人，湘潭市793人，张家界市588人，娄底市552人，常德市467人，衡阳市449人，永州市369人，郴州市344人，岳阳市256人，益阳市266人。

从全省侗族人口变化数量来看，全省侗族整体人口增加12837人，其中怀化市增加8326人，邵阳市增加3800人，长沙市增加2293人，株洲市增加328人，张家界市增加263人，湘西土家族苗族自治州减少507人，永州市减少402人，衡阳市减少345人，益阳市减少345人，常德市减少196人，娄底市减少129人，郴州市减少122人，岳阳市减少128人，湘潭市减少39人。其中增长最快的为张家界市，增幅达80.92%，其次依次为长沙市增幅68.31%，株洲市增幅达36.04%，邵阳市增幅17.14%，怀化市增幅1.03%。人口减少最快的为益阳市，减幅达60.42%，其次依次为永州市减幅52.14%，衡阳市减幅43.45%，岳阳市减幅33.33%，常德市减幅29.56%，郴州市减幅26.18%，湘西土家族苗族自治州减幅24.80%，娄底市减幅18.94%，湘潭市减幅4.69%。

从全省侗族人口变化的区域来看，侗族人口增长的区域主要为经济、文化发达地区，如全省政治经济文化中心长沙市和商贸物流中心株洲市，人口基数较大的怀化市增幅不大。这些地区人口增长主要是流动人口的增加，这也正好反映了湖南侗族集中聚居的怀化地区整体处于经济欠发达的状态。

### 三　语言文字

侗语属汉藏语系壮侗语族侗水语支。在侗族地区，由于各地语音、词汇和语法的差异，以贵州锦屏南部侗、苗、汉等民族杂居地带为界，侗语划分为南北两个方言区，两个方言区内又分为若干土语区。北部方言区包括天柱、新晃、靖州（烂泥冲）、剑河、三穗和锦屏北部，以锦屏"大同话"为代表；南部方言区包括黎平、榕江、从江、通道、龙胜、三江、融水、镇远和锦屏南部，以锦屏的"启蒙话"为代表。

在湖南境内，通道、靖州、会同、绥宁、城步等县属南部方言区；新晃、芷江、黔阳等县属北部方言区。南部和北部方言之间差别不大，同源的常用词汇达70%以上，南部和北部不同方言的人相互可以通话。①

由于与汉族、苗族等各民族的长期交往，北部方言受汉语影响较多，吸收汉语语词和语法形式较广泛，南部方言则基本保持了古侗语原貌。如芷江、新晃等属于北部方言区，但是受汉族影响较深，很多人操汉语西南官话，绥宁、会同等地侗族也多操汉语西南官话。

1949年以前，侗族只有语言没有文字，民间流行汉字记录侗语。新中国成立后，党和政府重视侗族文字的创制工作，经语言工作者辛勤努力，1958年，在贵阳召开的有侗族代表参加的侗族语言文字科学讨论会上，通过了《侗文方案（草案）》，采用拉丁字母的拼音文字，从此，侗族人民有了自己的文字。

### 四　周边民族

长期以来，湖南侗族与汉族、苗族、土家族、瑶族、水族、布依族、仡佬族、仫佬族、回族等民族共同居住在湘黔桂边界地区。各民族相互

---

① 王建荣：《湖南侗族百年》，岳麓书社1998年版，第3页。

交往和互动，形成了各自有效的生存空间，维持着较为和谐的民族关系。

从整体格局来看，在北部芷江侗族自治县，主要是与汉族、苗族、土家族地区接壤；在西部的新晃侗族自治县主要是与本县的苗族、贵州侗族及苗族地区交界，在南部主要是与广西桂林的壮族、布依族和水族、瑶族交界，在东部主要是在绥宁县、城步苗族自治县、武冈市、洞口县境内与苗族、汉族交融。在长期的发展中，在同一区域又形成了"汉族住平地，侗族住水坝，苗瑶住高山"的局面。

## 第三节　生计方式

生计方式是人类群体长期以来形成的从自然界获取能量以维持其生存和发展的某种较为固定的谋生手段、技巧、经验等。世界上不同的人类群体因为不同的自然地理与生态环境而形成了各种不同的生计方式。同一人类群体可能有单一的生计方式，也可能有多种生计方式；可能以某种生计方式为主，其他为辅。民族生计方式是民族文化的重要组成部分，其在民族的繁衍、人口发展、文化建构创新、社会变革前进中起着至关重要的作用和影响。

### 一　主要生计方式

每年初春三月，春暖花开，正是通道侗族自治县的侗族插秧时节——"青节"。这时，哪家开秧门插秧，亲友都会前来帮忙。"青节"开始，新婚人家还要把新媳妇接来插秧，插完秧再送回娘家。

侗族传统生计方式是水田稻作，插秧、薅田、打谷是侗家人一年中必不可少的劳作。湖南侗族地区属于温湿的亚热带气候，气候温暖，雨量充沛，十分适宜水稻种植。侗族水稻种植的历史十分悠久，远在侗族形成单一民族前，侗族先民就开始了水稻种植的原始农业生产，唐宋时期已经达到相当高的水平。湖南侗族地区有许多适应水稻种植的坪坝。通道临口坝子的稻田面积在万亩以上，被誉为"侗家粮仓"。

在水稻种植中，侗族人民摸索出了许多与水稻种植相关的宝贵经验，形成了独特的稻作文化。比如稻田养鱼便是典型的稻作方式，在水田种植水稻的同时养殖鲤鱼、鲫鱼等侗族人民喜欢的鱼类，利用鱼来清理水稻的杂草和消灭水稻虫害，起到生态防虫的效果。为了适应山区泥深水冷的特点，侗族人民培育出了耐寒的高秆糯稻品种。侗族人民喜食糯米，培育了适应各种自然环境的优良糯稻品种。如适应烂泥田的长毛糯，适应冷水田的冷水糯，适应干旱田的竹岔糯，具有一定抗鸟兽害能力的野猪糯，共计40多个糯稻品种。为了充分利用土地，侗族人民沿高山开凿出层层梯田，修渠架枧引来山泉灌溉。根据气候和季节变化，侗族人民发明了一整套水稻种植技术，包括平田、翻田、泡种、播种、插秧、薅草、收割等一套完整工序；还发明了许多适合山区稻田耕作和收割的稻作工具，包括犁、耙、锄、谷桶、打谷机等。

　　火耕曾是湖南侗族一种传统的农作方式，在一些山区延续至今。火耕地多是灌木丛、林草坡。把树丛和杂草砍下盖地，经过冬春两季日晒，于农历二三月雨季前放火焚烧。火熄灭后，将地面稍稍整理，趁地热时下种或移栽作物。火烧一则可以除去杂草，二者可以将火灰作为肥料。在化肥引进之前，湖南侗族曾普遍使用火灰、畜粪、人粪等有机肥料。这些肥料虽然肥效较低，但是环保安全。火耕地多种粟、高粱、玉米、红薯、棉花等作物。连种几年后，地力减退，即行抛荒，让其自然恢复地力，再垦荒火种。

　　山地林业经营也是侗族同胞的主要生计方式之一。湖南侗族地区气候温暖，雨量充沛，晨昏多雾，很适宜杉木生长。杉木挺直细密、轻韧、耐朽、易加工，是建筑、造船、制作家具的上等材料，也是侗族文化的重要物质基础。湖南侗族人民很早就掌握了人工培植杉木的技能，又形成了植杉造林的传统。会同、靖州、绥宁是湖南省重点林业县。靖州出产的木材向以"州木"著称，为历代宫廷之选木，远销常德、武汉、上海等地。

　　除了遍植杉木外，湖南侗族地区还广种茶油树和桐油树。茶油树是我国特有的油料树种，茶油是我国特有的优质食用油，品质可与橄榄油相媲美，色纯味香，营养丰富，有降血压、降血脂、软化血管等作用。茶油不仅是侗族同胞重要的经济来源和生活必需品，而且和一些习俗紧密相关。打油茶要用茶油炒茶叶，上山吃茶苞是青年男女的一种社交方式,小姑娘们在收过的茶油地里拣拾残存茶籽为招待亲朋凑私房钱,茶油树叶又是侗族小伙子玩山时吹奏小调常用的木叶。桐油是一种优良的带干性植物油,具有干燥快、比重轻、光泽度好、附着力强、耐热、耐酸、耐碱、防腐、防锈、不导电等特性,用途广泛。侗族同胞多将其用于机器、生产工具、房屋、建筑、家具、船只等的保养。桐油树管理粗放,茶油地则每年要铲草松土才能增加收成。芷江、会同、靖州、绥宁、通道等地都盛产茶油,新晃、通道、绥宁、会同都产桐油。

养殖业也是湖南侗族传统生计方式之一,通过饲养家畜家禽解决生产中的畜力、肥料和生活中的肉食等问题。湖南侗族饲养的家畜主要有牛、猪、狗、羊、马,尤其喜欢养猪和牛。侗族的远古祖先——百越族系的先民是最早饲养水牛、猪、狗者之一。牛是侗族田间劳动的畜力。侗族主要饲养水牛,也饲养黄牛。水牯是侗族合款、接龙等重大民族活动中的牺牲和斗牛活动中的斗牛。新晃所产黄牛肉质细嫩,香味浓郁,风味独特,营养价值高。近年来所开发生产的冷鲜牛肉、酒店牛肉、休闲牛肉、腊制牛肉四大系列的80多个品种远销我国北京、香港、澳门地区,以及新加坡等地,产品供不应求。2009年,经中国国家质检总局审核,决定对新晃黄牛实施国家地理标志产品保护。

猪为侗族农户获取肉食和副业收入的主要来源,因此普遍饲养。养猪大县芷江侗族自治县年出栏生猪几十万头。侗族养猪的历史也相当久远。在侗族古歌《猪之原》中把所养的猪描写成"嘴有臂长,蹄有碗口粗"。嘴部较家猪长是野猪体型的显著特征。由此可见,当时侗族先民饲养的猪尚处在驯化阶段,经过人们长期喂养才驯化为家猪。目前,家猪已成为侗族人民的主要肉食,侗族农村几乎家家养猪。在侗家流行一句话:"连猪都不养的,都是懒汉。"养猪所用饲料都是当地易得的野菜、青草加米糠,一般熟食,也有喂生渣的。侗族对猪的名目分得比较细,有哑猪(未配种的公猪,绥宁、会同、靖州等地又称浑猪)、郎猪(配种公猪)、母猪(草猪)、未生崽母猪、架子猪(尚未上膘的猪)、幼猪(二三十斤重的猪)、猪崽、阉猪等。这表明侗族养猪业达到了一个相对高的发展水平。新晃侗族自治县培育的凉伞猪是湖南省地方良种猪之一。该县早在1958年就以生产生猪闻名全国,曾获得国务院颁发的锦旗,被列为养猪红旗县。芷江侗族自治县土桥乡是远近闻名的种猪繁殖基地。绥宁花猪因肉质细嫩鲜美成为湖南省四大地方猪种之一。《湖南省家畜家禽品种志及品种图谱》①载:"大约在明朝时期,由江西移民迁入这些地方,带入了外来猪种,并与当地的原有黑猪(群众俗称苗猪)配种繁殖,经长期选育而形成了适应当地自然条件和社会经济条件的猪种。"《绥宁县志》②载:"北宋元祐年间(1086—1093年),朝廷派兵抵绥宁镇压少数民族起义,随军商人带入种猪。外地猪与本地黑猪配种繁殖,经长期选育而成。"据绥宁县《龙氏族谱》载:北宋元祐年间,江西吉安(敦厚)籍龙宗麻"奉命平南,平定长、衡、宝、岳、常、沅、靖等地,旗开得胜,移营东山铁冲,家焉,不幸病故,卒葬东山水口,乃东山龙姓之始祖也,上闻曾封麻公父子为南平侯,予谥忠武,勒立庙祀"。现"南平侯"祠庙和刻有诏书的"南平侯"古墓保存完好。由此看来,绥宁县侗族养殖花猪的历史的确久远。

湖南侗族喜欢养羊,以食用和出售。芷江马头羊因无角、头似马头而得名,该品种放牧性强,采食性强,繁殖性能强,肉质细嫩,脂肪分布均匀,品味好,膻味小,深受消费者好评,是优良的肉用山羊品种。

湖南侗族喜欢养狗,用以看家护院和狩猎。养狗被视为家庭兴旺的象征,因此,家狗多被取名为"来福"、"招财"。如有生狗来户,则尽量优待。绥宁侗族有"打狗散场"之说。吃狗肉就代表散伙,大家各奔东西,所以请客或宴席一般不上狗肉这道菜。

近年来,通道侗族自治县成功引进肉兔养殖产业,打造"三湘兔业第一县",生产的耶啰耶牌兔肉产品深受消费者青睐。

湖南侗族地区原来很少饲养和使用马匹。随着公路建设的发展,公路沿线的侗族同胞逐渐饲养马匹,以作为拉车、耕地和坐骑的畜力。近年来,随着现代化交通的发展,马匹已经很少饲养和使用了。

湖南侗族饲养的家禽有鸡、鸭、鹅,以自食为主。芷江鸭为芷江侗乡特产食品,自元朝开始,芷江就有中秋节必吃芷江鸭的传统习俗。据

---

① 阳声骏、傅祖国、王剑农、罗正玮、郑翔:《湖南省家畜家禽品种志和品种图谱》,湖南科学技术出版社1984年版,第38—42页。

② 绥宁县志编纂委员会:《绥宁县志》,方志出版社1997年版,第180—182页。

考证：乾隆皇帝南巡，途经沅洲府（今芷江）闻其香而醒神，食后称之为天下佳肴。清西湖制台魏武庄调任云贵时途经沅洲（芷江）品尝了三癞子的炒鸭后，大加赞赏。芷江鸭肉香、酥、脆、辣，鲜味醇香，油而不腻，口感独特，流传至今。如今，芷江鸭已从过去的传统型"小农经济"发展成为支撑芷江农业经济的龙头产业。全县养鸭总数近1000万羽，全县33万农村人口中30％以上从事芷江鸭及相关行业，年产值已突破2亿元。芷江自古也有"乌鸡国"之称，距县城40公里的大洪山乡高山放养的乌鸡产出的"绿壳鸡蛋"含有丰富的铁、锌等矿物质，具有祛风、疗痛、增强记忆、补血强身之功效，素有"蛋中绿宝石"之称。洪江市境内的雪峰山周边及会同县盛产的雪峰乌骨鸡具有乌皮、乌肉、乌骨、乌喙、乌脚"五乌"特征，该鸡可调节机体代谢及内分泌，增加人体血红细胞和血色素，具有抗疲劳、调节生理、增强免疫力、提高耐缺氧性等功效，当地侗族民间用该鸡配药蒸食治疗头痛、肾虚、妇科疾病等。雪峰乌骨鸡是湖南唯一、国内珍贵的肉蛋兼用型乌骨鸡品种，也是宝贵的稀有珍禽，被列入国家畜禽遗传资源名录。

　　侗族水产养殖主要是养鱼，有稻田养鱼、河沟养鱼、水库养鱼、池塘养鱼等几种形式，其中以稻田养鱼最为典型。鱼的种类有鲤鱼、鲢鱼、鲫鱼、草鱼等。

## 二　辅助生计方式

　　狩猎是侗族传统辅助生计方式之一。狩猎是侗族先民在原始社会赖以获得食物、维持生存的重要生产活动。直到今天，在边远侗乡，仍然有很多人保留着原始狩猎遗迹，经常在猎物出现的地方或行走的路线设置陷阱，放置木笼、木夹、木闸、索套等捕猎野物。捕猎的野物主要有野猪、花豹、山猫、山羊、麂子、穿山甲、兔子、黄鼠狼、獐子、斑鸠、竹鸡、锦鸡等。冬季是捕猎大型猎物的最佳时节，大雪覆盖山林，野物外出觅食，猎人们便进行集体围猎。出猎前，推选一名领头人，负责召集和率领众人上山狩猎，指挥行动，分配猎物。获得的猎物，不管贡献大小，见者有份。

　　侗族居住在溪河间，捕捉野生鱼类是侗族改善饮食的重要方法。侗族捕捉河鱼的方法多种多样。或置鱼箪，用竹栅插在河流中拦捕河鱼；或安鱼筌，鱼筌用竹子编成，大口窄颈，颈部装有细竹条编的倒须，用绳子缚住笼尾，安装在浅水溪河中，两边用鹅卵石筑坝挡住，鱼能入不能出；或插钓竿于河边，将鱼钩置饵垂入水中，鱼上钩后，竹竿受弹力，自动将鱼钩提起，把鱼吊在半空中；或于夜间持火把照鱼，鱼见火光即停滞。渔者用刀叉、齿箭打鱼，常常手到擒来。也有竭泽而渔，将溪河边的水凼堵住入水口，用瓢将凼中水泼尽捉鱼。这些古老的捕鱼方法沿袭至今。

泥鳅和黄鳝也是侗族人民喜欢的鱼类。每年初春水田翻耕、水暖后，泥鳅和黄鳝开始在水田中活动，侗族人民便用鱼叉到水田叉泥鳅和黄鳝。秋季水稻收割后，也是捕获泥鳅和黄鳝的好季节。把田里的稻蔸翻起，就可以看到泥鳅洞，然后用手指顺着泥洞往下理就可以抓到泥鳅。黄鳝则主要藏匿在水田边、坎的洞里，看到黄鳝洞后，用专门钓黄鳝的铁丝钩穿一根蚯蚓往洞里慢慢放，黄鳝见到食物后必一口咬住猛吞，这时抓住时机用力把铁丝钩往外一拉，黄鳝便被钓了出来。黄鳝被侗族同胞认为是补血佳品，黄鳝菜叶汤尤为美味。当然，也有的地方禁吃黄鳝，如通道侗族，传说因古代侗族在迁徙中要躲避官兵，恰好官兵看黄鳝打架去了，人们才得以逃生，故把黄鳝当作救命恩人。

此外，螃蟹、虾、螺蛳、蚌、青蛙、蛇、龟鳖等也是湖南侗族喜欢的野味。

采集作为必要的辅助性生计方式，为丰富侗族食物来源起到了十分重要的作用。春秋时节，采摘笋子、蕨菜、菌子、苔丝以供食用。端午前后，采集杨梅解渴或酿制杨梅酒、杨梅蜜饯。入秋季节，瓜果飘香，板栗、葡萄、梨子、橘子、柚子、猕猴桃等各种水果成为侗族人民的食物来源。

## 第四节　传统文化事象

文化因其复杂的内涵而有不同的分类方法，本书从物质文化、精神文化、制度文化和风俗习惯四个方面对湖南侗族传统文化事象进行介绍。

## 一　物质文化

侗族物质文化十分丰富，不可一一列举。在此仅选择一些比较有代表性的物质文化事项进行介绍。

### （一）建筑桥梁

沿209国道由广西北海一路北上，进入三江、通道、靖州、会同等地，只见公路两旁或溪河之畔，或三五座或几十上百座别具一格的杉木吊脚楼、鼓楼或风雨桥掩映在青山绿水之间，显得那样自然、和谐。吊脚楼、鼓楼、风雨桥和凉亭是侗族传统建筑，也是人类居住文明的杰出代表。

侗族传统居住方式是干栏式吊脚楼，多用杉木建造成两三层的干栏式木楼。大楼都有走廊伸出，饰以栏杆，栏杆边备有固定式长凳供人休息，俗称"吊脚楼"。吊脚楼有单檐和双檐两种。木楼最底层一般用于养殖牲畜或堆放杂物与农具。第二层用来住人，主要设堂屋和厢房。堂屋内有火塘，是做饭和待客的场所。还保留了越人"坐皆蹲居"的古俗，饮食用矮脚几案。第三层用来储藏稻谷、食物等。木楼屋顶呈"人"字形，屋顶用泥瓦覆盖，其余全部用杉木建造。当然，过去因为经济条件差买不起杉木，也有少数用松木建造的，许多以杉树皮或茅草覆盖屋顶。侗族干栏式建筑最大的特点是不用铁钉，而是用木头的楔榫穿贯而成，整个房屋由杉木柱与大小不同的枋片开榫衔接构建成框架，房子四面用木板密镶装做墙壁。房屋一般由正屋和偏厦组成，正屋居中，偏厦分立两端，正好围城一个院落。通道一带侗族一般不设院落。木房比较经久耐用，保护较好的木房一般能用上几百年不腐。

鼓楼是侗寨的标志，也是侗族人民集会、议事、娱乐、休憩的场所。鼓楼建筑吸收了汉族建筑的方法，鼓楼集塔、阁、亭于一体，飞阁垂檐层层而上呈宝塔形。瓦檐上彩绘或雕塑着山水、花卉、龙凤、飞鸟和古装人物，云腾雾绕，五彩缤纷。鼓楼下端呈方形，四周置有长凳，中间有一大火塘；楼门前为全寨逢年过节的娱乐场地。每当夏日炎炎，男女老少至此乘凉，寒冬腊月来这里围火，唱歌、弹琵琶、讲故事。侗寨有坐鼓楼的习俗，特别是逢年过节，村村寨寨聚集鼓楼广场，吹芦笙，"哆耶"对歌，或自编侗戏登台演唱。所有鼓楼均采用上等杉木，以木榫木栓穿合，不用铁钉，扣合无隙。楼顶层呈伞状，从楼顶悬挂下来一面牛皮大鼓，称为"寨鼓"。鼓楼一般一姓一座，较大的寨子有三座以上。

在侗族聚居的地方，有河必有桥。桥梁大都建筑在村前寨尾的交通要道上，有木桥、石拱桥、石板桥、竹筏桥等。其中，"风雨桥"或"花桥"以独特的艺术结构和高超的建筑技巧闻名中外。"风雨桥"长四五十米至百米不等，宽五至六米，以青石砌墩，用巨大的杉木连排作桥身，上建桥廊，并在桥的两头和中间建有鼓楼式的阁楼，上覆青瓦，桥的两边设有栏杆长凳，供行走之人遮风避雨和休息。在侗乡，"风雨桥"到处可见。通道坪坦风雨桥、芷江龙津风雨桥、绥宁在市西河风雨桥都是侗族地区著名的风雨桥。通道坪坦河建有著名的风雨桥群，廻龙桥、中步二桥、普济桥、文星桥、永定桥、廻福桥、普修桥、永福桥、中步头桥、观月桥等，"是我国古老造桥术的尾闾，是国内桥梁建造史中最后的、罕见的一批活化石"[①]。芷江龙津风雨桥始建于明万历十九年（1591年），历经沧桑400余年，其间屡次被水摧火毁，又一次次重修。1999年再次修复，全长146.7米，宽12.2米，为当今世界第一大风雨桥，2000年12月被载入吉尼斯纪录。绥宁在市西河风雨桥始建于明朝，全长26丈，纯木质结构，共24排，意指"举全县24里之力"兴建。分大桥和小桥，大桥用于行人通过，小桥用于牲畜通行；大桥瓦面与小桥瓦面呈梯次状；桥两头为砖砌牌坊，上塑百余尊佛像；桥中建有飞檐翘角的宝塔四层，供着护桥菩萨；桥面铺设整齐的青石板，两边有休闲的长条木凳。整座桥建筑气势恢宏，流光溢彩，为周边数县花桥之典范。自古以来，西河花桥为当地群众休闲、唱歌、观光的最佳去处。1956年8月，西河风雨桥被大火焚毁。2008年3月，按原貌修复，桥长56米，宽6.9米，高3.46米。

在侗族山区，还有许多供人休息的凉亭，叫"风雨亭"，建筑也很精巧雅致。凉亭建筑方式和形状与风雨桥一样，只是建造位置不一样。一般跨河而建的成为风雨桥，而在山坳、半山腰处、田野中间、水井旁边，

---

① 蒋响元：《湖南交通文化遗产》，人民交通出版社2012年版，第101页。

用于劳动之余乘凉、行路歇脚的称为"凉亭"。凉亭多为木结构，也有用砖、石砌成的。凉亭四周通透，没有墙壁，在柱子间搭放长条木板作为板凳，供乘凉人坐。有的凉亭建设得甚为讲究，屋柱刻有对联，大梁正中绘太极图，有的设有土地庙。在分岔路口建的凉亭还设有分路碑。过去，很多凉亭还专门放上凉茶，供过路行人解渴。绥宁侗族地区的凉亭，有很多人在初一、十五或节庆前去烧香祈福禳灾。"五里一井，十里一亭"是侗族地区的一大奇观。

萨坛是侗族村寨中最神圣的建筑，是侗族为了祭祀"萨岁"而专门设置的建筑，侗语称之为"然萨"或"堂萨"。萨坛有的是砖瓦房，有的是木房，有的则是露天的土丘。侗族称祖母为"萨"，称大祖母为"萨岁"或"萨玛"。"萨岁"是一位最有威望的女性，是侗族普遍尊崇的女神，是远古的祖母神。她能保佑村寨平安，人畜兴旺，五谷丰登，位在其他萨神之上。除萨岁之外，侗族还崇拜主管稻谷和酒的"萨样"、主管生育的女神"四萨花林"、主管婚姻的女神"萨姜妹"、主管风雨雷电的女神"萨岜"、护送灵魂的女神"萨高桥"、主管山林田土的女神"萨土堆"和人类始祖神"萨棉"，这些萨神均为"萨安"，位于"萨岁"之下。自古以来，侗族村寨都设有纪念老祖母的萨岁坛，凡节庆佳日或"为也"（即作客）必先在萨坛前举行隆重的祭祀活动。2014年9月21日，通道建成了侗族地区最大"萨岁"文化广场，位于县城转兵大道东侧，占地92.06亩，总投资1.5亿元。

此外，湖南侗族地区还有许多宗祠、庙宇等建筑独具特色。绥宁县东山大庙因西南五省龙姓祖先平蛮有功"上封禹官公为南平候，谥号忠武；太母罗氏为宣诰益王；宗麻公为天威得胜扫峒大王，并赐建东山大庙，以慰德音"。大庙立于东山观音堂田丘边矮坡上，四排三进，宫廷格局，合抱之柱以擎梁，方砖之石以铺地；内供禹官、宗麻、罗太夫人三大神像；晨钟暮鼓，玉盏常明，金炉相继；恢宏庙宇，翘角飞檐，金碧辉煌。"文革"期间不幸遭毁，目前经过多方努力建成东山民族民俗博物馆。它是目前中国第一家由民间集资、民间修建的乡镇级民俗博物馆，占地1500多平方米，共有三层展览厅。一楼为图片展览厅，收藏反映侗苗祖先、民居、食俗、节俗、婚俗、舞蹈等图片资料220多张；二楼为大件文物展览厅，收藏生产工具、生活用具234件；三楼为小件文物展览厅，内有展柜32个，收藏有苗族、侗族服饰、竹器、木器、灯具、古书籍、石器、陶器、铁器等文物312件。芷江侗族自治县的天后宫系中国内陆最大的妈祖庙。从明代开始，经商的福建客家人，通江达海，由洞庭湖入沅江，进舞水到芷江，聚居群落。天后宫始建于清乾隆十三年（1748年），由福建客民创建，已有260年历史。天后宫占地面积3700多平方米，建筑面积1970平方米，坐西朝东。建筑最为称道的是门坊的青石浮雕，坊高10.6米，宽6.3米，重檐山顶，门楼形状，两侧雄狮蹲踞，石鼓对峙，顶盖斗拱飞木椽，十二金鲤绞脊，葫芦攒头，左右青石铺地，并围绕夔龙，走兽纹样的青石栏杆门坊，显得格外雄伟。门坊上的青石浮雕共95副，最大的2.62平方米，最小的0.09平方米。花纹或鱼龙凤狮，或花草鸟虫，或神鬼人仙，形象生动逼真，画面清晰流畅。由于历史久远，天后宫的工匠到底为何方能工巧匠不得而知，但是其高超的雕刻艺术堪称一绝。

（二）生产工具

侗族生产工具繁多，主要介绍农业种植工具和采集、捕猎工具，包括犁、耙、锄、刀、箩筐、谷桶等。

犁。侗族耕作水田的主要农具之一，多为曲辕犁，由犁架、犁铧和犁壁构成，操作灵活方便，适用于水田。犁铧和犁壁有了分工，犁铧把土块犁起，犁壁将土块翻下并掀向一边。

耙。侗族耕作水田的主要农具之一。从前是木耙，用麻栗木砍制，上有把手，下有木齿，人力挽拉，两人每天能耙1.5亩水田。后来使用木架铁齿耙，形体与木耙相同，改用牛挽耙，一人一牛每天能耙2—3亩。

锄。侗族耕作水田的主要农具之一。锄头有挖锄和薅锄两种。挖锄锄面长而厚且宽，口子呈开放形，比锄头要宽，主要作用在于挖地。薅锄较轻巧，锄面窄而薄，主要便于在作物间活动，主要作用是锄草。

筒车。侗族提水工具。河岸较高处的水田多用筒车提水。筒车的水轮用木或竹制成。轮周系有竹制盛水筒，水轮直立于河边水口处，受水流冲击后转动。轮上的盛水筒在水流处汲水，随轮转至上方后，筒中水自动倾入特备的槽内，流进农田。侗族使用筒车较晚，据《平越直隶州志·食货三》引《北山集》称："元明以前无人通志。民国年间，三江县已广泛使用。"

摘禾刀。也称禾剪，侗族收割糯禾和粟子的工具。在长形竹木或牛角板上镶入一个铁刃或铜片，也有全以铁片制成的，木板上有一孔眼，安上一木棍或拴一绳套，供手把握，摘取禾穗。

镰刀。侗族收割粳稻的工具。当地使用的镰刀有两种：一种是侗族铁匠打制的，多是厚重镰，镰身曲尖，銎部粗大，割稻常常留下较高的茬子；另一种由外地输入的轻薄镰，銎部小巧，能贴地割稻。

柴刀。侗族砍柴用工具。直形，长30—40厘米，宽10—15厘米，主要用于砍柴，装有较长的木把子。

刀别壳。侗族别刀用具。用疏松木质做成，长约15厘米，宽10厘米，厚12厘米，上端2—3厘米厚，凿缝能插入各种刀具，两旁系绳，以便拴于腰间。上坡割草、砍柴，尤其上树剔枝，很方便。

碓。侗族谷物加工机具。由碓嘴、碓架、碓槽组成。碓嘴有石制或木铁结构。碓架十字形，前长后短，长的一端安装碓嘴，安置在两边石制或木制支架上。碓槽用岩石凿成，呈半球形凹槽。用人力踩动碓架尾端，碓嘴上下起落撞击槽内加工物。碓主要是糯稻及其制品的加工工具。婚丧节日食用糯米饭，打制糍粑、制作扁米、新娘进屋舂糯禾把等，都得动用碓。碓也有用水力带动的，称水碓。

砻。侗族旧时稻谷脱壳机具，有水砻和旱砻之分。水砻以水力为动力，旱砻以人力为动力。砻由下上两个圆桶形盘构成，多为竹木、泥土制成。上下盘覆合处有浅齿，两盘摩擦去掉稻壳。下盘固定，上盘可转动。水砻由水力推动转动轴，带动上盘旋转。旱砻由人力推动上盘转动。

碾。侗族旧时稻谷和油菜籽的加工机具。有水碾和旱碾之分。水碾根据水轮的形状分立式和卧式两种。立式水碾由导水、水轮、传动轴、碾盘、碾槽组成。水枧导水冲击水轮旋转，带动轴上的连杆旋转推动碾盘自转。水枧、水轮、传动轴、齿轮和连杆为木质，碾盘和碾槽用岩石凿成。碾盘为圆形，呈龟背状。碾槽为凹形，用条石镶成。卧式水碾，水轮机平面安装于中心轴最底部。水冲击水轮，使中心轴旋转，中心轴带动连杆转动。装置与立式水碾一样。旱碾用畜力,由畜力直接牵动中心轴上的连杆,牵动碾盘转动。碾除了稻谷脱壳去糠和碾碎茶籽外,还可以加工其他产品。

谷桶。侗族脱粳稻粒的工具。收割粳稻在田里脱粒,必须有谷桶。谷桶用梧桐木或杉木制成,呈方形,口大底小。最大者能盛300公斤稻谷。刚收的粳稻,要置于竹席或晒谷坪上晒干,然后才能入仓。

团箕。侗族晾晒、盛物工具之一,直径55—65厘米,由竹篾片编织成,使用团箕就可以将稻谷和米进行很好的区分。有的使用比团箕更大的器具,俗称簜箕,簜箕的体形较大,直径在160—180厘米,需要2—4人同时端其边沿部分方能使用。团箕和簜箕的表面均编织有美丽对称的花纹。

粪箕。又称篡箕,侗族用来装粪、挑物的竹箕。该产品为铲状器具,有大有小,外开口宽度为30—40厘米,长度为40—60厘米,深度为18—25厘米。人们搬运肥料、种子、秧苗等必然要用到这一工具。

竹筛。俗称灰筛,侗族水稻收割工具之一。水稻收割时,打谷机或者收割机会把大量的禾叶混合在稻谷中,竹筛的作用便是把"毛毛谷"中的禾叶(水稻的叶子)分离出来。随后使用风车将秕谷分离出来,从而获得质量较好的稻谷。

箩筐。竹子做的桶状框子,主要用来装稻谷或大米等粮食作物。箩筐口径宽60—80厘米,桶深约50厘米。用棕绳或麻绳从底部穿过,然后提起绞于扁担上用于挑起。

扁担。用于挑物的负重工具,一般由柞木棍或竹子制成。宽1.5—1.8米,棍子两头削一口子或钉一木钉或铁钉用于防止绳子滑脱。一般扁担能够负重100多公斤。

背篓。背篓主要用于运送东西。根据背篓的制作工艺,又可分为粗背篓和花背篓。粗背篓制作较为粗糙,主要用于生产之中,比如背粪、柴火、粮食等;花背篓制作较为细致,用不同颜色的竹子装饰,主要用于背小孩、赶集买食物等。

狩猎工具主要有猎枪、夹子、牛角和套子。现在常用的工具是套子、夹子和风钩。牛角一则可以用来装火药,二则可以用来唤狗。夹子和套子用于套住猎物。

捕鱼工具主要有鱼竿、鱼叉、鱼箭、鱼筌、鱼罾。

（三）手工艺品

侗族手工艺品很多，主要可分为生活用品、生产用具、建筑、食物、服饰等几个方面。

生活用品方面的手工艺品主要是编织品，包括竹编、藤编和草编。侗族同胞充分利用各村寨生长的各种竹子、藤类、茅草编织日常生产、生活器具。藤编的器具有秧篮、菜篮、酒壶等。秧篮、菜篮为圆形，形状像个盆，秧篮和洗脚盆一般大小，群众搞农业生产用来担东西；菜篮大得像洗脸盆，有一根藤条绞编成的圆弧形手把，两端连接篮子的部分是"丫"字形，群众用来装蔬菜。藤编的酒壶材料大小均匀，非常讲究，工艺精细，用小竹筒做壶嘴，装酒时，滴酒不漏，也经得住碰撞。竹编的器具非常多，用途多种多样。种类较奇特的有拖笆、饭幽、盐篓、焙笼、蚱蜢篓等；其他的竹器还有簸箕、米筛、糠筛、晒席、撮箕、荒箕、秧篮、箩筐、瓢篓、镰刀篓、斗篷、筷笼篓、炕篮、捞箕、花篮、菜篮、夹篮、礼篮、烘罩、抗罩、鸭笼、鸡笼、猪笼、鸟笼、画眉笼、鱼笼、鱼篝、泥鳅篝等。草编主要有草席、草鞋、蒲团。

建筑手工艺主要用于吊脚楼、鼓楼、风雨桥、水井、墓碑、款碑等雕刻与制作工艺，以及一些生活用品的雕刻。主要包括木、石、竹、根、角雕，雕刻工艺精湛，刀工细腻，取材广泛，想象丰富。木雕多用于柱头、窗棂、栏杆、床架、脸盆架、凉亭、牌匾、祠堂上。芷江侗族自治县冷水溪一户财主的花床，画面广阔，雕工精巧，被称为"千工床"。石雕多用于水井、墓碑、祠碑、章程碑、路碑等。如绥宁县东山侗族乡东山村桥头飞山庙柱脚垫的石鼓为镂空雕刻，镂空部分似乎暗藏无穷神秘，而石鼓外表则雕刻着人物、花卉和怪兽等，生动传神。现芷江境内存有"苞桑永固碑"、"永定章程碑"、"长生灯碑"、"沈从文手书段氏墓碑"等。早在南宋时期，芷江人民就开始利用明山石制作各种工艺品。明山石雕的杰出代表是明山石砚，该砚具南北各砚之优点，集观赏、实用、收藏于一体，其石质地坚细适度，磨墨不费时，磨出的墨汁细腻均匀且用时不伤笔，不干墨，所作书画适于装裱。明山石砚以主体浮雕为主，其图案结构复杂，有动物、人物、山水、花鸟虫等。如二龙戏珠、丹凤朝阳、凤穿牡丹、荷花戏鱼等，颇具侗乡民族特色，深受历代文人墨客之喜爱，成为各界名流佳士相互馈赠之佳品。在2012年召开的第七届中国玉石雕精品博览会上，芷江明山石雕代表性传承人胡杨获得了金奖。①烟盒、角斛则多用角雕。

服饰方面的手工艺主要包括刺绣、侗锦和银饰。刺绣是侗族妇女擅长的工艺。侗族刺绣种类繁多，有连环锁绣、铺绒绣、结子绣、错针绣、盘绣等。侗族刺绣多用于鞋面、胸襟、领襟、枕套、荷包、被面、帐帘等。刺绣的各种图案花纹、人物、禽兽、花卉、草虫多取自大自然，形象生动，多用原色和重色，色彩绚丽而调和。通道侗族刺绣图案多为狮子戏球、双龙抢宝、鸾凤朝阳等。20世纪80—90年代，芷江振华公司、上坪乡、碧涌镇等相继办起绣花厂，生产窗帘、桌罩等销往海外。②

侗锦是侗族人民的手工艺品。侗族织锦起源于何时何人，无从考证。据民间传说，源于黄道婆。而据张柏如先生所收集的侗锦，最早在清代。③而《芷江民族志》记载：侗族的纺织起源早，《淮南子·原道训》中说：古越人"生葛烯"，制夏衣。《芷江县志》记载：历史上，峒人登丘采葛，洗、曝、理绪、分类、合成布。后汉书载：僚能为细布，色致鲜净。至唐代，棉、麻种植业在广大侗族地区兴起，促成了这一地区纺织业的发展。④侗锦系木制织机制成，包括垫毯、头帕、带子、衣服布。侗锦根据色彩分为素锦和彩锦。用白棉线制成的，称为素锦；用白线和彩线制成的，称为彩锦。侗锦图案多为几何抽象图像，如方形、圆形、菱形以及动物抽象化线条。侗锦画面的内容大多取材于常见的事物。如描摹动物、植物、器皿等，少数大型侗锦也有取材于古代神话故事的。现在侗锦的品种也由过去一般的花边、袖口、腰带和头巾发展到几垫、台布、提包等家具或日用品的装饰上。

---

① 武丽华、郭黎：《芷江明山石雕传承人胡杨获全国玉石雕金奖》，载《怀化新闻网》，http://www.0745news.cn/2012/0409/144430.html，2012-04-09。
② 芷江侗族自治县民族宗教事务局编：《芷江民族志》，新华出版社1997年版，第186页。
③ 通道侗族自治县民族宗教事务局编：《通道侗族自治县民族志》，民族出版社2004年版，第133页。
④ 芷江侗族自治县民族宗教事务局编：《芷江民族志》，新华出版社1997年版，第186页。

侗族银饰历史悠久，早在唐宋时期便颇有名气。《元和郡县志》记载："唐开元元年间，思州、潭州已是盛产朱砂之地。"《宋史·食货志》中称：沅靖等州，以朱砂炼银，质量极好。《老学庵笔记》也记载：峒人妇女好戴金银耳环，以线结于耳根。今通道、新晃、芷江、靖州、绥宁、会同等地侗族妇女仍喜欢银手钏、戒指、耳环。侗族银饰品种齐全、做工精细。据《芷江民族志》记载：1987—1995年，国家拨黄金19公斤、白银919公斤给芷江生产首饰，供应通道侗族自治县、新晃侗族自治县、芷江侗族自治县、靖州苗族侗族自治县、麻阳苗族自治县的少数民族，有头饰类、手钏类、戒指类、项圈类等，共190个品种。如耳环就有吊吊耳环、瓜子耳环、扭丝耳环、大韭菜耳环、小韭菜耳环、桃花耳环、棱形耳环、竹花耳环、泡泡耳环等10余种。① 除了打制银器外，侗族工匠还打制铁器。一般侗寨里都有几个铁匠，除了从事农业生产活动外，还兼为群众加工生产工具及一些生活用具，如锄头、犁铧、柴刀、三脚架等。

　　侗族剪纸，主要用于刺绣花样，如鞋花、衣袖花、背带花、帽花等。题材以花卉、鸟虫、喜庆字符较常见。每逢节日和喜庆日子，侗家人喜欢在住房板壁、窗子上张贴各种吉祥的剪纸，有"喜鹊衔梅"、"福"、"禄"、"寿"、"禧"以及各种图案。绥宁南部地区的东山、朝仪、乐安、在市、蓝家等侗族龙灯用竹篾或用铁丝扎制骨架，糊上白影纸，打上牛胶，纸上彩绘龙鳞或粘贴彩剪龙鳞，龙身里面点蜡烛，通体透亮。侗族舞龙灯，喜欢将各种剪纸贴于龙灯周身，晚间在蜡烛的照映下，显得栩栩如生。堆画是芷江侗族独特的一种工艺形式。用树叶、羽毛、各色豆子、谷子、花生、葵花籽等堆成各种图画，如"红太阳"、"天安门"、"华表"、"村景"、"孔雀开屏"、"迎客松"等。堆画造型美观，立体感强，具有较高的艺术价值，是极好的装饰品和馈赠品，产品畅销国内外。

　　蜜饯是侗族食品手工艺品的精华。蜜饯或称为万花茶，是靖州、绥宁、通道等地侗族传统特产，以南瓜、西瓜、冬瓜、未成熟的柚子切片及一些中药为原料，雕刻成各种吉祥图案，如龙、凤、鸡、羊、鱼、虾

---

① 芷江侗族自治县民族宗教事务局编：《芷江民族志》，新华出版社1997年版，第186页。

等,再以糖腌后晒干。加工后的蜜饯光洁晶莹,玲珑剔透。蜜饯既可直接食用,也可用开水冲泡,特别受老人和小孩的喜欢。当地比较普遍的食用方法是,将蜜饯放入杯中用开水冲泡3—4分钟,有时再放入些蜜枣、花茶等。冲泡后的蜜饯晶莹剔透,甜美清香,茶水甘甜,是有益健康的绿色食品。蜜饯雕刻需要较强的耐心和较高的技艺,因此也往往成为人们评价侗族姑娘是否心灵手巧的重要方式。来人待客时,侗族姑娘们都会拿出自己制作的得意蜜饯,来招待客人,展示自己的技艺。2008年,在绥宁县寨市苗族侗族乡举办的寨市古城保护与开发研讨会上,85岁的侗族妇女黄菊云给来宾表演雕万花茶,动作麻利,成品漂亮,获得大家一致好评。2009年,靖州雕花蜜饯技艺被列为湖南省非物质文化保护遗产。

(四)交通工具

湖南侗族地区过去交通十分闭塞,山高路陡,道路多为羊肠小道,出行多靠双脚走路。传统交通工具主要包括陆路交通工具、水路交通工具。

陆路交通工具主要为马、骡子,小木船、滑竿、轿子等。侗族民间养马或骡子,用以驼物或代步。马也可以装成马车,用于运输货物。轿子又分民轿和官轿两种。清代官衙设有官轿,民国初年废除官轿,改为骑马。民轿兴起时间较早,地方商旅外出和民间婚嫁迎娶多坐轿子。贫穷人家一般是租轿子。滑竿也是特有的一种供人乘坐的传统交通工具。用两根结实的长竹竿绑扎成担架,中间架以竹片编成的躺椅或用绳索结成的坐兜,前垂脚踏板。乘坐时,人坐在椅中或兜中,可半坐半卧,由两轿夫前后肩抬而行。滑竿在上坡时,人坐得最稳;下坡时,也丝毫不会因倾斜而产生恐惧感;尤其走平路时,因竹竿有弹性,行走时上下颤动,更能给人以充分的享受,且可减轻乘者的疲劳。

长期以来,湖南侗族地区的水上交通工具以木船、木筏和竹筏为多。按船的功能,一般可分为货船、渔船和渡船。旧时,居住在江边的人家,几乎家家户户都有船,大多用杉木制造,用铁钉或竹钉将木板组合后,再用竹皮、葛麻、藤根茎、石灰等掺上桐油舂烂,抹在钉眼和板缝上,之后刷上桐油。保养较好的木船,一只可用20—30年。20世纪70年代以后,由于大量兴修水电站,河流中闸坝不断增多,舞阳河干支流和清水江、都柳江上游逐步断航，公路成为主要的运输渠道，侗族地区的主要交通逐渐发展为自行车、摩托车、拖拉机、小汽车、飞机。

（五）服饰装扮

侗族人民大都穿自纺、自织、自染的侗布，喜青、紫、白、蓝色。黑青色多用于春、秋、冬三季，白色多用于夏季，紫色多用于节日。

侗族男子传统装束，穿对襟短衣，有的右衽无领；穿宽大的管裤；包大头巾。随着社会的发展，靠近城镇者与汉族无异，唯边远山区依然保留传统着装。

侗族妇女服饰十分精美，妇女善织绣，侗锦、侗布、挑花、刺绣等手工艺极富特色。女子穿无领大襟衣，衣襟和袖口镶有精细的马尾绣片，图案以龙凤为主，间以水云纹、花草纹。下着短式百褶裙，脚登翘头花鞋。发髻上饰环簪、银钗或戴盘龙舞凤的银冠，佩挂多层银项圈和耳坠、手镯、腰坠等银饰。

（六）娱乐器具

侗族传统娱乐器具主要有乐器和游戏器具。乐器主要有牛腿琴、琵琶、侗笛、芦笙、唢呐、铜锣。

牛腿琴因形似牛腿而得名，是侗族古老的弓弦乐器，音色、演奏方式与小提琴相近，主要用来为情歌伴奏。

琵琶，形状与三弦相似，用牛角拨片演奏，主要为说唱长篇叙事歌伴奏，有大、中、小三种类型。

芦笙，以竹为管，以木为筒，与苗族芦笙在音域、形状、吹奏方法上都不大相同，主要用于隆重场合下的礼仪性乐舞。

侗笛，用竹管做成，形似侗箫，音色清秀、悠扬，主要用来伴奏情歌。

铜锣，形如铜盘。圈边上穿两个孔，结绳提而击之。芷江、新晃、绥宁、会同等县的侗族人民喜欢在过年时打闹年锣，以表喜庆、团结和祈福驱邪。

唢呐，又名喇叭，在木制的锥形管上开八孔（前七后一），管的上端装有细铜管，铜管上端套有双簧的苇哨，木管上端有一铜质的碗状扩音器。唢呐虽有八孔，但第七孔音与筒音超吹音相同，第八孔音与第一孔音超吹音相同。红白喜事吹唢呐是侗族传统风俗。

游戏器具主要有各种棋类。如三三棋、猪娘棋和"裆裤棋"。三三棋是侗族村民放牛、休闲时经常玩的一种游戏。棋盘可任意临时画于地面、石板及纸上。比赛由两人对垒，各持12颗不同颜色的石子做棋子，先后轮流将棋子摆放于任意直线相交处，布子力求己方3子连成一条直线，并设法阻止对方3子成直线。哪方有3子连线时就为"打三"，则可任意压住对方不利于己方子，待摆满24子后，取去双方被"打三"压掉的棋子，继续对弈。当一方棋子走动成三点一线时，就可拿掉对方任意一棋子，直至一方只剩2子，或虽剩3子但已被对方塞死不能形成3子连线，就为输。

"打燕棒"是芷江侗族孩子常玩的一种竞技性游戏。用拇指般大小的一根木棍折成一长一短的两截，做成游戏的道具——"燕娘"和"燕崽"。游戏分为攻防两方，轮番上阵。攻方队员首先须通过资格考试，才能参加后面的比赛。将"燕崽"架在"燕窝"上，用"燕娘"将其挑出后不被对方接住，且对方拾起后没有用它击垮你架在"燕窝"上的"燕娘"，就取得了参赛资格。第一关，"燕崽"、"燕娘"交叉持于右手上，向上将"燕崽"抛起；第二关，将架在"燕窝"上的"燕崽"挑起，接下来趁机在空中用"燕娘"猛击，如被对方接住，该关成绩记零，失去比赛资格。防守队员拾起"燕崽"投向"燕窝"，若被投个正着，或"燕崽"离"燕窝"距离不足"燕娘"长度，虽不影响下一关的比赛资格，但这关成绩为零。以"燕娘"为尺，量得"燕娘"距"燕窝"的尺数，便是这一关的成绩，两关成绩相加得到总成绩。每个队员的总成绩相加就是该队的最后成绩。对输方的惩罚由双方事先议定，通常是由赢方来打对方手板。孩子们看重的不是比赛的输赢，而是游戏本身的乐趣。

哆毽是侗族民间一种游戏性竞技运动，相传哆毽始于宋代。侗族是用手打，以拍得最高、最远，按得紧稳，落地最少为优胜。其打法有男、女单打和男、女对打，也有10多人围成圆圈的团体赛。带竞技性的打法是拍毽者分两队对拍，中间站一人称为"寨工"。此人须经常跑动，截击两方来往拍打的毽子，谁的毽子被截住就被罚为"寨工"。哆毽技艺高超者能一口气连续拍打六七百次。哆毽分青草毽、稻草毽、芦苇毽、鸡毛毽4种。以鸡毛毽制作最讲究，先用两层白瓜壳做底盘，上扎各色鸡毛，略向外弯似初放龙菊。鸡毛管穿以铜钱和一种叫"茨谷"的珠子，打起来铿锵作响。哆毽是一种社交性的体育活动,像跳交谊舞一样不得拒绝对方邀请。不会哆毽在侗家是奇事。哆毽也是青年男女表达爱情的媒介。男女对拍多在山坡上进行,彩毽飞来传去,称为"飞花传情"。

陀螺也是侗族传统的游戏道具。有大有小,有轻有重。制作陀螺一定要选用质地优良的坚木。它的"头"要圆滑。"打"的时候,用两三尺长的麻绳一圈一圈往上缠,一直缠到自己认为适当的地方,再用右手的无名指和小指夹住麻绳的尾端,迅速往地面一旋,陀螺就呼呼地转动起来。质量好的陀螺,再加上旋的技术高明,转起来近十分钟才会倒下。

"高脚马",也叫作"竹马"或"骑竹马"。它与我国北方的踩高跷有近似之处。两脚分别踏在两个竹马的脚蹬上,一步一步地前进、后退。高脚马可用木、竹、铁或其他材料制成,高脚马踏镫可用绑马卦或绳索系成。

## 二　精神文化

精神文化是指属于精神、思想、观念范畴的文化,是代表一定民族的特点,反映其思想水平的思维方式、价值取向、伦理观念、心理状态、理想人格、审美情趣等精神成果的总和。湖南侗族精神文化内涵十分丰富,本文试从价值观念、审美情趣、宗教信仰、伦理道德和哲学思想等几个方面进行简要介绍。

(一)价值观念

侗族提倡仁爱之心,树立诚实、善良、正直、勇敢的价值观念。2010年,笔者在芷江侗族自治县碧涌镇碧河村进行博士毕业论文调研时,时时感受到侗族村民热情好客、诚实守信、以诚相待的民族性格。以下是2010年5月15日的调研日记。

2010年5月15日　星期六

我清早起来,就自己开着车到碧河去。国道上开车很顺利,谁知开了一个小时左右,快到洞下场乡时,突然听到后轮乱响,停车一看,原来是后轮爆胎了。这可坏了,前不着村后不着店。我打开后备厢看到备胎和工具,可不敢自己动手换轮胎,因为从来没弄过。

这时，一位骑摩托车的中年人停了下来，他答应帮我到前面去喊师傅来换胎。我在原地等了10分钟左右，摩托车司机又回来了，他熟悉的修车师傅不在，只好带我到洞下场乡集市去喊师傅来。到了洞下场乡，喊到修车师傅，我问摩托车师傅要多少钱的路费，他连连说："不用，不用，顺便带路，哪能要钱。"过意不去，我赶紧到旁边的小卖部买了包翻盖白沙烟给他，连声道谢。我发自内心地感谢这位热心的侗族老兄给予我无私的帮助。

侗族同胞讲究勤劳致富，以勤俭持家为本分。按照传统，侗族男子勤耕作，七八岁开始砍柴、放牛，十几岁就从事田间地头种植。到老年七八十岁还协助子孙捡柴、放牛。在芷江碧河侗寨调研时，笔者经常见到白发苍苍的老爷爷腰间别一把柴刀，戴个斗笠，赶着牛叮当叮当地走在侗寨的石板路上。侗族女子勤针织，七八岁除砍柴、放牛外，还从事绣花、织布。长大和男子一样种地、挖坡，并负责家务劳动。村长夫人是一个典型的侗家妇女，个子不高，一米五多，每天6点多钟就起来到山坡上割一担青草喂牛，垫猪圈。然后回家准备一家人的早饭，喂猪、喂鸡鸭。匆忙吃过早饭又上山干活去了，连中饭也不回来吃，直到下午4点多钟回家。接着又准备一家人的晚饭，喂猪，招呼鸡鸭回笼。村长因为上边检查工作比较多，很少在家，即便在家也很少帮助家里干活，经常有村民来找。她很少有怨言，认为辛勤劳动是农民的本分："我觉得，我们农村人没有别的巧，只要肯做，就不会比别个差。要太懒了，就不知道怎么着，没有饭吃，没有钱花，别人瞧不起。"

侗族同胞长期来养成了艰苦朴素的习惯。在穿戴方面，许多人"新三年，旧三年，缝缝补补又三年"。村民讲究节约，从不浪费。发现孩童掉饭粒在地上，便认为是"造孽"，会一粒粒拾起喂猪。粮食丰收，并不浪费。粮食少则以"稀"、"杂"代饭。传统上，当地侗族一般只吃两餐，早饭时间一般在八九点钟，然后上山干活，下午三四点钟回家，七八点钟开始吃晚饭。当地侗族家家户户养猪、喂鸡鸭，如果不养猪会被认为是懒惰的人家。其实这样不为别的，主要是剩饭剩菜不能乱倒，一定要给猪、鸡、鸭吃。当地村民有句俗话："浪费粮食是要遭雷打的。"村民认为，遭雷打是罪孽深重，老天爷要对之实行惩罚的意思。

侗族同胞乐于助人。乡村一户娶亲，各户主动帮忙，自己带菜、带油甚至带柴火到主家帮忙。一户建屋，家家帮工，不计报酬。一户遇灾，全寨奋力救助，并主动让房、送衣、送粮、送器具和钱财。一户办丧事，近邻主动为死者洗浴、更衣、守丧、挖井和安葬。

侗族热心公益事业。为方便路人，村民主动在岔路口设立"指路碑"，上刻"左走××，右走××"，在碧河问路，无论认识与否，都会有人热心地告诉你方向。在陡坡处置拐杖，在路口修长亭，供行人乘凉歇脚；在井边置瓢，供人喝水取用；在溪边河流上建跳岩，建风雨桥，设渡船等，不计报酬。新中国成立后，修公路、修铁路、修水库、修电站，户户派人参加。

（二）审美情趣

侗族是一个爱美的民族，自然风光、万千生物以及人世间的酸甜苦辣都反映了侗族人民对美的追求和向往，饱含了侗族人民对美的认识和体验。

自然之美。侗族人民追求自然之美，其各种手工艺品以及桥梁、房屋建筑的装饰图案都取自花鸟虫兽、自然风光，反映的是自然之美。比如说侗族剪纸，其题材基本都取自大自然。侗族大歌是"吸收了侗乡山水之灵气"的多声部协奏曲，其一大特点就是模拟鸟叫虫鸣、高山流水等大自然之音，它的主要内容是歌唱自然、劳动、爱情以及人间友谊，是人与自然、人与人之间的一种自然之美。

和谐之美。过去侗族人民过着"夜不闭户，路不拾遗"的"桃花源"一般的生活，凡是有大歌流行的侗族村寨很少出现打架骂人、偷盗等行为。同时，天人合一是侗寨建设的核心思想，建筑的原风原貌、古朴的民风民俗、村民的生产生活，都体现了人与自然的和谐之美。芷江侗族自治县碧涌镇碧河村是湖南特色少数民族村寨。村落临溪靠山而建，三面环水，由河岸拾级而上，一条石板路进入村寨。村落占地5万平方米，由洋溪塘、进宝冲、岔口坳、粟谷冲等几个自然村落组成。村寨两边及河对岸，古木参天，风景优美。

古朴之美。侗族服饰朴素，色调以青、蓝、白、紫为主。侗寨依山傍水，四面青山，层峦叠嶂，阡陌纵横，梯田层叠。山腰间的民居依山就势，悬空吊脚，井然有序。村寨内外林木葱郁，山道崎岖通幽，村寨与四周自然环境构成一个独立的整体，给人以诗画般的韵味。村寨里各房屋建筑尺度不高，居室、院坝、牲畜房构成了独立的小环境，体现整体和谐氛围，再加上原始的建筑风格和简单的造型，充分反映古朴之美。

（三）宗教信仰

湖南侗族宗教信仰大体分自然崇拜和人文宗教两种，以自然崇拜为主，信仰万物有灵；人文宗教主要受汉族影响，信仰佛教和道教。另外，还有部分人信仰外来的基督教、天主教、伊斯兰教。

自然崇拜主要有图腾崇拜、鬼神崇拜、祖先崇拜和万物有灵等观念。侗族信仰多神，崇拜自然物，古树、巨石、水井、桥梁、雷、电、土地、水均属崇拜对象。普遍流传有关雷电的神话故事。雷神救姜妹而繁衍人类的故事更是家喻户晓，打雷是惩罚不孝之人、浪费行为的故事亦是人人皆知。

侗族曾普遍信巫。大凡病痛、灾祸、家宅不宁及发生自然灾害时，人们认为是不同的鬼怪精灵在作祟。因此，就要请鬼师驱鬼。鬼师察看巫书或以占卜法，如鸡卜、草卜、卵卜、螺卜、米卜、卦卜测定吉凶，判断何方何鬼作祟，应用何物禳祓。重病久病者，被认为是鬼怪将其魂魄偷走，要请鬼师"撵鬼追魂"。如果村寨发生流行病或火灾，也要由鬼师主祭扫寨。鬼师有的世袭，有的由寨老兼任。鬼师"赶鬼"收受供品作为酬报。

侗族每户家庭都有供奉祖先的神龛，或称家仙，是祖先灵魂之居所，为最神圣之处。有的常年焚香点蜡祭茶，初一、十五、逢年过节举行祭祀仪式。家仙处放族谱、香蜡、纸钱，禁放一切凶器。通道、芷江等地侗族以女性神"萨岁"为至高无上之神，意为创立村寨的始祖母，每个村寨都建立"萨岁庙"。靖州、会同、绥宁等县境内有诸多飞山庙，是为纪念侗族杨姓祖先杨再思而修建。靖州飞山庙，又名威远侯庙，原庙址位于靖州苗族侗族自治县飞山绝顶，始建于宋元丰六年（1084年）。杨再思系唐末五代时期"飞山蛮"首领之一，据清光绪《靖州乡土志》载："杨再思，唐昭宗朝，由淮南丞迁辰州长史，结营靖州飞山，与李克用同受昭宗绢诏徽兵，道长梗阻，众奉为诚州刺史，威名日著，称令公焉。

奉唐正朔，卒于后周显德四年，宋开宝中，追封英惠侯，子十二，受土分镇滇黔。"①据光绪《靖州直隶州志》载："杨再思，州人，五代末为五溪长，宋初纳土归诚，始命诚州刺史，征蛮尽节，州属建飞山庙祀之，同治七年奉旨入祀典。"杨再思被湘桂黔地的杨姓侗族奉为祖先和神灵，普建飞山庙以祭之。因此，除了靖州飞山庙以外，湖南侗族地区有很多的飞山庙。如绥宁东山飞山庙、会同飞山庙、城步飞山庙、通道飞山庙等。绥宁东山乡飞山庙建于明洪武元年（1368年），于1997年成为绥宁县文物保护单位。主体建筑除了部分墙壁外，大部分是木质结构，庙内由多根年代古老的大柱支撑，庙顶雕花刻字。殿堂左边墙上书杨再思历史功绩、四知堂等典故以及《广训》，正大门两侧墙面有杨再思等当年团结民众，为民效力之诗画，门前置有雄狮一对。

有的地方受汉族影响，信仰道教、佛教。芷江明山历来为宗教朝圣场所，早在宋朝以前就建有庙宇。沿山脚青石古道至山顶，仍保留有莲花庵、遇仙桥、头天门、二天门、真武殿等遗迹。1993年，境地信众在山顶捐资修复了真武殿，又称明山观，现为芷江乃至临近数县的重要宗教场所，每逢农历三月初三，玄天上帝王母娘娘圣诞之日，上山膜拜的香客络绎不绝，最高峰每日达到3万人次，盛况非常。

基督教、天主教、伊斯兰教也曾传入湖南侗族地区，但信奉者不多。会同、芷江、洪江、靖州、新晃各有福音堂1座，芷江有天主教堂1座，新晃有清真寺1座。

（四）伦理道德

长期以来，侗族人民过着"路不拾遗，夜不闭户"的"桃花源"式生活。侗族村民十分注重思想品德、为人处世和伦理道德方面的教育，提倡仁爱之心，树立诚实、善良、正直、勇敢的品德，尊老爱幼，扶贫济困，热爱公益事业，团结互助，民主平等，是侗族社会的传统价值观念。侗文琵琶歌的《劝人从善歌》有这样的记载："今晚相聚乖人傻人在一起，纵有好话相劝也只说表皮。人生一世何需别人句句说破底，自己当知做人做事要正直……"还有《谏赌歌》和《劝人莫作恶歌》常以因

---

① （清）《靖州乡土志》（卷一），志政绩唐五代，第3—4页。

果报应劝导人们要行善积德。

修鼓楼、架花桥、开公路、挖水渠、造凉亭等都属于侗族公益事业，这些公益事业从来不硬性摊派，大家都会尽其所能去做。因为每个侗族人都把做公益事业视为自己义不容辞的责任。每个公益活动所筹得的善款、所投入的劳力都会登记在"功德碑"上，每个侗族人都会十分看重自己的名字是否能上"功德碑"。

侗族人民讲求团结互助，并以此作为自己行为的标准。农忙季节，犁田耘田、插秧薅草、收割入仓，各户农事缓急，互相换工。需借用劳动工具，只要跟主人打个招呼，或用后告诉一声就可以了，不会有人说三道四。对丧失劳动力的孤寡老人，各家都争相帮助，轮流照顾。一首侗歌这样唱道："一根棉纱难织布哟！一滴露水难起浪。抬木过梁要几根杠哟，建造新房要靠众人帮。你拉绳来我拉杆哟，你拿锤来我穿枋。咚空咚空响不停哟，大厦落成喜洋洋。"①

与人为善、尊老爱幼也是侗族传统的生活准则之一。吃饭要先给老人和孩子盛饭、夹菜，吃鸡鸭肉要将没有骨头的内脏留给老人，要把肉多的巴腿（鸡腿或鸭腿）留给孩子。若遇迷路小孩，设法帮其寻家。碰到吃饭，主人都会热情地招呼吃饭："没什么好菜，不嫌弃，就多双筷子。"侗寨杀年猪的时候，主家不论年猪的大小，必须请全寨的人到自己家吃饭，当地称为"喝泡汤"。主家必然热情地拿出自己家好吃的东西招待大家，如果寨子年纪大的老人行动不便不能来吃饭，主家还会专门送上一份饭菜给老人去吃。如年轻人在鼓楼、风雨桥唱歌歇息，见到老年人来了，都会主动站起来打招呼、让座。如在窄险道路上相遇，年轻人会让老人先走，并主动搀扶老人上坡、过桥。如遇老人挑担子，也会主动帮助挑送一段路，或送到老人家里。

不取浑财是侗族村民普遍遵守的一种伦理规范。侗族村民在山野堆放木料、柴薪，只要插上"草标"，就不会被人拿走。禾场晒衣、堆放谷物，过夜不会丢失。路边拾到财物，设法寻找失主或出示招领。哪家的东西忘记在什么地方，过好多天再去拿也没事，不会有人趁机拿走。日

---

① 转引自吴祥雄《侗族风情录》，岳麓书社2004年版，第312页。

常的生产中，比如上山砍柴，有人先发现了一处柴火，他来不及砍，就在柴火处打上一个"草标"，表示这处柴火已经被人占有了，其他人绝对不会再去乱砍。

（五）哲学思想

侗族社会生产力长期来发展滞后，并且地处偏远，缺乏与外界沟通，形成了较为自然朴素具象的思维方式，抽象的理性思维不发达，其哲学思想还没有形成系统的、全面的理论形态，大部分是以直观朴素的认知形式，以对世界、大自然的直接观察和经验积累产生的认知方式，又以简单、素朴的语言，以感受的内容去描绘世界、解释世界。因此，其哲学思想是运用民间创作的方法、以文学、历史、道德、宗教信仰、艺术等形式表现的，如《远祖歌》、《侗款》、《侗垒》、民间谚语、耶歌、侗戏、神话故事等。

朴素的唯物主义自然观。侗族先民很早就开始探索天地宇宙的来源。他们对大自然因果关系的种种求索，充分体现在他们的原始歌舞唱词"耶"、原始祭词"垒"、原始神话"暖"和古理古法"侗款"之中。在侗族的《起源之歌》、《开天辟地》、《人类的来源》、《侗族祖先哪里来》及《侗款》、《侗垒》、《侗戏》中，有大量关于人类起源，开天辟地，大自然变化的原因和氏族、民族来源等方面的内容。其中也有大量的"天与地"、"大与小"、"老与少"、"阴与阳"、"美与丑"、"强与弱"等辩证的观念。《起源之歌》和《侗族祖先哪里来》是不同历史时期在侗族地区广泛流传的侗族史诗。《起源之歌》主要有三部分：天地之源、人类之源和事物之源。其中的一些内容，充分反映了上古时代侗族先民自发的唯物辩证法的宇宙观。在《起源之歌》中，侗族先民认为世界起源于"雾"和"风"。歌中说道："当初风公住天上，坤岁上天请他来。风公下地四季分，春夏秋冬巧安排。"风公又是怎样区分四季的呢？"当初风公力无比，脑壳尖像黄牛角；春天出气天下暖，夏天出气雨降落；秋天出气地打霜，冬天出气大雪落。"① 这是一种直观的、朴素的自然生成说，较之"上帝创世说"，无疑是进了一步，并在此基础上建立了自发的唯物主义

---

① 贵州省民委、贵州省文联民研会编印：《侗族文学资料》第5集，第150页。

宇宙观。

丰富的辩证法思想。关于人类的起源，侗族古歌中这样唱道："起初天地混沌，世上没有人，遍地是树蔸，树蔸生白菌，白菌生蘑菇，蘑菇化成河水，河水生虾子，虾子生额荣①，额荣生七节②，七节生松恩……"③ 由此可以看出，首先，侗族祖先已经认识到人的生命是经过长时间由低等生物逐渐进化而形成的。天、地、人是世界的三个组成部分，并且认为人位于天地之间，三者又处于互相联系、不断发展和相互转化的无穷过程。这种客观的辩证法，很早就被侗族先民所认识，并用生动形象的语言表述出来，这也表明他们朴素的意识和智慧，已步入了哲学意识的门槛。其次，从自然界的联系中，侗族先民已经有了因果联系的观念意识。从上述起源歌中，从树蔸演化到七节动物和人类，这种对人类生命起源的认识，实质上是由一系列因果联系的链条构成的。侗族先民在观察和经验积累的基础上，认识到自然界依次有序的因果变化，即由低级无生命向高级有生命的演进。最后，在侗族古歌和款词中，有大量关于事物矛盾、对立统一、运动变化的朴素辩证法思想。如款词中这样说道："有本才有末，有根才有茎。野芹有蔓，阳藿有根。有公公种棉花，才有婆婆纺纱人。千般从地起，万物从地生。……观天上日月，数四季时辰。天上降雨水，地下开田塘。"④ 这种对大自然循环往复，生生不息的描绘，蕴含着丰富的辩证法思想。

### 三 制度文化

制度是由一系列规则构成的体系，是人类社会各种关系的反映和体现。在长期的发展中，侗族形成了一些特有的规范，维系着侗族社会的稳定和发展。传统制度文化包括传统的经济制度、政治制度、婚姻家庭制度、社会保障制度、文化教育制度和丧葬制度等几个方面。

---

① 一种水中的浮游生物。
② 节肢动物。
③ 黔东南州民研所编：《侗族文化史料》，第189页。
④ 《侗款》，岳麓书社1988年版，第422页。

(一) 经济制度

长期以来，湖南侗族同胞过着一种男耕女织的自给自足的自然经济生活，"慵于工作，男则计口而耕，女则较身而织。亦无商贾"。从宋代开始，中央王朝加强对侗族地区的统治，"宋朝时期，在今湘、桂、黔三交接地带的侗族中，封建领主经济已经趋于稳定而地主经济随即开始发生。元朝以后，则湘、桂、黔三交接地带的侗族中的地主经济已趋于稳定"①，当地侗族的酋首就是大大小小的封建领主。而到了清朝中期，既通舟楫，无论是农产品还是手工业产品，都"稍积聚，辄转售于外境"，乾隆《芷江县志》云：兴隆（今新晃侗族自治县兴隆镇）市，在县六十里，平一里，与便水驿隔江，井庐聚落，杂货罗布，附近乡村新产米粟，亦集于此，贾船泊水次贩运。② 乾隆《黔阳县志》卷9云："托口市，……周围乡村并邻境肩运米粟者，亦就水次粜焉，旧与购置者面谈价交易，近时始有米牙。"

直至新中国成立，湖南侗族地区仍然以自给自足的自然经济为主，土地是最基本的生产资料，但大部分土地被地主阶级所占有，广大农民土地较少。无地或少地的贫苦农民，为维持生计，不得不给地主富农当长工、打短工，或租佃土地耕种，交纳繁重的地租。

史料记载：芷江侗族当时的地租有验租和固定租两种。验租，即每年稻谷将要成熟时，由佃东视当年丰歉情况临田验议当年佃户应交租谷。固定租，即不管年岁丰歉，佃户向佃东交纳预先约定固定数额租谷。租额一般为对半开，高的留三纳七。佃户除交纳规定的租谷外，平时还得无偿给佃东帮工，诸如春米、出粪等，甚至佃东家生孩子，佃户还得去人服侍"月婆子"。逢年过节还要请酒送礼，若不请酒送礼，就要折纳额外租谷，否则，将被"拍佃"，即不再租佃土地，而断生计。不少人家"禾镰上壁，没有饭吃"，只得半年瓜菜半年粮艰难度日，有的还靠借债维生。若遇天灾人祸，更是苦不堪言。

---

① 尤中：《中国西南民族史》，云南人民出版社1985年版，第675页。
② (清)《芷江县志》(卷一)，《市镇》。

## (二) 政治制度

湖南侗族地区长期以来处于"化外"之地，羁縻而治，远离中央王朝的统治，所谓"入版图者存虚名，充府库者无实利"。溪峒酋首们常自封刺史，与朝廷抗礼，拒绝朝贡纳赋。侗族首领杨再思就是蛮峒首领。唐宋时期，中央王朝加强了对湖南侗族地区的统治。宋崇宁元年（1102年）在通道设罗蒙县，次年改为通道县，崇宁五年（1106年）设土官。自明清时期，国家权力开始对侗族基层社会进行渗透，实行乡里制度。如明代芷江全县编户27里，明弘治十五年（1502年）并为16里，正德七年（1512年）设4坊10乡26里。① 明代，通道设5乡，福佑乡、福祥乡、嫁福乡、檣福乡、均福乡。乡领里，里辖寨。② 虽然中央朝廷加强了对侗族地区的控制，但是侗族传统的寨老政治管理模式仍在发挥作用，它与不断渗透的国家权力管理模式糅合在一起，形成了独具特色的"房族—寨老—合款"组织复合体与中央政权设立的行政机构相结合的"二元"管理模式。保甲制与侗款制并存，保甲长依靠款首治理地方，村寨又以保甲名义应付官府。

寨是侗族社会的组成单位，通常是一个或几个连成一体的自然村，寨有寨老，是村寨内有威信而受群众拥护的自然领袖。寨老是家族统治和村寨统治相结合的组织。寨老通常由懂得本寨的历史和风俗典故，德高望重，为人正直，办事公道，经验丰富，辈分较高，年龄较大的男性老人担任。寨老不世袭，也不一定是终身的。一个村寨往往有多个寨老，只要某人有办事能力，群众信得过他，听从他管，久而久之，他就成为群众心目中的寨老。寨老不是职业性的，也无固定报酬。在以农耕为主兼事渔林的侗族传统社会中，寨老平时从事生产，有事时才出来执行寨规。遇有大事，寨老们则组织召开村民大会共同商量解决。

"款"或"门款"，是侗族传统的一种村寨之间的联盟组织，也是一

---

① 《芷江侗族自治县概况》编写组：《湖南芷江侗族自治县概况》，民族出版社2007年版，第39页。

② 《通道侗族自治县概况》编写组：《湖南通道侗族自治县概况》，民族出版社2007年版，第46页。

种民间自治和民间自卫的地缘性组织。据靖州志记载，侗乡款组织在唐宋之际已经建立，范围包括今湘黔桂三省（区）毗连的全部侗族地区。①《侗款起源》中说："故事人间无规矩……村寨之间少礼仪，兄弟不知睦，脚趾踩手指，邻里不团结，肩臂撞肩臂，自家乱自家，社会无秩序，内部肇事多，外患祸难息，祖先为了立款约，订出侗乡的规矩。"据明万历三年（1575年）民间藏本，绥宁《尝民册示》记载："原（绥宁）罗岩、石驿、芙蓉、扶城（半里）每岁立冬同会四安坪（今通道侗族自治县下乡款场坪）约禁各条各款……"②侗族款有小款、中款、大款和扩大款之分。小款是款组织的最基层单位，它一般由邻近的几个村寨或自然村组成（通常是一个房族）；中款则由邻近的几个村寨（小款）构成；大款由邻近若干个中款组合而成，往往是一个较大的区域范围。在侗族历史上曾出现过"九十九公合款"的扩大款。它联合的范围包括今湘、黔、桂三省（区）交界的整个侗族地区，是侗款中最大的款组织。这些小款、中款、大款和扩大款把整个侗族联系在一起，使其社会内部形成了系统而严密的社会组织。然而这些款组织之间是平等的，虽有大小之分，却无上下级之别，它们之间的联合建立在平等的基础上。同时，各类款组织均无常设的专门办事机构和专职办事人员，行使管理职能的是款首联席会议，因无固定或常设的召集人，一般由通知开会的款首充任。在联席会议内，各款首的地位也是平等的，他们均有权通过召集联席会议，共同研究解决出现的问题。

  各类款组织都有自己的头领，即款首。款首由有关村寨的头人推选，多由为人正直、办事公道、见多识广、德高望重、能言善道、熟悉本民族历史及款规款约者充任，许多款首还具有某种特殊的技艺专长，如为歌师、鬼师、武术师、款词讲述者等。款首职责为平时处理本款事务，执行款规、款约，代表本款出席联席会议，贯彻执行大款决议等；外敌入侵时，则组织和指挥款众进行抵抗。款首一般都不脱离生产劳动，没有特殊的待遇，也无专门的办事地点和办事机关。他们

---

① 通道侗族自治县民族宗教事务局：《通道民族志》，民族出版社2004年版，第71页。
② 同上书，第72页。

所进行的活动完全是义务的，无分文报酬。款首如不称职，随时可能被款众撤换或改选。另外，各类款一般还有一个公务人员，称为"款脚"，简称"脚"，其主要职责是传递号令、通知开会、看守鼓楼，遇有紧急情况则擂鼓、吹牛角、点燃烽火报警。款脚的社会地位比较低，他的衣食主要靠大家捐资，多由无产无业无家的男子充当，殷实人家的子弟一般不担当此角色。

芷江、会同、绥宁等县侗族称房族关系为"伢崽"关系。"伢"指长辈，如父亲、祖父、曾祖父；"崽"指晚辈，如儿、孙、曾孙。同一村寨的侗族村民往往有共同的祖先，以父系血缘关系为基础构成"伢崽"关系，即家族关系。在伢崽关系中，由德高望重的人当族长，总揽伢崽的重大事务。伢崽有共同遵守的行为规范，有道德品质性质的，也有习惯法性质的。对违反伢崽规矩的人，轻者教育，当众认错；重者处罚；最重者驱逐出族，死后不准埋入众祖坟山。为了让每位伢崽成员都熟悉知晓伢崽规范，除了族长平时的宣传教育外，还把规范编成歌曲传唱。伢崽成员平时分布于各个家庭，组织松散，一旦遇到紧急事情，如外族入侵、强盗土匪打劫，听到鸣锣或击鼓，凡年满18岁的男子都得参加抵御，族长此时便是临时军事首领。伢崽还保留着原始共产制的共有经济，有公田、公地、公山、公林等。族长组织这些公有经济的生产和分配，组织公益事业的建设，如办学校、修路、架桥、打井、修凉亭等，还担负着伢崽内部的生产、生活互助互济，对鳏寡孤独者予以扶持、救济，组织村寨的文娱活动和各种庆典、祭祀活动，主持红白喜事，负责调解民事纠纷，维护社会秩序等。

（三）婚姻家庭制度

婚姻家庭制度历来是民族学人类学研究的重要内容。婚姻制度主要包括：婚姻的类型、缔结婚姻的程序、结婚的年龄、婚姻状况、婚姻离异以及结婚的习俗等；家庭制度则包括：家庭类型、家庭人口规模、家庭亲属称谓、家庭成员关系、家庭职能等。下面分别介绍如下。

湖南侗族传统婚姻类型主要有自由婚姻、包办婚姻、买卖婚姻、转房婚、续弦婚、纳妾等。

湖南侗族历来有自主婚姻的传统，有较多的恋爱自由。侗族青年男女择偶一般不用媒人，每逢喜庆节日，山坳歌会，男女对歌，以歌传情，互换信物（头帕、戒指、手帕），建立感情，自定终生，然后再报父母和族人，同意后便能结婚。史载：侗族男女婚姻，或自相悦慕，或答歌意合而成。其主要手段便是"以歌为媒"，辅以媒人说合，歌贯穿于婚姻缔结的整个过程。

自由婚姻是湖南侗族传统的婚姻形式，但是在封建宗法观念的影响下，出现了包办婚姻。青年男女的婚配听从于"媒妁之言，父母之命"。一旦婚姻确定，女子不得随便毁约，必须"从一而终"。据清同治《芷江县志》载，清乾隆元年（1736年），城郊龙继美刚满8岁，即被其父许配给男童张秀纬为妻，并正式订立婚约，待龙至16岁成亲时，张突然病故，龙自此终生守寡。据统计，自清雍正六年（1728年）至道光十四年（1834年）的106年间，封建统治者为"旌表守节"妇女，在县境内修建的所谓"贞节坊"就达20余座。① 由此可见，封建宗法观念对芷江侗族婚姻制度的影响至深。

在包办婚姻中，湖南侗族地区还流行着姑舅表婚、转房婚、童养媳、纳妾等习俗。姑舅表婚是指姑姑家的女儿要嫁给舅舅家的儿子做媳妇，俗称"舅家要，隔河叫"。如果姑姑家的女儿没有嫁给舅舅家作为儿媳妇，姑姑要到舅舅家赔礼道歉；女儿嫁给其他人家时，也要得到舅舅的认可。转房婚是指兄弟一方去世，弟媳或嫂嫂可转嫁给自己丈夫的兄弟为妻。贫困人家的幼女多被迫送与人家为童养媳。清代、民国时期，男女联姻很讲究门当户对，民间有所谓"高门对高户，讨米配叫花"之说，富家豪门更以娶小纳妾为荣耀。新中国成立前，任芷江警备司令的杨永清在土桥乡老家先后娶妻纳妾8人。而少数贫困男子却因无力支付彩礼而只得终生独居。

从传统的侗族婚姻缔结程序来看，必须经历讨口、散糖、吃开口肉、过门、讨八字、看舅公、迎亲、办喜酒、回门等一系列过程。

从结婚的年龄来看，湖南侗族早婚现象曾较为普遍。女子一般结婚

---

① 湖南省芷江侗族自治县民族事务委员会编：《芷江民族志》，新华出版社1997年版，第219页。

年龄在14—16岁,有的甚至养童养媳,童养媳几岁便生活在丈夫家,在14—15岁就结婚了。

新中国成立前,由于受地域、经济条件影响,富裕的家庭找对象较为容易,家庭条件差的单身汉比较多。有的虽然生了几个儿子,但是家庭条件差的只好打光棍;有的30大几岁还没找到老婆,只好娶个半路亲(寡妇)为妻。

湖南侗族寡妇可以再嫁,鳏夫可以续弦,无论是男方或女方,都有离异的自由,但一般都要经寨老或亲族长老规劝无效后,才履行手续。

传统家庭制度主要包括家庭规模、家庭类型、家庭成员关系、家庭财产继承等方面。

从家庭规模来看,湖南侗族历来以大家庭数代同堂为荣。数代不分家被视为治家有方、管理有素、家庭关系和睦。历代官府对"五世同堂"的大家庭要挂匾额以示祝贺。据史料记载,清嘉庆二十一年(1816年),芷江全县29760户19.2535万人,户均6.47人。民国以后,大家庭逐渐解体,小家庭日益增多,户平均人口5人。①

从家庭类型来看,目前湖南侗族家庭以核心小家庭为主,家庭成员由父母和未婚子女组成。只有一个儿子的,一般与父母同住;两个及以上的儿子结婚后,一般跟父母分家另立门户,一般留"满崽"(小儿子)与父母同住。

从家庭成员关系来看,湖南侗族家庭成员之间关系是平等的。男子总理家内外大事,负责家庭生产、生活安排,综合家庭收支,并且为家中主劳力,负责农耕、储运和买卖。妇女为家庭内当家,协助丈夫做好家庭生产、生活管理,主管和操持家务,接待客人,协调外界关系,照看孩子。也有的家庭,妇女当家,丈夫协助工作。

从家庭财产继承来看,湖南侗族主要有儿子继承、女儿继承、立嗣继承和房族集体继承四种方式,儿子继承是最主要方式。儿子继承有两次过程,父母健在时,留足父母养老的田土和住房、生产工具、生活必

---

① 湖南省芷江侗族自治县民族事务委员会编:《芷江民族志》,新华出版社1997年版,第243页。

需品，所剩财产按儿子人数均分，此为第一次继承。父母双方去世后，第一次继承未分完的财产，再在所有儿子中均分，此为第二次继承。如果父母有女无儿，则只能由女儿来继承。女儿继承有一个条件，就是女儿必须负责父母亲的赡养和安葬，否则便只能由房族来继承了。无子无女或有女无子的，父母可以抱养本家族男孩养老送终，其财产由抱养男子继承。若无子无女也没抱养的，其安葬由家族负责，其身后财产由家族集体继承，用作家族公益事业。

（四）社会保障制度

湖南侗族社会传统上实行家庭养老制度，父母年纪大了由儿女来赡养。子女长大成家后，请族人清理家产，将儿子分家立户。为使分家后老人有生活保障，要留出"养老田"。父母无力耕种者，由儿子代种，收获归父母。无养老田可留者，也要议定养老问题，让父母轮流在各个儿子家生活。

侗族素来有尊重老人的传统美德。家中的好东西，要先请老人品尝；重大事情，要请老人决定；酒席要请老人坐上席；村寨议事、调解家庭矛盾，请老人参与。家中子女多，要分家，须先给老人留足养老田土和住房、用具，其赡养方式由老人决定，可以与一个儿子一同生活，也可以轮流赡养，也可单独为户，生活由所有儿子共同承担。老人由子女赡养，不愿赡养父母的儿子会受到社会的一致谴责。如果遇到未成年孩子丧失父母或依靠，则由其亲缘关系最近的族人抚养，如无人抚养则由整个家族公田供养。

为了给无儿无女的孤寡老人以生活上的保障，侗族都有公田、公山和公房，公田和公山由全寨人共同劳动，收获物除供养孤寡老人、留作集体财产外，其余则平均分配。

（五）教育制度

侗族传统教育由学校教育、家庭教育和社会教育三个方面组成，并形成了约定俗成的教育制度，是侗族传统文化得以传承和发展的重要手段。

湖南侗族很重视学校教育，学堂、私塾遍布侗族城乡。学堂类型：有当地官绅出资设立的，如清雍正八年（1730年），沅州知州张钟在芷江县城东门外十方庵设立义学馆；乾隆三年（1738年），沅州知县袁守定在城南报恩寺（今芷江城南小学）设立义学馆。有合村集资或当地祠堂庙宇的公产田租支付创设的义学。道光十七年（1837年），芷江县内设义学10馆，其中城区2馆，乡村8馆。私塾是由私人出资聘师设教的学馆。清代，私塾迅速发展，几乎遍及各大村寨。其类型有：官宦富豪聘请家庭教师；一些怀才不遇、求官不得的秀才、举人自设学馆；开明士绅捐办；一家或合资共举。清末，西方新学进入，冲击中国传统私塾。宣统二年（1910年），清政府颁布《改良私塾章程》，有的改为初等学堂，大部分私塾仍旧未变。民国时期，随着小学校的设立，加上国民政府饬令停办私塾，私塾基本撤馆，偏远山区仍有不少私塾存在，直至1950年后才自行消失。

湖南侗族素来重视家庭教育，从小孩降生开始便进行着传统品德教育、文化教育、技艺教育和社交礼仪等内容的家庭教育。家庭教育的方式主要有言传身教、跟师学徒、编歌传唱、摆古等方式。从孩子呱呱坠地的第三天起，知道消息的左邻右舍、远近亲戚的妇女们便纷纷前来"打三朝"祝贺，送来鸡和鸡蛋以及小孩的衣服鞋帽表示庆贺，大家在一起吃油茶、喝甜酒蛋，然后大家都亲一亲、抱一抱孩子，说些吉利话。满月之日，主人家要摆席宴请送礼来的亲朋，热闹一两天。然后，外婆家又接过去热闹一番。从小孩懂事开始，家庭就对小孩进行品德教育，培养小孩树立正确的人生观，教育小孩爱劳动、讲团结、有礼貌、守规矩。当地俗话说："人若有志，前途光芒；人若无志，烂草麻瓢。"

唱儿歌是侗族儿童早期教育必不可少的。也可以说，侗族的孩子们是唱着歌长大的。民族的历史、生产经验、社会知识、民族习俗、伦理道德、宗教信仰、社会交往等，都要靠语言和歌来积累和传承，并且，儿歌因其有韵律更有利于接受。如《劝世歌》唱道："从小为人要忠厚，欺老凌弱天不由；撒须荷包紧锁口，讲话道理要充足；粗茶淡饭过得旧，劝人勤耕和苦读；莫去嫖来莫去赌，浪荡汉子难登头；好人遇难有人助，过水自有渡人舟。"

摆古，就是讲故事。农闲或晚上，大人给小孩讲故事，既有民族英雄事迹、历史故事、神话传说，也有传统忠孝教育、因果报应故事，等等。大人经常会引用故事中的道理或生活中的例子来教育小孩。村民根据孩子年龄和爱好,除教授传统农业耕作技术外,还教孩子学习木工、石工、弹花、武术和医药。

侗族社会教育主要通过"打三朝"、"歌会"、"款会"、"灯会"等活动来传承。"三朝"即三天,婴儿出生的第三日,称为"三朝"。整个"打三朝"过程中有许多的道贺叙礼、对歌赛艺、吹打弹唱、谈古论今,这种自发的文化艺术交流活动,是一种很好的教育形式。"歌会"主要是通过对歌来传授、传承侗族传统的历史、礼仪、价值观念等。"款会"主要是通过宣传、学习侗族传统的款约来进行传统习惯法的教育。通过"讲款",由款首在村民集会或有人违反"款约"执行处罚时向村民宣讲"款约款规"。款首们一般都具有很好的演讲能力,把各种款词编成朗朗上口的句子或歌谣,便于村民学习、背诵。"灯会"主要是通过每年春节打龙灯、舞狮子、打闹年锣时,老一辈向年轻一代传授生产技艺和生活经验、讲授民族历史与传统文化、礼仪。

(六)丧葬制度

湖南侗族丧葬一般同汉族,行土葬。侗族认为只有阴间的祖先亡灵安宁,阳世子孙才能得到保护,因此注重丧葬礼仪。凡老人死后,要请鬼师择吉日吉时入棺、出殡、埋葬。由鬼师念"送祖词"开道引路,指引亡灵与历代祖宗在"雁鹅村头"相会,然后去龙宫定居。老人正常死亡的,葬于家族公共墓地,以速葬为上吉,多为朝逝暮葬。但也有待村寨内同庚老人都已谢世后,择吉日同时安葬的。老人死后,从埋葬日起,须在家设灵牌奉祀三年。期满引灵入香火堂,与祖先并列。清明节,各家族先到公墓集体祭祀共同的祖先,然后各家分别到自己先人坟上献祭,最后集合同宴。

属非正常死亡的,多采取入土浅葬,三年后再作二次葬,或先火化后土葬,但均不得葬于公墓。

## 四 风俗习惯

风俗习惯是指个人或集体在长期的社会生活中形成的传统风尚、礼节、习性,是特定社会文化区域内历代人们共同遵守的行为模式或规范,它对社会成员有强烈的行为约束作用。风俗习惯的内容十分广泛,主要包括饮食风俗、节日习俗、诞生习俗、社交礼仪、医护习俗等。

（一）饮食习俗

湖南侗族的饮食以大米为主要食物，平坝地区以粳米为主，山区则多食糯米。普遍喜食辣椒和酸味。自行加工的"酸鱼"、"酸肉"，贮藏十数年不坏。"吃油茶"是侗族待客的一种传统习俗。油茶是用茶叶、花、炒花生（或酥黄豆）、糯米饭，加肉或猪下水、盐、葱花等为原料（有的地方还加菠菜、茼蒿），制成的汤状稀食，既能解渴，又能充饥。

日常蔬菜十分丰富，除鲜食南瓜、苦瓜、韭菜外，大部分腌成酸菜。如，酸黄瓜、酸萝卜、酸刀豆、酸蕨菜等。制作酸菜有坛制和筒制两种，坛制是指将淘米水装入坛内，置于火塘边加温，使其发酵，制成酸汤，然后用酸汤煮鱼虾、蔬菜，作为日常最常见的菜肴。腌鱼、腌猪排、腌牛排及腌鸡鸭则以筒制为主。筒有木桶和楠竹筒两种。制作腌鱼以入冬最佳，腌渍时间越长，其味越醇。鱼虾除大量酸食外，亦常鲜食。

湖南侗族地区的糯米很多，有红糯、黑糯、白糯、长须糯、秃壳糯、旱地糯和香米糯等七八种，其中香米糯有"糯米王"之称，有"一家蒸饭，全寨飘香"之誉。

侗族成年男子普遍喜爱饮酒，所饮酒类大都是自家酿制的米酒，度数不高，淡而醇香。尤其是有"侗家茅台"之称的通道侗族自酿的苦酒香甜甘醇，令人久久回味。

侗族喝酒比较讲究礼仪。侗族人遇酒必歌，酒与歌相生相伴，并由此衍生了丰富多彩的酒歌。其种类有三朝歌、满月歌、周岁歌、好事歌（包括迎亲歌、伴嫁歌、酿海歌）、贺新婚歌、祝寿歌、留客歌等。凡有喜庆，以歌相贺的同时还要致吉利词。新娘出阁祝曰："凤去龙来"、"天作之合"；结婚酒祝曰："花好月圆"、"乾坤定喜"、"举案齐眉"；三朝酒为："长命富贵，易养成人"；乔迁曰："万载兴隆"、"家发人兴"；祝寿曰："四季康泰"、"福如东海，寿比南山"；葬礼则曰："阴安阳乐"、"寅葬卯发"，等等。席上饮酒，猜拳也有拳令。首先要恭请在座的舅公、舅父或老人"开令"，然后才能喊拳出指。侗族人在酒宴场合非常讲礼貌，开始举杯要互相邀请，主人无论酒菜好歹，哪怕是山珍海味、美酒佳肴，往往也得谦恭地说："对不起，太怠慢了。"客人则以"你家爱好"、"主东仁义"之语赞赏主人。饮酒之前,要倒少许酒祭天地,表示饮水思源,不忘祖宗和地脉龙神,然后右手沾抹前额,调适血脉体温以免喝醉,保持头脑清醒。拦门酒是侗族节日和婚嫁喜事必不可少的节目。主人会在寨门前用鲜竹做一道迎宾门,门前用桌或凳拦住,桌上放着肉类下酒菜。用红线或花带吊一只牛角盛上酒,拦门的姑娘或媳妇用手捧着等着客人的到来。喝过拦门酒,主人才会给客人奉上下酒菜。

(二)节令习俗

湖南侗族的节日以春节、祭牛神节(农历四月初八或六月初六)、黑饭节(四月初八)、吃新节(农历七月间)较为普遍。有些地区还在十月或十一月过侗年。由于民族之间的交往,侗族还有清明、端午、中秋、重阳等节。

湖南侗族的春节和汉族一样,也俗称"过年",有大小年之分,但与汉族的小年不完全相同,汉族过小年是农历十二月二十三日,相传是敬灶神。侗族农历十二月二十九日为小年,又叫"姑婆年",是纪念姑婆的节日,意思是祖宗各代的姐妹出嫁后,过年快结束时回家探亲团圆。这天,除过年的食品外,侗族人还用几个粑粑夹着酸肉敬奉姑婆,作为"飨年",并用甜酒祭奠。有的姑婆、姑母不会喝烧酒,就饮甜酒。这正好反映了侗族人家具有尊重妇女的传统美德。春节期间盛行一种"打侗年"(又叫芦笙会)的群众活动。这种活动类似汉族的"团拜",只不过比"团拜"显得更加欢乐、热烈。这种活动一般是由两个村庄共同商定举办的。两队在广场上正式举行芦笙歌舞比赛。这时两个村庄的观众,伴随着乐曲,翩翩起舞,尽情地欢乐。

农历四月初八或六月初六"祭牛神"活动是侗族、苗族所共有的一种祭事活动,又称为"牛辰节"或"洗牛身"。祭日要让牛休息,并用鸡、鸭等祭品在牛栏旁边设案祭祀。有的还用特制的黑糯米饭喂牛,对牛为人耕作表示谢意。

尝新节是湖南侗族地区共同的节日,各地尝新节内容大同小异。"六月六,早禾熟"。侗族地区把这一天作为尝新节,有的选在七月初七或七月十四、十五,有的地方择吉日尝新。尝新节这天,狗是上宾,新米饭煮出来,让狗尝过以后人才尝。因为传说远古时期,洪水滔天,绝了谷种，是一条白色的神犬漂洋过海，在西王母的晒谷坪里打了一个滚，满身粘满谷粒，在回来时身上的谷粒被水洗掉了，只有狗翘在水面上的尾巴尖带着几颗谷粒。人类靠这几粒谷种才发展到今天。为了不忘狗的功劳，新谷登场要请狗先尝。还有一种说法，相传在很久很久以前，世上刚有五谷杂粮，人们还不会管理，五谷杂粮长得不好，产量低，人们饥一餐饱一餐，艰苦度日。有一天中午，人们都在睡午觉，飞山神杨再思给人们托梦说："要想五谷长得好，得靠粪水淋青苗。"人们醒来一讲，都是同一个梦，大家认为这是祖德和天意，于是都把厕所里的粪水挑去淋庄稼。只六七天工夫，庄稼就长得青枝绿叶，根粗苗壮，这年获得好收成，人们过上吃饱饭的日子。飞山神托梦这天正是农历六月初六，后来侗族人在这一天就要把刚成熟或接近成熟的谷物摘取下来，煮成新米饭，伴以鸡、鸭、鱼、肉供奉祖先，不忘恩德，并取名为"尝新节"，沿袭至今。侗族吃新节，除了祭祖祈祷丰收外，还要开展丰富多彩的娱乐活动。一般以斗牛、斗鸟、演侗戏等形式为多见。

农历四月初八"姑娘节"是湖南侗族、苗族妇女的节日。节日这天，凡出嫁的姑娘都要回到娘家与自己的姐妹做乌饭、乌饭糍粑，唱歌说笑欢度节日。节后，这些出嫁的姑娘回夫家时还要带些乌饭糍粑，分送给亲友，共享节日佳肴。"姑娘节"相传是纪念古代飞山峒蛮女英雄杨黎娘的重要节日。黎娘的哥哥因为反抗官府被抓进大牢，经常吃不饱饭。黎娘心生一计，到山上采摘黑饭叶榨汁，拌在糯米饭里，在农历四月初八这天给哥哥送过去。狱卒看到黑米饭，不敢抢食。哥哥吃了果然力大无比，立刻挣断了铁索链。兄妹俩一起杀出了牢门。从此，每年的这一天，苗侗杨姓人要把出嫁的姑娘接到家里吃黑米饭过节，举行庄重的祭拜祖先仪式，喝烧米酒，吃黑米饭，载歌载舞，庆祝自己的节日。

二月春社之日，湖南侗族有吃社饭之俗，将田园、溪边、山坡上的鲜嫩社蒿（香蒿、青蒿）采撷回家，洗净剁碎，搓尽苦水，焙干，与野蒜（胡葱）、地米菜、腊豆干、腊肉干等辅料掺和糯米（可掺部分黏米，但需先将黏米煮成半熟后掺入糯米）蒸或焖制而成，吃起来别有风味，并可防疫去瘟，促进身体健康。

（三）人生仪礼

"三朝"即三天，婴儿出生的第三日，称为"三朝"。侗族非常重视婴儿的诞生，特别是女子婚后生育第一个孩子即"头胎"，不管生男生女，孩子出生的第三天至半月内，都要隆重举行庆贺仪式，叫"打三朝"（也叫请粥米酒）。侗族"打三朝"习俗，主要有报喜、洗三朝、打三朝这三个内容。新生儿出生后的第二天，要给孩子的外婆家报喜。报喜，是由新生孩子的父亲或其他长辈，去孩子的外婆家报告喜讯。去报喜时，要带上一只鸡（生男孩带只公鸡，生女孩带只母鸡）、红蛋（红蛋的数量要由外婆家那边有多少家亲戚来定，但送给每家的红蛋一定要是双数，以示吉利）、一罐甜酒（即醪糟，这是侗乡生小孩人家必备之食品，食之发奶）。外婆家看到报喜拿去的东西，就知道女儿是生男生女了。拿去的红蛋就由外婆家分送给各家至亲，收到红蛋的至亲们也就知道该做什么准备了。报喜的同时，还要与外婆家商定好"打三朝"的日期。报喜的人返回时，外婆家要回礼，若报喜带去的是公鸡，回的礼就是母鸡；若报喜带去的是母鸡，回的礼就是公鸡。且回礼的鸡不能杀，要好好养着。孩子出生的第三天，外婆家（包括舅妈、姨妈等）带着甜酒、鸡、蛋及小孩用的尿片、棉片、衣物等来"洗三朝"庆贺。这天，孩子的祖母、伯母或外婆、舅妈、姨妈等长辈要特别地给孩子洗澡，叫"洗三朝"。洗三朝用的水要取自碾房、榨房水车的水或从高处急流而下的雄水，洗后小孩才乖、不胆小，经得住磨难。洗澡后要将小孩两手两脚与身体一并用棉片包好，用一条布带缠绕三圈，使两手两脚在这一天不能乱动，叫"捆手脚"，以示将来守规矩。当地就用"你妈没给你捆手脚啊"骂手脚行为不规矩的人。随后，祖母或伯母抱着孩子面向祖宗神位三叩首，祈祷孩子一生平安。

湖南新晃侗族小孩过生日，必须滚烂泥巴田。每个孩子的五岁、十岁、十五周岁生日，都要举行这种仪式。按祖辈传下来的说法，侗族人"从母亲那里学到善良，从父亲那里学到勤劳，从祖父那里学到耐性"。因此孩子五岁生日，由母亲将他带到田边，让他从田中滚爬过去，父亲在对面接，象征孩子将脱离母亲温暖的怀抱，开始接受劳动锻炼；孩子十岁生日，由父亲带到田边，祖父在对面接，象征孩子将初步养成劳动习惯；孩子十五岁生日，由祖父带到田边，田那边没有人接，孩子自己滚爬过去，象征孩子将长大成人，开始独立生活。据恩施市芭蕉侗族乡黄泥塘村的老人介绍，他们小时候还举行这一生日仪式，现在只是在孩子这三个生日时用嘴告诫，不用真去滚烂泥巴田了。

结婚是人生头等大事之一，侗族婚姻中有许多传统习俗一直在流行。比如说，结婚后女子"不落夫家"；忌同姓结婚；五行相克不婚（尤不喜水克火）；属相相冲不婚（有羊怕鼠、蛇怕虎、龙怕虎、马怕牛、金鸡见犬泪交流之说）；忌正月、三月、五月嫁娶、定亲；忌寅年婚嫁；忌接亲时碰见孕妇、丧事；新嫁娘忌在半路说话；新娘进新郎家门时忌碰见新郎家人，全家要回避，否则不睦；陪嫁的箱子、水桶、盆忌空去，一定要用物品或米充实；已嫁之女，回娘家时忌开禾仓、拿炊具，等等。

丧葬一般同汉族，行土葬。个别地区还有停葬习俗，人死入殡后将棺材停放在郊外，等本族与死者同年同辈的都死亡以后，才一同择日安葬。

（四）社交习俗

侗族是谦逊、有礼和团结的民族，在与外人交际中十分注重礼貌礼节，乐于助人，尊老爱幼、和睦相处。打老庚、拦门、打标是湖南侗族独特的几种社交习俗。

打老庚是湖南侗族房族之外同性人中最常见的一种交谊方式。两人一旦觉得性情相投或互相敬慕，一方提出"打老庚"，对方同意，便可选择一个日子，一方带上自己的"庚帖"（"八字"）和对方最喜欢的礼物到对方家拜访，对方便宰鸡杀猪盛情款待，并请族中长者相陪，席间互换"庚帖"和礼物。两人打上"老庚"后便如亲兄弟姐妹，一方需要办事或出劳动力时，对方总是鼎力相助。逢年过节，双方轮流拜访。打上"老庚"之后，一般都终身来往，有的甚至两三代人都保持关系。侗族和周围其他民族间也有打老庚的，民族之间打老庚对于增进民族间的团结有着重要的意义。

"拦门"是侗族村寨交往中欢迎来客的一种仪式。在两寨青年男女的交往和迎娶新娘时最为常见。每当客人来访时，主寨就会安排隆重的"拦门"仪式欢迎客人。主人在路口门楼前设置板凳、竹竿、树枝、绳子等障碍物，把路拦起来。主寨的姑娘们拦到客人之后，或者是主寨的小伙子拦住客方的姑娘时,首先唱起《拦路歌》,唱出种种拦路的"理由"。接着客方的姑娘或小伙子则唱起《开路歌》,逐一推翻对方拦路的种种借口,许多歌里都是用诙谐的语言互相逗趣,通过一唱一答,使主客相见的气氛变得十分热烈。每当客人用歌答复了主人提出的一次盘问和逗趣之后,主方就把拦路的障碍物拆去一件,直到把拦在路上的障碍物完全拆除,将客人迎进寨子里。

"月也",意为集体游乡做客,是侗族的一种传统社交习俗。届时,某一村寨的男女青年按约定到另一个侗寨做客,其间要举行赛芦笙、对歌等活动。"月也"规模不定,男女老幼均可参加。去时,都着节日盛装,"歌队"、"芦笙队"和戏班子一同前往。主寨以酒肉进行款待,宾主白天唱侗戏或赛芦笙,晚上对唱侗歌,共同欢度三至五日始散。离别时,主寨还要以猪羊馈赠。视收成情况,次年或若干年后,此寨再到彼寨回访。"月也"只在秋收后或春节期间进行,以示庆贺丰收,欢度节庆,同时还不误农时。"月也"内容颇多,主要有以下七种:"月也戏"(做戏客),即以唱侗戏为主,同时开展多种民间文化交流的集体社交活动,一般在农历正月开展。其主要活动形式为甲寨到乙寨去演唱侗戏,对唱侗族大歌,男女青年交友,老年人走亲访友等。"月也老"(做众客),一般在农历正月,人数为做寨客观的两个村寨的所有男女老少。"月也老"以唱侗族大歌、踩堂歌、青年男女唱情歌为主要内容。"月也暇"(做社客),在春社赶社时,甲寨接乙寨姑娘集体做客,姑娘来时,罗汉早晚盛情款待,白天踩堂对歌,晚上行歌会月。这类"月也"姑娘不还,而由自己的兄弟去对方的姑娘。"月也左楼"(做贺鼓楼客),一般在正月初举行。甲寨新建鼓楼落成典礼,乙寨倾寨来贺,人数和接待、迎送与帮众客一样,只是活动内容更为热烈。"月也鼎"(做众定亲客),也叫姑娘罗汉客。这项活动时间较长,有的可达数月,是双方男女青年和父母相互了解的最好时机。"月也轮"(做芦笙客),一般在甲戌节、中秋节赛芦笙时举行,活动内容以宾主两寨赛芦笙为主,同时通过唱歌、踩歌堂、祝贺丰收等进行文化社交活动。"月也敬"(敬寨客),意为帮助主寨敬客,这种形式最大的特点在于,当两个寨子正在进行"月也"时,另一寨便给其中的主寨送来信帖。主寨接到帖子并经寨老商议同意后,便将来帖贴于鼓楼门柱上,以告示村民,某寨要来"敬也"了。

湖南侗族地区还有打草标的习俗,即用茅草、芒冬草或稻草等结成疙瘩、田螺或箭头等形状,用以表示特定的意思,主要起到一种警示、提醒的作用。打标主要有山标、水标、田标、寨标等。侗族封山育林不是以封山板示众,而是在山林周围的树枝上挂"标",人们见了就会自觉不去砍柴、割草和放牧等。山标还可作其他用途,如砍好的柴或草,暂时不拿走,只在上面打上"标",十天半月也不会有人拿走;找到荒地时,如暂时不开荒,打上"标"后,一般不会有人再去开荒。当然,如果占据的地方太大,且长久不去开荒,亦将受到舆论的谴责。侗族地区到处都是山泉,但有的仅供牲畜用。为了让远道而来的客人辨别,就在井旁插上耳朵形的"井标",让他们不要饮用。还有的表示水井被污染,请勿饮用。侗族捕鱼,常在鱼群多的地方用石头堆砌起来堵鱼。为了表明此地已有主人,就插上芒冬草打的"标",旁人见了就会自觉不在这里捕鱼和钓鱼。稻田里如养有鱼,主人就用草扎成菜地里的田螺形"标",并插上鸡毛或鸭毛,挂在木杆上。旁人见了,就不会在这里放鸭、取水,并让田水保持在5寸以上的深度。恋爱中的青年男女约会,将"标"放在事先两人商定好的地方,后来者看到"标"就会前去约会。旁人无从知晓,具有保密性。为了不损害庄稼,主人在已种庄稼的田地里打上"标",表示放牧者须管好牲畜,否则损坏庄稼,主人要登门赔礼道歉或赔偿损失。猎人在打猎时,为了不误伤他人,也常在安放猎套、药箭、药刀周围打上"标",人们见了,就知有人在捕猎,不再进入该处。侗寨发生流行性疾病,便在寨门挂蜡树枝叶,告诫人们不要进入疫区。在桥头打上"标",意为桥已被损坏或有危险,请小心过往。如在大门上打"门标",则意为某家人正在祭祀,或家中新添了婴儿等,请不要随意进出。

(五)医护习俗

在漫长的历史发展中,侗族人民发挥聪明才智,与疾病作斗争积累了丰富的医药经验和身心保护措施,并且形成了约定俗成的习俗。

湖南侗族相信"神药两解"。由于受到历史条件的限制,人民无法解释大自然中有关生老病死的自然规律,每当瘟疫流行、疾病缠身,或自然灾害爆发,便请巫医驱病禳灾,同时也会在这些巫医的指导下采取药物、心理等方面的治疗，往往会取得意想不到的效果。特别是对一些久治不愈、没有病兆的疑难杂症，侗族同胞更是相信"神"的力量。

蛋疗法。湖南侗族同胞多用蛋诊疗法来祛除体内的风寒、湿气、瘀气。侗族认为，如果人感到身体乏力、畏寒和恶心，有可能是寒气、瘀气进入体内，可以先用缝衣服的小针轻轻挑刺皮肤，然后用煮熟的热鸡蛋在患者的额头、胸口、背部及四肢来回滚动，就可以祛除体内的寒气和瘀气，达到治愈疾病的目的。若鸡蛋在煎煮或滚动过程中蛋壳破裂，可将蛋白取出（去掉蛋黄），将蛋白与葱、姜及银首饰一只共同包在纱布内，放在砂锅内煮热，取出，挤去多余的药液，在患者上述部位依次擦搓，即可治愈。

捞魂魄。侗族人认为人是有魂魄的，正常人的魂魄和肉体是合一的。但若是生病或受到惊吓，魂魄就可能暂时游离肉体，这时候必须把魂魄招回体内。因此，小孩摔倒或在河里游泳受到惊吓或跌落水中，虽然人的身体被救了起来，但魂魄仍然在水中，必须用簸箕在当天傍晚把魂魄捞起来，否则小孩丢了魂魄就会神志不清。捞魂魄的时候，一边捞，一边呼喊小孩的名字，丢魂魄的小孩则在一旁答应。这样就可以把小孩的魂魄找回来。

银饰验毒。湖南的侗族、苗族人民都喜欢银饰，服饰、饮食、医疗中都离不开银子。除了把银子作为重要的财产保管以外，银器在湖南侗族的医疗和饮食中还具有十分重要的验毒作用。过去湖南的侗族、苗族中流行放蛊的说法，因为蛊毒无色无味，不易被辨认，所以为了防止被放蛊，可以用银器来验毒。用银器到饭菜中一试，如果银器呈黑色，便说明饭菜中有毒。此外，银器还有祛风的作用，用银圆刮痧可以祛风治病。

冲傩还愿。侗族自古以来就有信奉原始宗教，崇拜自然物的习俗。在侗族历史上巫、傩文化对侗族文化产生过深远的影响，并形成了独特的医疗保健习俗，冲傩还愿便是其中之一。每逢天灾、瘟疫或久病不愈时，便要冲傩。湖南新晃侗族称为演"咚咚推"，春节期间要举行祭祀活动，祭祀时必演"咚咚推"。"咚咚推"历史悠久，有丰富的民族历史、宗教、音乐、戏曲、雕刻、绘画内涵。由于历史的原因，"咚咚推"现在已经成为濒危的非物质文化遗产，其治病禳灾的功能已经弱化，仅剩作为一种表演艺术的外体了。为了保护这种古老的民族文化，新晃傩戏"咚咚推"入选了国家级非物质文化遗产名录。

取贱名。侗族认为，小孩如果命弱，不好养活，便要取一个很不好听的名字，这样便容易养活。所以，很多侗族小孩的小名里都带有"狗"、"贱"字。

拜寄。若小孩经常生病、吵闹，侗族人就认为是小孩命弱，需要拜寄来改变小孩的命运。拜寄有寄拜自然物的，如古树、石头、水井、凉亭、桥梁、建筑等。也有拜寄人的，拜寄人有两种方式，一种是双方商量，通过算命先生合八字，有选择性地拜寄给别人；另一种是"碰"，就是带着需要拜寄的礼物出门，最先碰上谁，就拜寄给谁。拜寄个人后，一般两家就结为亲戚，经常往来。

# 第二章　新媒体及其在湖南侗族地区的发展

新媒体作为一种全新的媒体类型，呈现出与传统媒体相比迥然相异的特点，并且以强大的力量影响着社会经济文化的发展。自20世纪90年代在湖南侗族地区出现，并获得快速发展，成为影响侗族地区重要的媒介类型之一。

## 第一节　新媒体及其内涵

### 一　有关新媒体的讨论

"新媒体"概念至少可以追溯到20世纪50年代。例如，1959年3月3日，马歇尔·麦克卢汉应邀参加全美高等教育学会举办的会议时，其演讲题目就是"电子革命：新媒体的革命影响"。麦克卢汉宣称：从长远的观点来看问题，媒介即是讯息。所以社会靠集体行动开发出一种新媒介（比如印刷术、电报、照片和广播）时，它就赢得了表达新讯息的权利。[①]

1967年，美国CES（哥伦比亚广播电视网）技术研究所所长（即NTSC电视制式的发明者）P. 戈尔德马克（P. Goldmark）在发表的一份关于开发EVRC电子录像（Electronic Video Recording）商品的计划中提出了"新媒体"（New Media）一词，有人认为他是"新媒体"概念的首创者。

1969年，美国传播政策总统特委会主席E. 罗斯托（E. Rostow）在

---

① 赵阳、杨研：《传媒政策与法规》，中山大学出版社2010年版，第223—224页。

提交给尼克松总统的报告（即著名的《罗斯托报告》）中更是多处使用了"新媒体"概念。由此，"新媒体"一词风行美国并很快蔓延至欧洲，不久便成了一个全球化的新名词。

法国学者弗兰西斯·巴尔和杰拉尔·埃梅里合著的《新媒体》① 一书认为"新媒体"问世于20世纪70年代之后。

日本东京信息大学教授桂敬一在《多媒体时代与大众传播》② 中提出"80年代初出现新媒体热"的说法。

美国哥伦比亚大学新媒体中心主任约翰帕夫利克教授的《新媒体技术——文化和商业前景》③ 一书在"回顾历史"的章节里加上了一个副标题——"千年之交的媒体"。

随着对新媒体研究的不断深入，许多人对新媒体进行了定义。

美国《连线》杂志对新媒体的定义："新媒体就是能对大众同时提供个性化的内容的媒体，是传播者和接受者融会成对等的交流者，而无数的交流者相互间可以同时进行个性化交流的媒体，即'所有人面向所有人进行的传播'。它既不分生产者和消费者两大阵营，也不分读者和作者。它不是多对一的，也不是一对多的，它是多对多的传播形式。"④

2001年9月28日，美国网络新闻学创始人、"博客"（Blog）报道形式首创者丹·吉尔默在自己的博客上提出了"新闻媒体3.0"（Journalism 3.0）的概念：1.0是指报纸、杂志、电视、广播等传统媒体或说旧媒体（old media）；2.0是人们通常所说的以网络为基础的新媒体（new media）或者叫跨媒体，但新闻传播方式并没有实质改变，仍是集中控制式的传播模式；而3.0就是以博客为趋势的new media（"自媒体"或"我们的媒体"）。⑤

美国的俄裔新媒体艺术家列维·曼诺维奇（Lev Manovich）认为，

---

① [法] 弗兰西斯·巴尔、杰拉尔·埃梅里：《新媒体》，张学信译，商务印书馆2005年版，第11页。
② [日] 桂敬一：《多媒体时代与大众传播》，刘雪雁译，新华出版社2000年版。
③ [美] 约翰·帕夫利克：《新媒体技术——文化和商业前景》（第二版），清华大学出版社2005年版，第49页。
④ 赵阳、杨研：《传媒政策与法规》，中山大学出版社2010年版，第224页。
⑤ 陆地、高菲：《新媒体的强制性传播研究》，人民出版社2010年版，第14页。

新媒体将不再是任何一种特殊意义的媒体，而不过是与传统媒体形式相关的一组数字信息，但这些信息可以根据需要以相应的媒体形式展现出来。①

在国内，也有许多学者对新媒体进行过研究。

清华大学新媒体研究中心主任熊澄宇教授认为，新媒体主要指"在计算机信息处理技术基础之上出现和影响的媒体形态，包括在线的网络媒体和离线的其他数字媒体形式。……新媒体是一种超越了电视媒体的广度，又超过了印刷媒体的深度的媒体，而且由于其高度的互动性、个人性和感知方式的多样性，它具备了从前任何媒体都不具备的力度"②。

上海戏剧学院新媒体领域陈永东副教授认为，"新媒体是相对于传统媒体而言的媒体及各种应用形式，目前主要有电子菜谱媒体、互联网媒体、掌上媒体、数字互动媒体、车载移动媒体、户外媒体及新媒体艺术等"③。

新传媒产业联盟秘书长王斌认为，"新媒体是以数字信息技术为基础，以互动传播为特点，具有创新形态的媒体"④。

阳光文化集团首席执行官吴征认为，"相对于旧媒体，新媒体的第一个特点是它的消解力量——消解传统媒体（电视、广播、报纸、通信）之间的边界，消解国家与国家之间、社群之间、产业之间的边界，消解信息发送者与接收者之间的边界，等等"。

到目前为止，对于新媒体的界定，可谓众说纷纭，仍没有定论。专家们对于新媒体的定义，基本可以归纳为以下几种。

（一）相对论

代表人物有清华大学新媒体研究中心主任熊澄宇、上海文广新闻传媒集团总裁黎瑞刚。

其主要观点是：新媒体是与旧媒体、传统媒体相对而言的，是一个

---

① 赵阳、杨研：《传媒政策与法规》，中山大学出版社2010年版，第224页。
② 熊澄宇：《3G与新媒体发展》，载《新闻前哨》2009年第9期。
③ 张佳佳：《论数字移动新媒体——手机媒体》，载《现代装饰·理论》2012年第6期。
④ 洪向华：《媒体领导力：领导干部如何与媒体打交道》，中共党史出版社2009年版，第5—6页。

相对的概念。新媒体是相对于传统媒体而言的，是继报刊、广播、电视等传统媒体以后发展起来的新的媒体形态。

（二）凡数字论

代表人物是新传媒产业联盟秘书长王斌。

其主要观点是：新媒体是以数字信息技术为基础，以互动传播为特点，具有创新形态的媒体。凡是基于数字技术在传媒领域运用而产生的媒体形态，都是新媒体。与传统媒体相比，现在的新媒体，比如说互联网、手机报、IP电视、微博、博客等都是建立在计算机数字技术基础之上的。

（三）多媒体论

代表人物有一起网CEO谢文、北京语言大学新闻传播学教授高金萍。

其主要观点是：新媒体就是多媒体，所谓多媒体至少有文字、语音、音乐、图片、图画、影像等形式，各种形式混合在一起形成产品和服务，这是前所未有的；通过多平台传播多媒体信息，多平台包括电脑、手机和电视，每个平台都具备支持多媒体信息传播的能力；各种媒体都通过一个技术体系和网络进行传播，即互联网体系；由于传播是通过多媒体、多平台和单一网络实施的，因而信息的生产和传播完全可以一体化，统一经营和管理；由于新媒体技术的迅速推广，其经营范围已经不再局限于信息传播领域，而且扩大到基于信息的其他服务领域，包括网络游戏、网络软件、网络商务和网络服务。

（四）交互论

代表人物有新浪首席执行官兼总裁曹国伟，《长沙晚报》刘先根、彭培成。

其主要观点是：新媒体实现了传与受之间的双向互动，实现了个性化发展，从根本上改变了媒体内容发布形式。在新媒体的互动传受模式的对话语境中，不仅完成了信息的交流与交换，更重要的是，它体现了各个个体乃至群体经验的相互纠葛以及这些个体和群体所代表的各种利益与权力关系的争斗。

（五）媒体定义回归论

代表人物是中央电视台海外中心主任盛亦来。

其主要观点是：媒体应该是泛指从事大众传播的机构，并不特指以某种方式或手段传播，只不过大家都这么去理解，也就将错就错了。必须是信息发布主体才成为媒体，只有媒体才能进入新媒体与旧媒体的分类范围。①

（六）规模论

代表人物有中数传媒公司总工程师、中数科技公司总经理梅剑平，教育台《早教频道》频道总监董震，广西广播电视局副局长苏新生。

其主要观点是：由于技术进步产生的新的信息传播形态，当其影响达到足够社会效应时进而形成了全新形式的大众传媒，当代最典型的新媒体首推国际互联网，其后不断诞生网络电视、手机电视等。新媒体就是持续变化的沟通方式，从传播规模角度看，形成规模就成了新媒体。②

（七）多维论

代表人物为中国青年政治学院新闻传播学院院长展江、中央人民广播电台副台长王小辉、中央电视台《实话实说》制片人海啸。

其主要观点是：新媒体的表征不是单一的，而是多方面的。新媒体定义有广义上的、狭义上的，应该多角度、多层面综合定义，很难给新媒体下确切的定义，需系统研究。

因此，关于新媒体的定义，目前仍然没有定论，因为每个人都是从不同的角度来论述的。尽管不同的专家、学者从不同的角度对新媒体进行定义，但是相对于旧的媒体形态，大家的一个共识就是，新媒体是"基于数字基础的非线性传播的能够实现交互具有互联传播特性的传播方式和交互传播的组织机构"③。

石磊的《新媒体概论》④认为，新媒体的概念起码包含以下几个方面的构成要素。

1. 新媒体是建立在数字技术和网络技术之上的。我们从新媒体的几

---

① 杨继红：《谁是新媒体》，清华大学出版社2008年版，第20页。
② 同上书，第21页。
③ 同上书，第23页。
④ 石磊：《新媒体概论》，中国传媒大学出版社2009年版，第4—5页。

种类型来看，无论是网络新媒体、手机新媒体还是户外新媒体，都是依托计算机技术发展起来的。我们过去的报纸印刷依靠的是人工拣字，现在依靠的是计算机排版印刷技术、卫星传版技术；我们过去的电视信号传输是模拟信号，现在是数字高清；手机过去也是模拟信号，现在是数字信号。

2. 新媒体是多媒体呈现方式。传统媒体，要么是文字、图片，要么是声音，要么是视频，而新媒体则是多媒体呈现方式。一个新闻事件的报道可以采用多种呈现方式，既可以是文字的、图像的，还可以是声音的、视频的，甚至是动漫的。

3. 新媒体是真正意义上的全天候和全覆盖。受众接受新闻信息不再像传统媒体一样受到时间、地点的限制，受众通过新媒体在有电子信号覆盖的地方就可以接收，甚至火星上都不成问题。

4. 新媒体在技术、运营、产品、服务等商业模式上具有创新性。新媒体不仅是技术平台，也是媒体机构。与传统媒体相比，新媒体更加注重商业模式的运营与创新。

5. 新媒体的边界在不断变化，呈现出媒介融合的趋势。从新媒体的发展来看，新媒体具有十分强大的包容性，其边界在不断的扩大变化之中，不同的新媒体类型经常会出现相互重叠、相互融合的现象。就算是传统媒体，也可以借助现代数字和网络技术，升级为新媒体。比如说，报纸就可以通过数字转换技术，将原来的纸质报纸转换为数字版，数字版还可以实现网络化传播。

## 二　我看新媒体

目前关于新媒体的概念，没有统一的定论，大家都是从各自的角度进行理解的。笔者认为，要正确理解新媒体，有必要厘清几种思路。

（一）所谓新媒体，是相对于传统媒体而言的

新是相对于旧而言的，新媒体也是相对于传统媒体而言的。人类传播媒介形态的发展告诉我们，任何一种新的传播类型的出现都是在积累和借鉴既有的传播类型的基础之上产生和发展的。新媒体并不是凭空产生的，而是经由传统媒体的不断发展，借助新的信息传播技术和手段而

产生的。当前的新媒体就是借助数字传播技术，结合传统媒体的内容，从而产生了网络新媒体、手机新媒体和户外新媒体。比如说，网络新闻就是借助网络技术实现新闻信息的数字化传播，手机新媒体就是借助数字移动网络实现新闻信息的无线移动化传播。

（二）新媒体与传统媒体互为补充而非取代

新媒体是经由传统媒体发展而超越传统媒体的一种新的媒介类型，但是这种新的媒介类型的出现并不能（至少在很长时期内不能）完全取代传统媒体，它们是互为补充的。

口语传媒是人类远古时代就产生的传媒类型，人类后来陆续发展出了文字印刷传媒、电子传媒和数字传媒，但是口语传媒并没有因为新传媒的产生而消亡，口语信息传播仍然是我们今天最广为利用的一种传播方式。同样，文字印刷传媒虽然经历了以电视为首的电子传媒和以互联网为首的新媒体的冲击，但是直到今天，文字印刷传媒仍然是我们赖以利用的重要的传媒类型。因此，人类信息传播是允许多种传媒形式存在的，后者是对前者的补充和超越，但不能完全取代。

（三）新媒体与传统媒体相比，更具多样性

由于新媒体是建立在数字技术之上的，数字技术的可变性带来了新媒体类型的多样性。同时，由于新媒体产生的时间还很短，各种传媒类型还在不断的发展变化中，每一种新媒体类型都具有发展性，换句话说，具有不稳定性。因此，对于新媒体的概念及内涵的理解，也应该采取发展的眼光，根据其发展的不同阶段和特点来定义和理解，切不可采取一刀切的办法，固化于某一种概念。

因此，我们似乎可以这样认为，新媒体是相对于传统媒体而言的，是继报刊、广播、电视等传统媒体以后发展起来的新的媒体类型；新媒体是利用数字技术、网络技术、移动技术，通过互联网、无线通信网、有线网络等渠道，以及电脑、手机、数字电视机等终端，向用户提供信息、娱乐以及各种服务的传播媒介；新媒体是新的技术支撑体系下出现的媒体形态，如数字杂志、数字报纸、数字广播、手机短信、移动电视、互联网、桌面视窗、数字电视、数字电影、触摸媒体等。

## 第二节　新媒体的特点

新媒体作为一种全新的媒体形式，与传统媒体相比，既具有明显的技术上的特点，同时又有其鲜明的社会性特点。

### 一　技术性特点

新媒体的技术性特点是基于其数字化技术的特点而产生的，主要体现在数字化、超容量、多媒体性、时效快、交互性、易检索性七个方面。

（一）数字化

数字化就是将许多复杂多变的信息转变为可以度量的数字、数据，再以这些数字、数据建立起适当的数字化模型，把它们转变为一系列二进制代码，引入计算机内部，进行统一处理，这就是数字化的基本过程。

数字化是新媒体最重要的特点，其他特点都是建立在数字化特点之上的。新媒体是通过计算机数字技术来实现信息交换和传播的。比如说，数字报的方法之一就是将传统报纸的文字、图片等内容通过激光扫描变成数字代码，然后输入计算机进行数字化处理，再转换成跟传统报纸相同的数字版面形式。数字技术改变了以往报纸媒体仅提供单一形态的印刷物的特点，使其具有了提供多媒体信息及产品的能力。在数字化时代，数字报纸可以通过各种数字化介质和渠道（如光盘、互联网、广电网、电信网）进行传播、销售，而受众亦可以通过多种数字化终端进行接收、消费。国家已明确提出要确立数字报业发展战略，实现传统纸介质出版向数字网络出版的平稳过渡。广泛利用各种数字内容显示终端和传播技术，发展网络报、手机报、电子报纸等多种数字网络出版形式。未来的世界将呈现美国未来学家尼葛洛庞帝所说的数字化生存状态。

（二）超容量

与传统媒体相比，新媒体的信息海量存储与传输是其显著的优势之一。由于新媒体采用的是数字存储和传输技术，这给信息的存储和传播带来了一个十分明显的变化，就是信息的大容量。报纸容量是靠版面来计算的，一张对开报纸的一个版能容纳 8000—10000 字，稿件有 20 条左右。如果一期报纸以 16 个版计算，一期报纸的容量是 10 万—16 万字，稿件数在 300 条左右。而如果换成网站，其容量则大得多，每天更新的新闻可达成百上千条，字数可达几百万。换句话说，只要编辑有足够的时间和精力来编发稿件，一个普通网站就可以做到无限容量。并且随着现代计算机存储技术的不断发展，存储载体的容量变得越来越大，价格越来越低廉。2000 年前后，一个 40GB 的硬盘已经觉得足够大了，现在主流硬盘容量已经达到了 320—1500GB。如果按一期 16 万字容量来算，一个普通的 320GB 硬盘可以装下 4488 年的这样一份报纸。

（三）多媒体性

与传统媒体相比，新媒体带给人们的是全新的多媒体视听感受。报纸是平面艺术，通过文字、图片来实现信息的传递；广播只能取悦你的耳朵；电视充其量只能为耳朵和眼睛同时提供视听服务。而在新媒体技术的带动下，感受信息的多媒体化已经成为一种不可避免的趋势。只需一台普通配置的电脑，人们就可以同时使其眼睛、耳朵、嘴巴和手进行声音的、图像的、视频的多媒体的感受，当前流行的 3D 数字电影更让人们走出二维空间，真正地达到"身临其境"，甚至国外已经有科学家研究出了在网络上聊天的同时能够感受不同的气味。这些都是新媒体技术带给人们的多方位的立体感受，比传统的平面艺术的表达方式更加生动多样。

（四）时效快

新媒体的时效快主要体现在以下几个方面。一方面，是信息传输速度快。新媒体借助计算机数字化通信技术，通过光纤传输，其理论速度可以达到每秒 30 万公里，其传输速度是传统媒体无法比拟的。传统媒体的新闻信息传递主要依靠记者外出采访，完成采访任务后记者再返回媒体所在地进行写稿，然后通过媒体采编才能将新闻信息进行发布。其需要的时间一般为几小时甚至几天。而新媒体由于实现了数字化网络传输技术，只要有网络信号的地方都可以进行新闻信息的传输，并且可以进行随时更新，这样无疑大大提高了其新闻信息的传播速度。另一方面，是信息发布速度快。与传统媒体相比，新媒体是一种自媒体，很大程度上省去了很多传播发布中的编辑和审稿环节，无论是媒体工作者还是普通市民、新闻爱好者、摄影发烧友都可以通过自己的手机、DV 将自己身边发生的大大小小事情通过微博、电子邮件、博客、BBS等进行新闻信息发布。当前，许多突发性的事件都是首先通过新媒体进行爆料、播发，然后才有传统媒体的跟进报道。

（五）实时性

新媒体的实时性与时效性是紧密相关的。报纸、广播、电视反馈渠道单一，新媒体反馈系统健全，只有新媒体才真正具备随时发布的可能。同时，传统媒体有明确的发布时段，定时定量。而新媒体没有发布的时间限制，可以实现24小时滚动发布，只要在线就能实时发布和接收各种信息，信息发布和接收的过程缩小到极短，甚至是实时的。

（六）交互性

新媒体的交互性也是建立在其时效性和实时性之上的，由于新媒体独特的传播介质和信息处理方式，使得信息发布和接收的过程缩到极短，信息传播者与接收者之间的地位趋于平等，传收双方可以实现实时的信息反馈。而传统媒体的交互性较弱，相对于受众，媒体地位更强大，受众只能被动地接收媒体的"议程设置"。比如说，传统纸媒的互动还停留在读者热线、读编往来阶段，电视媒体交互性也只表现在连线节目中。

（七）易检索

传统报纸的存储都是靠收藏纸质的报纸来进行的，每家报纸都有每年的合订本，以作查找资料和保存样本之用。如果需要过去的资料，就只好人工到资料室翻阅往期的报纸或往年的合订本。这样的检索十分费时费力却不一定有高效率。同样，电视媒体本身不能暂停阅读（播放）而存储，需借助第三方介质，通过专门的磁带来保存备份。如果需要资料检索，也必须通过查找以前的资料目录，然后找到某一期的播出带，再把播出带看一遍，才能找到所需的资料。新媒体则完全突破了人工检索的限制，通过计算机检索技术，可以精确地定位到我们所需要的资料的位置，然后直接预览，复制一份即可，既方便又快捷。

二　社会性特点

新媒体的社会性特点是跟技术性特点相对而言的，主要是新媒体在新闻信息的传播过程中产生的与人类社会相关的政治、经济、文化、心理等方面的特点。与传统媒体相比,这些特点使得人们对新闻信息传播有了完全不同的理解、认识和体验。

(一)消解性

新媒体是一种高度优化组合的新型媒介形式,它不仅吸纳、融合了传统媒体的各种优点,还在不断地创新与发展。新媒体的边界消解性体现在几个方面。一是对传统媒体边界的消解,新媒体将平面媒体和视听媒体的各种特点集于一身,消解了电视、广播、报纸、通信之间的边界。二是消解国家之间、社群之间、产业之间的边界。相对于传统媒体,新媒体几乎是没有边界的,不受地域限制。报纸、电视和广播受地域限制的特征很明显,但是新媒体却是十分开放的,信息发布和传播不受地域的限制。一个小山村的新闻,当天就可以传播到全国、全世界,也就是说,新媒体能够极大地放大信息。三是消解信息发送者与接收者之间的边界。与传统媒体相比,新媒体是典型的自媒体,自行采集新闻信息,自行发布新闻信息,不像传统媒体,信息的采集和发布必须经过专门的人员和机构。新媒体则不同,只要拥有能上网的计算机或手机,任何人都可以随时发布自己感兴趣的信息。因此,对新媒体来讲,没有明显的信息发送者和接收者,一个人既可以是信息发送者,又可以是信息的接收者。①

(二)去中心化

由于新媒体随时在进行信息的更新,不可能像传统媒体一样存在类似于"头版头条"这样的状况,不同受众可以选择很多主题进行讨论。一时的焦点可能会因为一个新情况的出现,而顿时逆转。

新媒体拥有人际媒体和大众媒体的优点:完全个性化的信息可以同时送达几乎无数的人;每个参与者,不论是出版者、传播者,还是消费者,对内容拥有对等的和相互的控制。同时,新媒体又免除了人际媒体和大众媒体的缺点:当传播者想向每个接收者个性化地交流独特的信息时,不再受一次只能针对一人的限制;当传播者想与大众同时交流时,

---

① 参见莫君伟《创意力量》,社会科学文献出版社 2010 年版,第 164 页。

可以针对每个接收者提供个性化内容。郭炜华认为："新媒体与传统媒体最大的区别，在于传播状态的改变：由一点对多点变为多点对多点。"①

（三）费用低

新媒体近乎零费用信息发布，对受众多为免费，这对传统媒体的新闻产品制作成本造成挑战。以手机报为例，目前国内手机报一般为免费或每月收费3—5元，相比任何一份报纸来说都是十分便宜的。而众多的互联网媒体比如博客、播客、微博等几乎都是免费的。

（四）用户多

新媒体的信息接收者也就是受众，囊括了网络电视、数字电视、电话广播、移动媒体用户，总数庞大，堪称蔚为大观。国际电信联盟（以下简称"ITU"）发布《2014年信息与通信技术》报告称，到2014年年底，全球互联网用户数量达到30亿，约占全球人口总数的40%。中国互联网络信息中心（CNNIC）发布的《第33次中国互联网络发展状况统计报告》显示，截至2013年12月底，中国网民数量突破6.18亿，高居世界之首。随着技术的进步和购买成本的下降，新媒体使用人数将进一步增加。

（五）身份杂

新媒体庞大的用户群决定了其身份包罗万象，王侯将相、黎民百姓、贩夫走卒，各行各业，无论什么身份的人都能成为新媒体的受众，都能轻易在新媒体中找到自己的位置，找到自己需要的内容。新媒体身份的庞杂性增加了其话题的多元性，导致了其舆论的分散性，增加了舆论引导的难度。

（六）个性化

新媒体时代，新媒体精准的定位和搜索技术为其个性化信息服务提供了技术上的可能。每位网民都可以根据自己的兴趣和爱好，使用搜索技术来找到自己所需要的东西，实现个性化的信息定制。同时，每位网民也可以根据自己的兴趣和爱好，基于个性化的表达需求聚集在一起，形成个性化的社区和群体。而作为新媒体服务商，只要对某位网友经常

---

① 莫君伟：《创意力量》，社会科学文献出版社2010年版，第165页。

访问的网页、搜索的资料和发布的信息进行统计分析，就可以得出这位网友的兴趣和爱好，可以分析出其个性化的网络需求，为每个人提供个性化的信息服务。

（七）草根性

"草根"，直译自英文的 grass roots。它至少有两层含义：一是指同政府或决策者相对的势力；二是指同主流、精英文化或精英阶层相对应的弱势阶层。陆谷孙主编的《英汉大辞典》把 grass‐roots 单列为一个词条，释义是：（1）群众的，基层的；（2）乡村地区的；（3）基础的，根本的。大众传媒所引导产生的大众文化便是典型的草根性文化，因为19世纪20—40年代蓬勃兴起的西方大众文化是在与精英文化相对立中发展起来的。

以互联网为代表的新媒体也具有典型的草根性。从理论上说，在网络世界里，人人平等。普通的网民只要在互联网上注册一个网名或建立自己的博客或微博账户，就可以随时发布自己的意见和建议，表达自己的喜怒哀乐，寻求各种帮助。互联网的这种草根性特点为最基层、最卑微的普通人民群众提供了一种发声的渠道，为广大网民参与各种社会事务管理提供了方便。当然，这也只是理想状态的新媒体特性，其真正的平等性受到各种政治、经济和文化的因素制约。

（八）虚拟性

网络社会的形成是以互联网的应用为基础的。互联网已将世界连成一个网络，使之形成一个紧密相连的整体。通过人机互动，互联网在网络中创造出一种虚拟的环境，给人一种真实的感受和体验。这是人与计算机生成的虚拟环境，是两者进行交互作用的技术手段。尼葛洛庞帝曾说过："（网络的）虚拟性能使人造事物像真实事物一样逼真，甚至比真实事物还要逼真。"正如美国传播学者 Roger Fidler 所说的："对于未来的电脑技术，可能不知道甚至不在乎我们正在与之进行交互的究竟是另一个人还是一个数字实体。"正所谓"在网上，没有人知道你是一条狗"。意思是，在网上，物理的、真实的"是"与"非"既无法辨识，似乎也并不重要，只要交流的实际结果或效能相同即可。从技术上说，虚拟现实技术创造的网络空间实际上是将人置于由数字化技术构建的"虚拟社会"和"虚拟共同体"（virtual community）中，即它的技术基础使其相对于物理现实成为一种异构,其诸多特征的核心即虚拟性。从这个角度说,虚拟性无疑是网络空间的重要特征。

(九)隐蔽性

由于互联网是一种虚拟社会,每一个人在网络世界里都可以用自己的网络注册名、昵称来进行各种活动,每一个人都可以使用伪装术来掩饰自己的真实身份和信息。因此,新媒体具有很强的隐蔽性。无论是网民通过BBS发布自己对某一新闻的看法或对某一事件的言论,还是拍客通过微博发布自己在街上拍到的各种社会事件,由于目前并没有实现实名制,所以在网络中人与人之间的交往是一种间接的隐蔽性的交往,不是直接的面对面的交往。现实社会中的诸多特征,如姓名、性别、年龄、学历和社会关系等都被"淡"去了,甚至可以随时更改,人们的行为也因此具有了"虚拟隐蔽"的特征。上网的人可以把现实中的个人隐蔽起来,以一种完全不同的虚拟形象出现在网上。

(十)等级化①

美国作家托马斯·弗里德曼曾经指出,互联网正让世界变得"扁平":新技术将每个人都连接在一起,产生了跨越国界的竞争和机遇,使得许多工作可以在世界范围内流动。的确,互联网为全世界的信息快速流通创造了极为便捷的渠道。但是,互联网的出现是否真正意味着像一些人所想象的,世界从此进入了没有差别、没有等级的完全"扁平"的时代呢?事实远非如此,互联网不但没有削减原本存在的人与人、国与国之间的各种差距,从某种角度来说,正是互联网在进一步拉大这种差距。被一些社会学家、经济学家称为"数字鸿沟"的差距正在将人们的差距拉得越来越远。

互联网并非人们所想象的那样是没有等级的"乌托邦",而实际上是充满了各种差距和分化的等级世界。这种虚拟世界的等级结构是现实社会等级结构的真实映照,是由于历史和现实的原因,世界各国、各民族、各地区在经济、科技和文化等各方面形成的差距在虚拟世界的投射。

从互联网的地理空间等级结构来看,互联网在全球的地理分布极不

---

① 详细内容见龙运荣《互联网的等级结构及反思》,载《编辑之友》2013年第2期。

平衡，在互联网普及率、带宽、服务器总量上，呈现明显的东西差距和南北差别。东西差距主要体现在以美国为首的西方发达国家的互联网发展水平远远超过了欠发达的亚洲、非洲国家。国内互联网发展也呈现出较大的区域性差距，东部发达省份、大中型城市明显比西部欠发达省份、农村地区具有优势。

从互联网的社会等级结构来看，网络使用者、网络产品、网络语言等方面都存在明显的等级差别。网络使用者等级方面，从我国网民年龄结构来看，2010年，网民年龄段主要集中在10—39岁，占网民总数的80.5%。其中10—19岁的占总人数的27.3%，20—29岁的占29.8%，30—39岁的占23.4%。年龄段呈现"中间大、两头小"的纺锤形。从我国网民学历结构来看，2010年，网民主要为中学生，占网民总数的68.5%。其中初中生为32.8%，高中生为35.7%，大学生上网人数保持相对下浮的态势。从网民职业结构来看，2010年，上网者主要为学生，占上网人数的30.6%；其次为公司一般职员，占上网人数的16.2%；再次为个体户或自由职业者，占上网人数的14.9%。从经济收入结构来看，2010年，个人月收入500元以下的上网人数最多，占总人数的19.4%；其次为个人月收入2001—3000元者，占上网人数的16.2%；再次为个人月收入501—1000元者，占上网人数的15.1%；高收入人群（个人月收入5000元以上者）上网的人数偏少。从城乡结构来看，2010年，城镇上网者占总上网人数的72.7%，而农村上网者仅占27.3%，城乡差别仍然巨大。

在网络产品等级方面，以BBS为例，BBS的管理权力分为四个等级，由高到低分别是网管、斑竹（版主）、资深网民、普通网民，他们组成了BBS上的权力等级结构，高级别拥有操控低级别的权力。

在网络语言等级方面，由于国际互联网的诞生地在美国，互联网的研究、开发都由美国率先进行，互联网所用的编写语言也全都是英语，90%以上的互联网网页语言是英语，网民也主要是英语用户，而全世界讲英文的人不足10%。因此，在互联网世界实际形成了一个以美国为技术霸主，以英语为官方语言的垄断世界。互联网的等级，其实质就是少数发达国家对广大发展中国家知识经济权力的垄断，是一种新型的殖民手段。

当然，新媒体的特征还有很多，不同的角度有不同的特点，限于篇幅，不再举例。

## 第三节　湖南侗族地区新媒体发展概况

20世纪90年代，以手机和电视为代表的新媒体在湖南侗族地区开始出现。经过20多年的发展，无论是新媒体数量、类型还是覆盖面、人均拥有率都取得了快速增长。下面分别对湖南侗族地区的新媒体类型、发展特点及存在的问题进行简要介绍。

**一　湖南侗族地区的新媒体类型**

新媒体的分类标准很多，不同角度有不同的分类方法。本文主要从新媒体的载体来分类，将新媒体分为网络新媒体、手机新媒体和电视新媒体三大类型。湖南侗族地区新媒体不仅发展迅速，而且类型较为全面。

（一）网络新媒体

网络新媒体是以互联网为传播载体的新媒体类型，主要包括互联网、博客、播客、维客、网络电视、网络广播和网络报刊等产品形式。中国互联网络信息中心（CNNIC）发布的《第35次中国互联网络发展状况统计报告》显示，截至2014年12月底，中国网民数量突破6.49亿，高居世界之首。目前，中国互联网用户数量仍在以较快速度增长。

1. 网络媒体发展情况

20世纪90年代末，互联网开始在湖南侗族地区发展。首先在怀化地区（市）[①]府所在地鹤城区以及芷江、新晃、靖州、通道、会同等县以及邵阳市的绥宁县、城步县、洞口县等地的城镇架设电话线、光纤，开通互联网业务。随后，互联网在一些发达的乡镇开始发展。2010年，随着3G移动互联网的开通，一些偏僻的村寨也能通过手机上网，这为一些打工回乡的年轻人提供了上网聊天、发信息、查资料的便

---

① 1997年11月29日，国务院批准同意撤销原怀化地区，设立地级怀化市。

利。2000—2012年湖南侗族地区的芷江、通道、新晃、靖州、绥宁和会同等县互联网发展情况来看，用户数量由最初的几百户发展到上万户，年平均增长率达10%以上。比如，芷江侗族自治县2000年互联网用户只有844户，2012年达19200户，平均年增长率为31.97%；绥宁县2001年互联网用户只有2698户，2012年达13795户，年平均增长率达17.65%（表2-1）。

表2-1　　　　2000—2012年湖南侗族地区互联网用户统计　　　（单位：户）

| 区域<br>年份 | 芷江 | 通道 | 新晃 | 靖州 | 绥宁 | 会同 |
|---|---|---|---|---|---|---|
| 2000 | 844 | 551① | | | | |
| 2001 | 2043 | 1581 | — | 500 | 2698 | |
| 2002 | 2307 | 2006② | — | — | 4248 | |
| 2003 | 2865 | 3854③ | 4407 | — | 5435 | |
| 2004 | 2346 | — | — | 3000 | 6890 | 1388 |
| 2005 | — | 1250 | 3050 | 3000 | 7403 | |
| 2006 | 5239 | 2710 | 4481 | 4400 | 8016 | |
| 2007 | 6550 | 3619 | 5539 | 4600 | 8216 | |
| 2008 | 6524 | 4560 | — | 4928 | 8352 | |
| 2009 | 9528 | 5359 | 7778 | 6645 | 6714 | |
| 2010 | 15800 | 6494 | 8684 | 8528 | 9049 | 6408 |
| 2011 | 15300④ | 9000 | 8959 | 14500 | 11047 | 8347 |
| 2012 | 19200 | 14000 | 13691 | 18132 | 13795 | 13163 |

### 2. 网络媒体类型

湖南侗族地区的网络媒体，除了全国性的各大互联网媒体外，本地区域性互联网媒体主要可以分为新闻资讯类、政务信息类、部门行业类、商务类、个人兴趣类五大类型网站。

新闻资讯类网站除了中央各大新闻门户网站外，本区域内省级新闻

---

① 此数据系根据2001年的增长比推算而得。
② 系国际互联网络163注册用户、ADSL宽带用户数。
③ 同上。
④ 此数据系该县经济社会发展统计公报说比2010年增长5%，但实际统计数据却是降低的，可能是统计数据计算有误。

类网络媒体主要有：红网、华声在线、芒果 TV、金鹰网、潇湘晨报网、湘声网等；地方性网络媒体主要有：红网各分站、怀化新闻网、怀化广电网、邵阳新闻网、邵阳网、雪峰新闻网等。

红网（http：//www.rednet.cn），系湖南省新闻综合门户网站、"党网"，全球网站排名前500位，国内网站新闻影响力十强，中国地方新闻网站第一品牌。2001年成立，提供新闻信息、生活资讯、视频直播、论坛博客、手机报客户端、微博、电子商务、活动策划、舆情、广告等服务，设省直部门网群和13个市州及123个县市区分站，是湖南新闻信息日更新量第一、日均访问量第一的网站，现有60个频道及100余个栏目，每天24小时不间断更新信息超过4万条。网站荣获"中国最具影响力新闻网站"、"中国十大创新传媒"、"最具影响地方门户网站"、"中国地方新闻网站十大品牌"、"最具品牌价值网站"等荣誉。《红辣椒评论》、《百姓呼声》两栏目及《中国志》网页设计连续三年分获中国新闻奖一等奖。目前，网站以总站为依托，形成了以"一县一网一报（手机报）一端（客户端）一微（官方微博）"为基础，以省直、市州和园区、企业、高校网群为补充的传播新格局，着力实施新媒体建设"四屏"战略（电脑屏"红网网站"、手机屏"手机报与客户端"、电梯屏"红网传媒"和网络电视），努力打造以湖南新闻门户网为旗帜的综合性网络服务平台。目前，红网在湖南侗族地区的芷江、新晃、通道、会同、洪江、绥宁、靖州等县都设有分站。

华声在线（http：//www.voc.com.cn），是经国务院新闻办批准的省级重点新闻网站，由湖南日报报业集团主办。其前身湖南在线最早创办于2001年5月。2008年3月，在原湖南在线基础上创办的华声在线与湖南在线整合，统一更名为华声在线。十几年来，华声在线秉承"湖南味道，中华声音"立网宗旨，从论坛创新，到聚合创新，再到融合创新，业已发展成为一个以互联网为核心，覆盖网络、杂志、报纸、手机、数字出版、视频、户外新媒体的跨媒介、跨区域传播平台，成为一个融合不同业务形态和媒介形态的全媒体集团。华声在线是湖南省人气最高的综合性门户网站，日均PV 1000万、IP 60万，alexa全球排名稳定在1000位左右，旗下全球十大中文论坛——华声论坛注册会员数逾400万，同时在线人数近20万，网友来自128个国家和地区。

怀化新闻网（http://www.0745news.cn），由怀化市委外宣办、市政府新闻办、怀化日报社共同主办，是怀化市的党网，并被湖南红网授权为红网怀化站，兼具门户网站的功能，是怀化唯一具有新闻采编发布资格的大型网站。网站自2007年元月试开通以来，很快就成为影响力绝对领先的本地网站，并成为中国地市新闻网联盟的副理事长单位，在全国同业中也有了一定的影响力。现网站除了开展新闻业务外，还开辟了政务专题、试听在线（视频新闻）、百姓呼声、五溪博客、五溪论坛等频道，日均访问量稳定在10万左右。

怀化传媒网（http://www.0745tv.com），是怀化市广播电视台整合内部广播、电视、报刊优质资源，面向互联网打造的全媒体平台；力求占据本土网络舆论高地，创新广播电视节目新形态，强化与受众的互动，增加节目黏着力；创新内容传播渠道，拓展主流媒体受众群；为怀化第一视听门户网站。怀化传媒网为大家提供最快、最丰富的怀化本地新闻，实现怀化广播、电视频道节目的网络直播、点播。开设有新闻、摄影、房产、美食、爆料等10多个频道、版块，为市民提供新闻、生活、交通、娱乐、休闲等各项综合生活应用服务，帮助市民维权、投诉、咨询。怀化传媒网将努力塑造公信力和社会影响力，做一个真诚、担当、温暖、百姓信赖的网络新媒体。

邵阳新闻网（http://www.syxwnet.com），即红网邵阳站，是中共邵阳市委、邵阳市人民政府新闻门户网站，中共邵阳市委宣传部主管主办，旗下有邵阳新闻网、邵阳手机报两大新锐媒体，以及官方新浪微博、腾讯微博、微信三大社交平台。邵阳新闻网以"发布新闻、传播信息、提供服务"为宗旨，立足邵阳，着眼全国，面向世界。开办《邵阳新闻》《网络问政》《资江评论》《邵阳好人》《县市区新闻》《部门动态》等20多个新闻栏目和房产、汽车、教育、文化等八大服务性专业频道，并开办旨在充分表达社情民意的《资江论坛》。

邵阳网（http://www.0739i.com.cn），成立于2002年6月6日，是邵阳城市报、邵阳FM95.4等广电媒体的网络官方平台，现由邵阳网视文化传媒有限公司主办的邵阳综合性门户网站，以全邵阳年龄段之高覆盖率、二十四小时全天候无障碍之自由交流，通过个人、兴趣小组、社区、网上城市的概念，为邵阳人提供新鲜的资讯和沟通交流的平台。

邵阳新闻在线（http：//www.shaoyangnews.net），是由邵阳日报社主办的具有新闻采编资格的重点新闻门户网站，作为邵阳地区新闻发布的权威机构，是与《邵阳日报》、《邵阳晚报》齐平的新闻平台，打造邵阳日报社两报一网新格局。邵阳新闻在线坚持以新闻立网，突出新闻、网络、本土三大特色，旨在展示邵阳、服务邵阳、影响邵阳。对外，它是向全国、全世界宣传邵阳的窗口；对内，是为邵阳市民提供实时新闻和各类信息的重要渠道。它不但成为邵阳网民浏览本土新闻的首选网站，还是在外地发展拼搏的邵阳老乡乃至国外游子了解家乡发展变化的首要途径。

雪峰新闻网（http：//news.0739tt.com/），是雪峰网主办的一个邵阳综合性新闻网站，立足邵阳，面向世界，为邵阳对外宣传创造了一个新的平台，为邵阳走向世界开辟了一条新的通道。雪峰网（www.360kz.com）全称"雪峰在线"，是服务邵阳的地方综合性网站。

政务信息类网站主要有怀化市人民政府门户网、邵阳市人民政府官网、芷江政府公众信息网、通道政府公众信息网、新晃政府公众信息网、靖州政府公众信息网、绥宁政府公众信息网和会同政府公众信息网。

怀化市人民政府门户网站（http：//www.huaihua.gov.cn/），由怀化市人民政府主办，怀化市政府电子政务管理办公室承办，是怀化市委、市政府对外发布政务信息、实现政民互动、提供在线服务的总平台，也是利用互联网宣传展示怀化形象的总窗口。

邵阳市人民政府官网（http：//www.shaoyang.gov.cn/），由邵阳市人民政府主办，邵阳市政府电子政务管理办公室承办，是邵阳市委、市政府对外发布政务信息、实现政民互动、提供在线服务的总平台，也是利用互联网宣传展示邵阳形象的总窗口。目前正处试运行阶段。

部门行业类网站主要包括各职能部门办理业务的网站、技术服务性网站。与农村、农业、农民紧密相关的网站主要有：农业局主办的农网及其各县市分站、农业信息网及其各县市分站、工商部门办的红盾信息网及其各县市分站、党委农村工作部办的阳光三农网及其各县分站、农村信息服务网及其各县市分站、怀化三农科技信息网、通道县侗乡信息网，以及各县主办的旅游信息网，如通道旅游网、绥宁县旅游网、芷江旅游信息网、新晃旅游网，等等。

怀化农网（www.hhnw.gov.cn），是怀化市政府为了全面贯彻中央关于发展农业信息化、以农业信息化推动农业结构调整的有关精神，更好地为农业增收、农村经济腾飞服务，在怀化市委、市政府的支持下，充分利用农业、林业、牧业部门具有的技术优势、人才优势和为农服务的经验，兴办的直接为农业、农村、农民服务的公益性网站。目前，怀化农网设立了三农资讯、怀化农业、政策法规、农产品信息、农业科技、视频科技、蔬菜生产、专家在线、农企农资等栏目，内容丰富，形式多样，图文并茂，可视性、可读性强。还根据实际需求不断地进行开拓创新，后期将增设一批具有自身特色的栏目。首页上的"天气预报"，每天实时更新，为用户及时地了解天气情况开辟了便利的途径。根据农民朋友的实际需要，怀化农网增设了农业视频栏目"专家远程视频服务系统"可以为全国各地的农民提供"面对面"的技术指导。每天都会有农、林、牧、渔方面的专家坐诊，为广大农民解答各方面的技术难题。

怀化农业信息网（http：//www.hhnyj.gov.cn/），系怀化农业局的官网，设有农业概况、工作动态、文件通知、农业论坛、病虫情报、农业简报、机关党建、政策法规、名优产品、人事信息、规划计划、统计数据、资金信息、应急信息、政务公开、领导信箱、农信通、12316质量安全等栏目，为网民提供大量怀化农业信息，可以免费查询，同时还可以免费发布怀化农业信息。

怀化市阳光三农网（http：//yg.0745news.cn/），由中共怀化市委农村工作部、怀化市人民政府农村工作办公室主办，设有工作动态、政策发布、农廉文化、市县播报、农经管理、农民心声等栏目。邵阳市阳光三农网（http：//sync.gov.cn/uppic/html/main/index.html）还设有"秀美乡村"栏目，专门推荐本市内风景秀丽的乡村。

邵阳三农网（http：//www.sy3n.cn/），由邵阳市委农村工作部、邵阳市政府农村工作办公室、邵阳市农业局、邵阳市林业局、邵阳水利局、邵阳市畜牧水产局、邵阳市农机局、邵阳市扶贫办、邵阳市农业综合开发办、邵阳市移民局等单位主办，设有三农新闻、高层声音、政策解读、乡镇快讯、县市区动态、通知公告、部办局动态、曝光台、三农资讯、行业资讯、希望田野、理论视野、三农信息、农业产业化、三农商企、龙头企业、企业之星、水产企业、林业企业、企业风采、产品加工、乡村旅游、农家乐、三农基层、话说村官、明星村镇、乡镇风采、乡镇访谈、乡镇介绍、村镇文化、农民之星、三农创业、农村创业、致富项目、致富技术、创业明星、创业扶持、三农名企、三农市场、市场行情、农品供应、农品求购、农品展销、推荐产品、三农视频、三农市场、卫生整治、乡镇村动态、明察暗访、曝光台等众多栏目。

怀化工商局红盾网（http：//www.hh315.com/），系怀化工商局官网，设有工商动态、政务公开、党务公开、商标专题、政策法规、公众互动、廉政建设、监管交流、消费之友、食品安全、消费维权等栏目。

芷江农村信息服务网（www.zjncxx.gov.cn），系芷江侗族自治县农村信息服务平台，开通了集综合新闻、电子农务、电子商务、电子政务、土地流转、生态旅游、民生保障、短信平台等系统于一体的农村综合信息服务平台。

个人或商业本地区域性网站有怀化网、怀化购物网、怀化赶集网、58同城怀化站、怀化房产网等。

除了上述各网站有涉及湖南侗族文化的综合网站外，还有一些专门的侗族文化网站。这些网站主要由侗族文化爱好者或有关部门创办，以侗人网、侗族风情网、中国侗族网、中国·侗族、通道侗乡信息港、亚高原网等为代表。据不完全统计，这类网站有近20个，属于侗族网站的核心类型。对外宣传、推广侗族地区旅游资源的旅游类网站，如通道旅游网、绥宁县旅游网、芷江旅游信息网、新晃旅游网等，在宣传旅游资源的同时也大力推广了侗族文化。

3. 网络媒体接触情况

湖南侗族同胞对网络媒体的接触主要分为几种情形：一是机关、企事业单位的侗族同胞因为工作需要接触网络，主要用于工作、浏览新闻、购物或聊天;二是青少年侗族同胞因为好奇或交际需要接触网络,主要用于聊天、交友或浏览新闻、搜集信息;三是在校学生侗族同胞接触网络,主要用于聊天、玩游戏或交友。

本调研的方式分为田野调查和网络调查两种形式。田野调查主要针对湖南侗族地区农村侗族同胞网络使用情况。从调研情况来看,73.9%的受访者表示自己家里没有电脑,70.03%的受访者表示见过电脑。而见过电脑的地点,田野调查结果显示,网吧、政府办公场所是当地侗族同胞最常见到电脑的地方。有22.89%的受访者表示在街上的网吧里见过电脑,20.50%的受访者表示在政府办公室见过电脑(图2-1)。统计数据反映了侗族地区电脑网络发展的现实情况,电脑首先是作为娱乐工具出现在农村地区的。

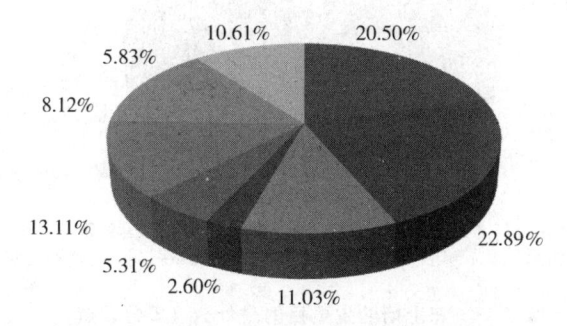

图2-1 您在什么地方见过电脑

从湖南侗族同胞对电脑的主要用途来看,29.90%的受访者表示电脑主要是用来游戏娱乐的(图2-2)。而从上网的目的调查来看,田野调查表明,侗族同胞使用网络的娱乐性表现得更为直接,44.09%的受访者表示上网的主要目的是娱乐、看电影和玩游戏(图2-3)。而从网络调查来看,27.67%的受调查者认为使用网络是看新闻,33.21%的受调查者是用来寻找信息、了解形势、了解技术、找科技知识。只有14.12%的受调查者是用于玩游戏和娱乐(图2-4)。这表明不同人群的网络使用存在很大差异,媒介素养存在较大差别。至于造成这种差别的原因将在后文论述。

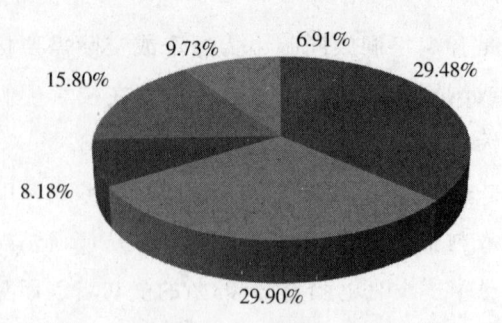

■办公 ■提供信息 ■游戏娱乐 ■教学 ■与外界联系 ■帮助生产

图 2-3 您认为电脑的主要用途是什么

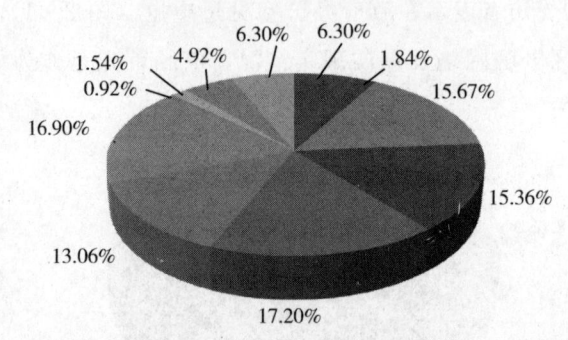

■办公 ■交友 ■玩游戏 ■娱乐 ■看新闻 ■看电影
■找信息 ■了解形势 ■学技术 ■找科技知识 ■与外界沟通

图 2-3 您上网的主要目的是什么（田野调查）

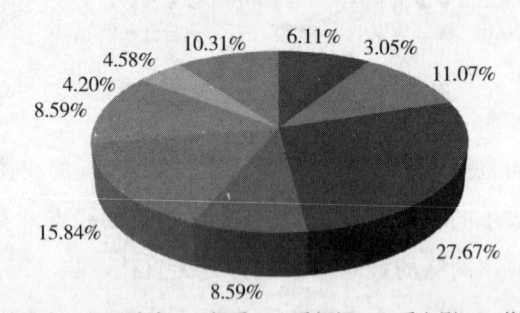

■交友 ■玩游戏 ■娱乐 ■看新闻 ■看电影 ■找信息
■了解形势 ■了解技术 ■找科技知识 ■与外界沟通

图 2-4 您上网的主要目的是什么（网络调查）

## （二）手机新媒体

手机新媒体，或称移动新媒体，是指基于个人移动数字处理终端和无线数字通信技术而开发的一种电信增值服务，也是最新电信增值业务与传统媒体结合的产物。据工信部的统计数据显示，截至 2014 年 5 月底，中国的手机用户数量已达到 12.56 亿人，相当于中国 90.8% 的人都在使用手机。所有使用手机上网的用户数量为 8.57 亿人，占总数量的 68.24%。①

1. 手机媒体发展情况

从湖南侗族地区手机发展情况来看，20 世纪 90 年代末，手机开始在湖南侗族地区各县市出现，用户只有几千人。从 2002 年开始，芷江、新晃、绥宁等县手机用户突破万户大关。2010 年前后，芷江、绥宁两县的手机用户突破 10 万大关。（表 2-2）2012 年，通道侗族自治县手机平均拥有率达 69.31%，靖州苗族侗族自治县达 51.76%，芷江侗族自治县达 46.49% 左右，新晃侗族自治县达 41.87%，绥宁县达 41.33%（表 2-3）。

表 2-2　　　　湖南侗族地区六县手机用户统计（部）　　　　（单位：人）

| 区域<br>年份 | 芷江 | 通道 | 新晃 | 靖州 | 绥宁 | 会同 |
|---|---|---|---|---|---|---|
| 2000 | 4000 | 缺 | 6031 | 缺 | 缺 | 缺 |
| 2001 | 7100 | 4773 | 7780 | 9215 | 8700 | 缺 |
| 2002 | 11254 | 5560 | 11000 | 缺 | 11200 | 缺 |
| 2003 | 16358 | 12998 | 17000 | 缺 | 16700 | 缺 |
| 2004 | 24980 | 16100 | 缺 | 15000 | 25000 | 缺 |
| 2005 | 31776 | 17350 | 36000 | 22000 | 40000 | 缺 |
| 2006 | 48100 | 22000 | 28000 | 28160 | 41000 | 缺 |
| 2007 | 67479 | 33500② | 38000 | 28345 | 52000 | 缺 |
| 2008 | 70283 | 52100③ | 缺 | 55000 | 62000 | 缺 |
| 2009 | 96382 | 80700④ | 56406 | 72350 | 102000 | 缺 |
| 2010 | 116200 | 88527 | 70621 | 67650 | 127000 | 84609⑤ |
| 2011 | 149100 | 112600 | 106509 | 81427 | 146000 | 96615⑥ |
| 2012 | 176400 | 164600 | 110802 | 136991 | 157000 | 132980 |

---

① 手机中国：《工信部：中国手机用户数量接近 13 亿人》，载《21 CN 科技》，http://it.21cn.com/itroll/a/2014/0624/16/27532056.shtml，2014-06-24。

② 含小灵通。

③ 同上。

④ 同上。

⑤ 仅为中国移动用户。

⑥ 同上。

表2-3　　　　　　　湖南侗族地区六县手机平均拥有率统计　　　　（单位:%）

| 区域<br>年份 | 芷江 | 通道 | 新晃 | 靖州 | 绥宁 | 会同 |
| --- | --- | --- | --- | --- | --- | --- |
| 2000 | 1.14 | 缺 | 缺 | 缺 | 缺 | 缺 |
| 2001 | 2.00 | 2.19 | 3.18 | 3.58 | 缺 | 缺 |
| 2002 | 3.20 | 2.52 | 4.40 | 缺 | 3.23 | 缺 |
| 2003 | 4.58 | 5.88 | 缺 | 缺 | 4.82 | 缺 |
| 2004 | 9.87 | 8.09 | 6.79 | 5.77 | 7.17 | 缺 |
| 2005 | 8.80 | 8.76 | 13.74 | 8.41 | 11.41 | 缺 |
| 2006 | 12.56 | 缺 | 10.55 | 10.67 | 缺 | 缺 |
| 2007 | 17.44 | 14.73 | 10.96 | 14.27 | 14.68 | 缺 |
| 2008 | 18.03 | 22.74 | 缺 | 20.63 | 17.38 | 缺 |
| 2009 | 24.67 | 34.84 | 20.97 | 26.89 | 28.56 | 缺 |
| 2010 | 31.25 | 37.83 | 28.90 | 25.24 | 36.17 | 23.71 |
| 2011 | 39.38 | 48.85 | 39.36 | 30.16 | 38.63 | 26.88 |
| 2012 | 46.49 | 69.31 | 41.87 | 51.76 | 41.33 | 36.92 |

2. 手机媒体类型

手机除了其最主要的通话功能外，还兼具媒体功能，主要包括手机短信、手机报刊、手机电视以及手机网络。其中手机短信、手机报刊和手机网络是湖南侗族同胞使用最多的手机媒体产品。

手机报刊主要包括手机报和手机杂志两种类型。手机报是依托手机媒介，由报纸、移动通信商和网络运营商联手搭建的信息传播平台，用户可通过手机浏览到当天发生的新闻，因而手机报被誉为"拇指媒体"和"影子媒体"。除了由中国移动和联通公司发行的全国性大型媒体主办的手机报外，湖南侗族地区本土手机报主要有红网主办的《红网手机报》及其各县市分站主办的手机报，如怀化新闻网主办的《怀化手机报》、邵阳新闻网主办的《邵阳手机报》、红网新晃站主办的《新晃手机报》、绥宁新闻网主办的《绥宁手机报》、靖州新闻网主办的《今日靖州》、城步新闻网主办的《城步手机报》、洞口新闻网主办的《洞口手机报》、武冈市新闻网主办的《武冈手机报》等、星辰在线网站主办的《湘江手机报》、潇湘晨报社与红网联合主办的《潇湘晨报手机报》、三湘都市报社主办的《三湘手机报》，华声在线主办的《华声手机报》、湖南日报社主办的《湖南日报手机报》。而侗族村民对手机杂志则较少关注。

此外，每个县市和各部门也会结合自身情况定期或不定期发布一些公共资讯类的短信和手机报，如会同县纪委主办的《廉政手机报》，水利防汛部门会根据季节发布防汛抗旱的信息，农业技术部门会根据作物生长发布病虫害防治信息，疾控部门会发布一些流行性疾病的防控措施。

手机电视，指以手机等便携式手持终端为设备，传播视听内容的一项技术或应用。手机电视具有电视媒体的直观性、广播媒体的便携性、报纸媒体的滞留性以及网络媒体的交互性。手机电视是一种新型的数字化电视形态，为手机增加丰富的音频和视频内容。从2003年开始，随着移动数据业务的普及、手机性能的提高，以及数字电视技术和网络的迅速发展，美国、日本等世界各国的主要运营商纷纷推出手机电视业务，引起了人们的广泛关注。在我国，中国移动和中国联通也相继推出了手机电视业务，手机电视业务离人们的距离越来越近。如今，移动运营商们不仅把手机电视业务视为移动数据业务新的增长点，而且将其视为4G网络的主打业务。中国联通手机电视是提供在手机上观看视频节目的业务。使用该业务需要中国联通WCDMA网络的支持。可以通过手机电视客户端或联通4G门户，点播、下载、上传视频，还可以实时收看多个电视直播频道。由中国移动与国内知名媒体合力打造，为中国移动客户提供基于移动网络收看音视频节目的服务，无论身处何地都可以通过手机下载和在线观看包括新闻、影视、娱乐、体育等各类精彩视频内容。中国移动和中广传播进行了全面合作，中国两大自主创新的技术TD-SCDMA和CMMB进行了深度合作，形成了现在的"CMMB手机电视"。目前湖南侗族地区的手机电视还处在实验阶段，面临着政策、资金、技术和资费等各方面的瓶颈制约，但是其发展前景是美好的。

手机微博是指通过手机平台实现网络实时互动的信息沟通过程。微博成为湖南侗族年轻人沟通交流的新方式。2014年10月21日，笔者在新浪微博搜索栏输入"侗族"，结果显示有2238条。其中有"亚高原侗族大哥"、"侗族法官姚茂常"、"杨标湘西土著"、"小医霍霍"等活跃的湖南侗族微博使用者。腾讯微博的侗族注册用户也多达上千人。

微信是腾讯公司于2011年1月21日推出的一款通过网络快速发送语

音短信、视频、图片和文字，支持多人群聊的手机聊天软件。用户可以通过微信与好友进行形式上更加丰富的类似于短信、彩信等方式的联系。微信软件本身完全免费，使用任何功能都不会收取费用，使用微信时产生的上网流量费由网络运营商收取。据腾讯 CEO 马化腾在 2012 年 9 月 11 日召开的中国互联网大会上透露，到 2012 年 9 月，微信用户已达到 2 亿。① 2014 年微信官方最新数据：微信月活跃用户数已接近 4 亿；微信公众账号总数 580 万个，微信也成为侗族年轻人沟通交流的新方式。

3. 手机媒体使用情况

从调研情况来看，手机已经成为侗族同胞使用最普遍的联系工具。田野调查数据表明，93.3％的受访家庭表示有手机，有些家庭还有多部手机。

而从侗族同胞购买手机的目的来看，田野调查数据表明，80.87％的受访者表示主要是方便联系，也有 6.05％的受访者表示购买手机是出于工作需要（图2-5）。

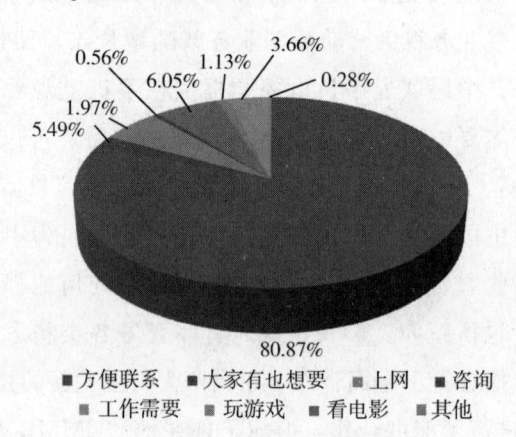

**图2-5 您买手机的目的是什么**

侗族同胞购买手机主要看重手机的质量、价格、品牌和外观。田野调查数据表明，43.77％的受访者表示看重质量，26.48％的受访者表示看重价格（图2-6）。这表明广大侗族同胞对于手机的消费比较讲求实用。

而对于手机常用功能，湖南侗族村民主要用手机打电话、发短信和

---

① 墨轩：《马化腾：预计本月微信注册用户将突破 2 亿》，载《腾讯国内新闻》，http：//news.qq.com/a/20120914/000078.htm，2012-09-14。

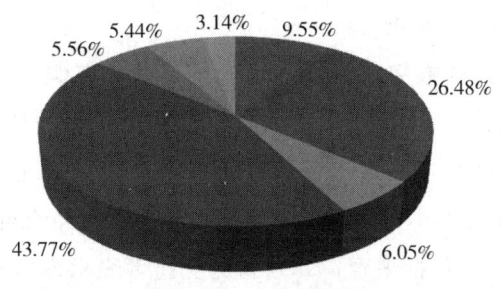

■ 看重品牌　■ 看重价格　■ 看重外观　■ 看重质量
■ 看重电池　■ 看重大小　■ 看重上网

图 2-6　您买手机最看重什么

听歌。田野调查数据表明，50.04%的受访者表示手机主要用于打电话，16.54%的受访者表示手机主要用于听歌，15.26%的受访者表示手机主要用于发短信（图 2-7）。手机报作为一种新的媒体形式，尚未被广大侗族同胞所认识，51.2%的受访者表示没有听说过手机报。

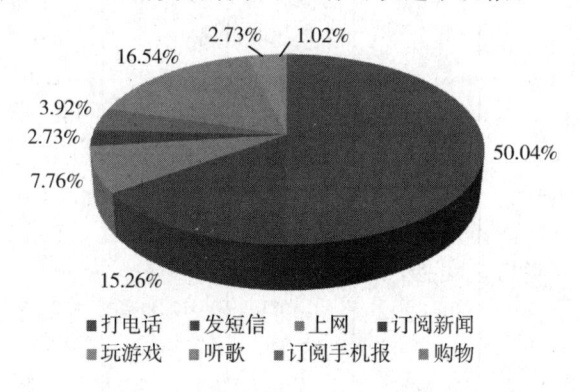

■ 打电话　■ 发短信　■ 上网　■ 订阅新闻
■ 玩游戏　■ 听歌　■ 订阅手机报　■ 购物

图 2-7　您最常用的手机功能是什么

（三）电视新媒体

电视新媒体是指以数字化电视为载体的新媒体类型，主要包括数字电视、IP电视、网络电视、移动电视和楼宇电视五大类型。

随着美国、欧洲、日本、韩国和中国陆续开播数字电视和强制规定模拟电视退出市场，数字电视市场正在快速崛起。预计到 2015 年，中国数字电视用户市场规模将达到 3.66 亿户左右。[①]

---

① 流媒体网：《2010 中国数字电视发展现状研究》，载《中国市场情报中心》，http://www.ccidreport.com/market/article/content/408/201005/223909.html，2010-05-24。

1. 电视媒体发展情况

湖南侗族地区的数字电视发展也十分迅速，在侗族聚居的乡镇以上中心集镇、县城以上城市都开通了高清数字电视。一些交通区位较好、靠近中心集镇的村寨也开通了标清数字电视。位置偏远的村寨则通过自行安装卫星接收设备收看电视，湖南侗族地区已经全部实现了"村村通"。从田野调研的数据来看，98.4%的受访者表示家里有电视机。从各县有线电视用户数量来看，以2009年为例，最多的为会同县，达3.4687万户；其次为芷江侗族自治县，达2.83万户（表2-4）。

表2-4　　　　湖南侗族地区六县有线电视用户统计　　　　（单位：万户）

| 区域<br>年份 | 芷江 | 通道 | 新晃 | 靖州 | 绥宁 | 会同 |
|---|---|---|---|---|---|---|
| 2000 | 1.42 | | | | | |
| 2001 | 1.42 | | | | | |
| 2002 | | | | | 2.38① | |
| 2003 | 1.6 | | | 1.0 | 3.18② | |
| 2004 | 1.6 | 1.3③ | | 1.15 | 2.01 | |
| 2005 | 1.8 | | 2.0167 | 1.15 | 1.4800 | |
| 2006 | 1.92 | | 2.2500 | | | |
| 2007 | 1.4④ | | 2.3313 | | 2.3000 | |
| 2008 | | | 2.4500 | | 2.5 | |
| 2009 | 2.83 | 1.8976 | 2.5500⑤ | 2.7264 | 2.08 | 3.4687 |
| 2010 | | | 1.4071 | 17243 | 2.23 | |
| 2011 | 1.7⑥ | | 2.5985 | 2.1 | 2.38 | |
| 2012 | 2.9⑦ | 2.6300⑧ | | | 2.5 | 4.20 |

① 统计数字可能有误。
② 同上。
③ 2004年5月联通了省广电干线网，实现本省湖南娱乐、湖南影视、湖南经视等6套节目的收看，并借助省干线网、县乡联网，成功把县溪镇、菁芜洲镇的有线电视网并入城区大网；7月又在城区开通了数字电视，成为全市首个家开通数字电视的县。
④ 全县城区有线电视用户。
⑤ 其中数字电视用户13895户。
⑥ 2010年，启动城区有线电视数字化工程；2011年，城区有线电视数字化整体平移1.7万户。
⑦ 其中数字用户1.1万户。
⑧ 其中数字用户1.4425万户。

以最为偏远的通道侗族自治县为例,该县 2001 年实行农村广播电视"村村通"工程,取得显著成效,全县拥有广播电台 15 座,电视人口覆盖率达到 97.5%,获"全国广播电视村村通工程建设先进县"荣誉称号。2002 年,县城有线电视节目收视套数达 36 套之多。2004 年 5 月,联通了省广电干线网,实现了对湖南娱乐、湖南影视、湖南经视等 6 套节目的收看,并借助省干线网,县乡联网,成功把县溪镇、菁芜洲镇的有线电视网并入城区大网;7 月又在城区开通了数字电视,成为全市首个开通数字电视的县。2004 年年底,全县 21 个乡镇均开通了有线电视,有线电视用户超过 1.3 万户。2006 年,县区大网已联通 9 个乡镇,电视人口覆盖率达 97.8%。2012 年,15 个乡镇实现广播电视有线联网,1.12 万个农村家庭通过卫星电视接收器收看电视,全县电视综合覆盖率达 98.3%。[①] 田野调研的统计数据也正好佐证了该县电视发展情况,98.4% 的受访者表示自己家庭拥有电视,近 20% 的家庭甚至有 2 台以上的电视机。

2. 电视媒体类型

数字电视主要有两种情况,一种是有线数字电视,另一种是小型地面卫星数字电视。有线数字电视一般由县有线电视网络有限公司提供数字电视转播节目和自制节目,卫星数字电视为用户自行安装的小型地面卫星接收器,就是当地侗族同胞所称的"天锅"电视。

3. 电视媒体使用情况

从电视机的来源来看,绝大多数家庭是自己购买的。田野调查数据表明,97% 的受访者表示是自己购买电视机(图 2-8)。很多人认为,连电视机都买不起是"很没有面子"的事情。

从信号接收方式来看,小型地面卫星接收(也就是当地侗族村民俗称的"天锅")是村民主要的接收方式。田野调查数据表明,80.16% 的受访者表示自己家通过"天锅"收看电视(图 2-9)。在一些离中心城市较近的人口比较集中的村镇或村寨也有许多有线电视。因为有线电视需要收费,且不能自主地收看自己想收看的电视节目,加之没有有线网络,

---

① 数据来自 2012 年 11 月 26 日召开的通道侗族自治县第十五届人大一次会议上的《政府工作报告》。

0.33%　2.60%

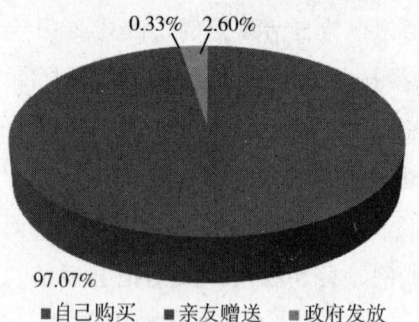

97.07%

■自己购买　■亲友赠送　■政府发放

图 2-8　您家的电视机来源

所以农村有线电视用户数量还较少。18.54%的受访者表示家里的电视是有线电视。

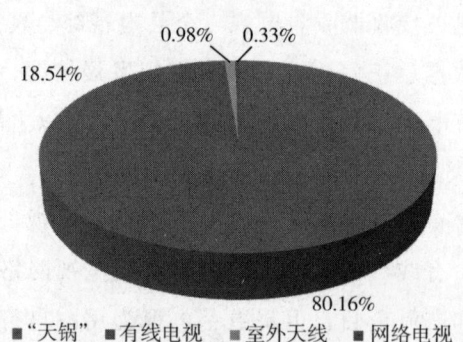

18.54%　　0.98%　0.33%

80.16%

■"天锅"　■有线电视　　室外天线　　■网络电视

图 2-9　您家的电视信号接收方式

  而从村民们收看电视的时长来看，统计折线图峰值集中在 1—3 小时，其中 43.7% 的受访者表示收看电视时间在 1—2 小时，31.1% 的受访者表示收看电视时间在 2—3 小时，也有 18% 的受访者表示每天收看电视的时间在 3 小时以上（图 2-10）。从时间上看，村民收看电视的时间不是太长，这可能跟我们调研的时间有关系。我们的调研时间是在夏季，夏季是农村较为繁忙的季节，村民多忙于农活，所以收看电视的时间较短；冬季较为闲暇，收看电视的时间较长。同时，在绥宁县乐安苗族侗族乡乐安村、靖州苗族侗族自治县寨牙乡岩脚村、通道侗族自治县坪坦乡坪坦村的调研中我们发现，近年来，随着农村文化设施的改善，村民们的闲暇生活变得丰富多彩起来，广场舞在村民中开始流行。每天吃过晚饭后，到村寨广场跳广场舞成为湖南侗族地区妇女的一种时尚。这样也减少了村民看电视的时间。

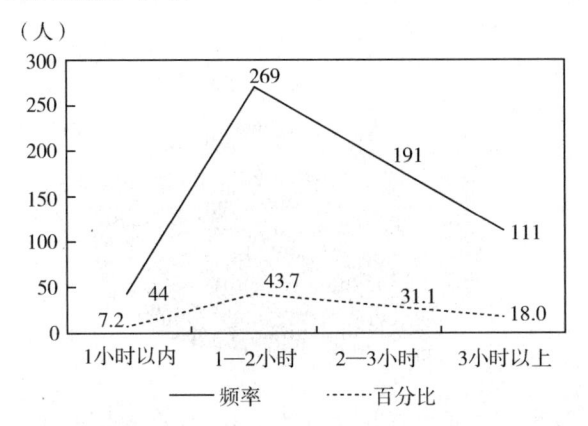

图 2-10 您家每天收看电视的时长

村民收看电视的时间段主要集中在晚上,如折线统计图峰值所示,66.2%的受访者表示主要看电视的时间段为晚上 8—9 点(图 2-11)。根据湖南侗族地区农村生活习惯,夏季村民们的晚饭时间在晚上 7 点,晚饭后忙完家务,妇女们跳广场舞,男人们聊聊天。晚上 8 点以后,各电视台电视剧正式开始,村民们便各自回家看电视。冬季由于天黑较早,所以时间都有所提前。

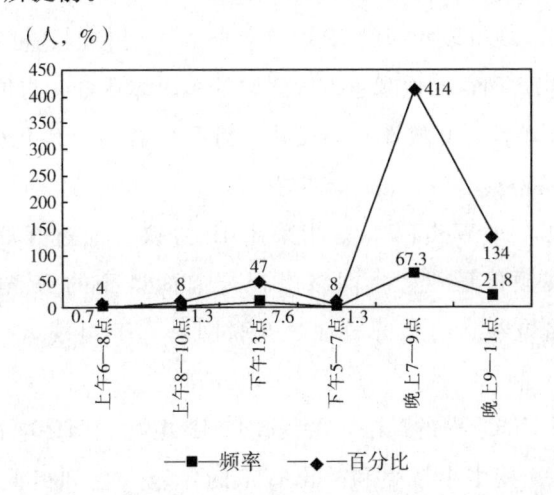

图 2-11 您收看电视的时间段

从村民收看电视节目的内容来看,新闻、法制和战争是村民们收看最多的节目类型。田野调查数据表明,29.06%的受访者表示收看新闻，16.25%的受访者收看法制节目，12.13%的受访者收看战争节目（图2-12）。

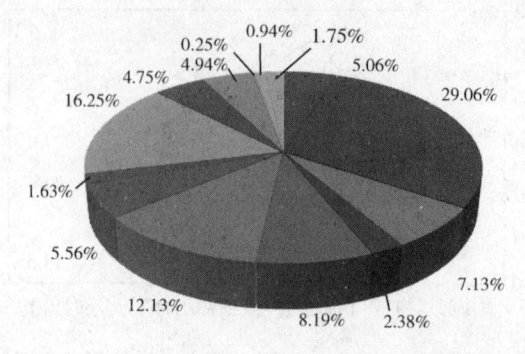

```
                    0.25%  0.94% 1.75%
                 4.75% 4.94%      5.06%
              16.25%                    29.06%
            1.63%
              5.56%                  7.13%
                 12.13%  8.19% 2.38%

■ 动画   ■ 新闻   ■ 娱乐   ■ 言情   ■ 社会纪实   ■ 战争   ■ 科教
■ 戏曲   ■ 法制   ■ 经济   ■ 国际   ■ 旅游   ■ 体育   ■ 购物
```

图2-12 您收看电视节目的主要内容

IP电视，全称是Internet Protocol Television，中文名称是互联网协议电视，也叫交互式网络电视。按照国际电联的定义，IP电视是指通过可控、可管理、安全传送并具有质量保证的无线或有线IP网络，提供包含视频、音频（包括语音）、文本、图形和数据等业务在内的多媒体业务；其中，接收终端包括电视机、掌上电脑（PDA）、手机、移动电视及其他类似终端。现阶段我国的IP电视特指通过可控制、可管理、具有质量保证的有线IP网，提供基于电视终端的多媒体业务。与传统电视相比，IP电视具有互动性、开放性、平民化、海量内容与个性化体验、受众参与议题设置等特点。

网络电视，即WebTV，是指采用IP协议，通过互联网，以计算机为终端的视频传播业务。网络电视与前面谈到的IP电视本质上的区别是：网络电视运行在开放性的互联网上，IP电视运行在可管理的IP网上。①

由于受到不能上网的局限，村民使用IP电视、网络电视的情况较为少见。当然，一些中小学生和外出打工的年轻人会到街上的网吧上网，偶尔也会通过IP电视、网络电视观看电视剧。

---

① 石磊：《新媒体概论》，中国传媒大学出版社2009年版，第29页。

移动电视,又称数字电视地面广播,是以数字技术为支撑,通过无线数字信号发射、地面数字接收的方式播放和接收电视节目。狭义上说,移动电视是在公共汽车、医院、候车(机)室、电梯等可移动物体或固定物内通过电视终端以接受无线信号的形式收看电视节目的一种技术或应用。但是广义上,包括一切可以以移动方式收看电视节目的技术或应用。作为一种新型的传播媒体,移动电视还具有覆盖广泛、反应迅速、移动性能强等优点,同时还具备城市应急信息发布的功能。

目前,移动电视的发展仍以各地广电系统为主导力量,如北广传媒移动电视公司、上海东方明珠移动电视公司。目前,我国内地已有上海、北京、广州、武汉、长春、南京等各大中小城市开始在公交车上播放移动电视。

楼宇电视主要是在商务楼宇电梯间放置液晶电视来播放广告的 LED 电视媒体。2000 年,楼宇液晶广告作为一个全新的媒体受到人们的广泛关注。当然,楼宇电视因为价值链及内容的缺失、难以真正地"分众"、发展空间遭遇瓶颈[1]等各方面的原因,目前发展还处在起步阶段,仍有很大的发展空间。

村民们接触移动电视和楼宇电视主要限于进城或外出打工时在较大城市的医院、公交、地铁上。

(四)视频播放新媒体

便携式媒体播放器(Portable Media Player,PMP)和 MP4 在业界没有明确的定义,PMP 以便携、播放视频为准则,可以通过 USB 或 1394 端口传输文件,很方便地将视频文件下载到设备中进行播放,而且自带 LED 屏幕,以满足随时播放视频的需要。

便携式媒体播放器结合了便携式液晶显示器与微型硬碟,可浏览图片、播放影音,甚至可看电视、听收音机,集多媒体影音于一机。PMP 没有统一的标准,在应用软件和配置上,厂商可以根据自己的需要来选择。

---

[1] 黄晶:《楼宇电视:无内容生存能走多远》,载《青年记者》2007 年第 20 期。

便携式视频播放器主要是便携式视频播放机，侗族同胞主要用于播放、下载各种 MP4 视频文件。近年来，便携式视频播放机在湖南侗族地区发展迅速，受到广大侗族同胞的欢迎，许多人在赶集之日到集市购买机器，或到集市网吧和电信服务点下载广场舞、民歌、山歌。

## 二 湖南侗族地区新媒体发展特点

近年来，湖南侗族地区新媒体取得快速发展，无论是用户数量还是媒介类型都呈现迅猛发展之势。

### （一）发展迅速

20 世纪 90 年代末期，以数字电视、手机、互联网为代表的新媒体在湖南侗族地区开始发展。二十多年来，手机、互联网、数字电视、便携式视频播放机等新媒体取得快速发展。

从电视发展来看，20 世纪 80 年代，电视开始在湖南侗族地区出现。当时的电视还是稀罕之物，只有少数有身份或有钱的家庭才能拥有，韶峰牌 14 英寸黑白电视机最受侗族同胞喜爱，能说话的铁盒子极大地吸引了广大侗族同胞的好奇心。从 1998 年开始，在国家广播电视"村村通"工程的带动下，湖南侗族地区电视发展十分迅速。以最为偏远的通道侗族自治县为例，2004 年年底该县的电视人口覆盖率达 97.0%，全县 21 个乡镇均开通了有线电视，有线电视用户超过 1.3 万户。2004 年 5 月，联通了省广电干线网，实现了对湖南娱乐、湖南影视、湖南经视等 6 套节目的收看，并借助省干线网，县乡联网，成功把县溪镇、菁芜洲镇的有线电视网并入城区大网；7 月，又在城区开通了数字电视，成为全市首个开通数字电视的县。

从手机发展来看，20 世纪 90 年代，手机开始在湖南侗族地区出现。此后的十年，手机取得了快速发展。相关统计数据表明，2003—2012 年的 10 年间，通道侗族自治县的手机用户数量由 2003 年的 12998 户增加到 2012 年的 164600 户，增长了 11.6 倍。芷江侗族自治县手机用户数量由 16358 户增加到 176400 户，增长了近 10 倍。新晃侗族自治县手机用户数量由 17000 户增加到 110802 户，增长了 5.5 倍。通道侗族自治县的手机人均拥有率由 2001 年的 2.19% 增长到 2012 年的 69.31%，芷江侗族自治县手机的人均拥有率由2000年的1.14%增长到2012年的46.49%，新晃侗族自治县手机的人均拥有率由2001年的3.18%增长到2012年的41.87%。

从互联网宽带用户发展来看，20世纪90年代末，互联网开始在湖南侗族地区出现。起初，只有几百上千用户。此后的十年，互联网发展十分迅速，各县的用户数量均超过万户。相关统计数据表明，新晃侗族自治县宽带用户数量由2003年的4407户增加到2012年的13691户，年平均增长率为22.16%；靖州苗族侗族自治县宽带用户数量由2001年的500户增加到2012年的18132户，年平均增长率为17.55%；芷江侗族自治县的宽带用户数由2003年的2307户增长到2012年的19200户，年平均增长率为13.26%；通道侗族自治县的宽带用户数由2005年的1250户增加到2012年的14000户，年平均增长率为7.9%；绥宁县宽带用户数由2001年的2698户增加到2012年的13795户，年平均增长率为7.9%。

由此可见，电视、手机、电脑互联网等新媒体虽然在湖南侗族地区发展时间不长，但是发展速度十分迅速，发展势头十分强劲，其影响也正在不断扩大，未来几年新媒体将进一步成为影响侗族同胞生产与生活的重要因素。

(二) 覆盖面广

湖南侗族地区的新媒体覆盖面十分广泛，从人口集中的地级城市到人口分散的偏远乡村，从都市白领、行政官员到一般的农民兄弟、打工一族，都可以见到使用新媒体的身影。其中，各县的电视覆盖面最广，综合人口覆盖率均达到了90%以上，最高的会同县达到了100%。(各县具体覆盖率见表2-5) 其次为手机，普及率达到40%以上。再次为宽带互联网，覆盖率达10%左右。

以地理位置最为偏远的通道侗族自治县为例。20世纪90年代，有线电视在该县得到迅速发展。1991年，县城内有线电视网络基本完成。1995年，建成有线广播电视台，用户达3600户。1996年，开始发展乡镇有线广播电视。2000年，该县"村村通广播电视工程"验收合格，边远偏僻的侗乡苗寨也能收看到清晰的广播电视。2005年，全县实施第二轮"村村通广播电视工程"，通过县乡联网、乡村联网和建小片网,广播电视收视面覆盖全县所有村寨。2013年,该县广播、电视综合人口覆盖率为96.3%、97.3%。

表2-5　　　　　湖南侗族地区六县电视综合人口覆盖率　　　　（单位:%）

| 区域<br>年份 | 芷江 | 通道 | 新晃 | 靖州 | 绥宁 | 会同 |
|---|---|---|---|---|---|---|
| 2001 | 缺 | 97.5 | 89.7 | 94.00 | 缺 | 缺 |
| 2002 | 缺 | 97.8 | 84.7 | 缺 | 85.00 | 缺 |
| 2003 | 80.00 | 94.06 | 78.4 | 缺 | 80.00 | 缺 |
| 2004 | 94.00 | 97.0 | 缺 | 90.9 | 60.00 | 81.1 |
| 2005 | 94.05 | 97.5 | 84.00 | 90.9 | 66.00 | 90.00 |
| 2006 | 缺 | 97.8 | 90.00 | 90.9 | 67.00 | 缺 |
| 2007 | 96.00 | 缺 | 92.7 | 缺 | 88.00 | 缺 |
| 2008 | 92.00 | 缺 | 95.09 | 缺 | 缺 | 缺 |
| 2009 | 94.86 | 90.79 | 99.08 | 99.89 | 98.58 | 99.92 |
| 2010 | 缺 | 缺 | 99.00 | 缺 | 99.26 | 缺 |
| 2011 | 缺 | 缺 | 99.22 | 缺 | 99.88 | 缺 |
| 2012 | 96.7 | 97.3 | 99.43 | 缺 | 缺 | 100 |

（三）种类齐全

湖南侗族地区的新媒体类型种类齐全,形态多样。侗族同胞不仅广泛使用数字卫星电视收看各种电视节目,使用数字手机接收各种信息、沟通情感,而且在互联网上发微博、看新闻、聊QQ、发布各种信息、交流情感,侗族大爷大妈们还在茶余饭后用数码播放机播放各种山歌,聆听现代流行歌曲,和着多功能音响跳广场舞、民族舞蹈。

以芷江侗族自治县碧涌镇碧河村为例。碧河侗寨村民接触的大众传媒类型主要有电视、报纸、杂志、广播、互联网、手机、电话等大众传播媒介,其中最主要的传媒类型是新媒体,如卫星数字电视、手机、互联网等。田野调查数据显示,该村100%的家庭安装了卫星电视,40%的村民拥有移动电话,35%的村民家里安装了电话,60%的村民听说过电脑和互联网。

### 三 湖南侗族地区新媒体发展存在的主要问题

虽然湖南侗族地区的新媒体取得了快速发展，但是由于受到各种因素的影响，其发展仍然存在各种问题。

（一）总体发展不平衡

湖南侗族地区的新媒体发展总体呈现一种不平衡的状态，主要表现在以下几个方面。

一是媒介类型发展不平衡。湖南侗族地区的新媒体类型主要集中在卫星数字电视、手机、互联网以及各种便携式数码视频播放机四种类型，而移动电视、楼宇电视、网络报刊、手机电视、手机报等新媒体发展比较滞后。田野调研数据表明，51.2%的受访者表示没有听说过手机报，94.2%的受访者更没有订阅过手机报。

二是发展区域不平衡。从湖南侗族地区新媒体发展区域来看，整体表现为城镇发展较快，农村发展落后；交通区位优越的地方发展较快，位置偏僻的地方发展落后；靠近城镇的地方发展较快，远离城镇的地方发展较慢。笔者在靖州苗族侗族自治县寨牙乡岩脚村调研时了解，广大侗族群众有使用互联网的愿望，但是对当前上网的费用表示无力承担。2013年，岩脚村入选湖南省少数民族特色村寨，为了进行村寨建设，在扶贫后盾单位省经信委及有关部门的帮助下，互联网宽带光纤已经接入村里，但是农户要接入使用，当地电信公司要求全村必须达到50户的开户数量，并且必须购买电信天翼套餐。村民们对此很有意见，大家认为，现在使用的是移动、联通手机，如果换成天翼套餐，那么原来购买的手机就作废了。一两千元钱买的手机搁置不用，对于收入很低的村民来说，无疑是很大的一种浪费。望着已经接到村口的光纤却不用上网络，大家很是想不通。在当地侗族同胞眼里，电信公司依然是国家机构的代表，是代表政府营运的，是为老百姓服务的。当地侗族同胞搞不清电信、移动、联通的具体差别，只知道这是国家的公司、部门，就应该为老百姓服务。但是当地的电信、移动、联通公司经常会发生乱扣话费的情况，很多村民对自己的话费根本不清楚，觉得交了50元钱或100元钱很快就打完了，村民普遍反映通信费用太高。

三是用户群体不平衡。湖南侗族地区的手机使用者，从职业结构来看，主要集中在机关及企事业单位工作人员、外出务工者、个体经营户等，而纯粹的农民使用手机者较少；从年龄结构来看，手机使用者主要是青少年人、中年人，儿童、老人使用手机者较少；从性别结构来看，手机使用者以男性占多数，女性占少数，特别是老年女性使用手机者更少。湖南侗族地区网络使用者，从职业结构来看，主要集中在机关及企事业单位工作人员、外出务工者、个体经营户等，而纯粹的农民使用网络者较少；从年龄结构来看，网络使用者主要是青少年、儿童，老年人使用者较少；从性别结构来看，网络使用者以男性占多数，女性占少数，特别是老年女性使用网络者更少。从家庭条件来看，经济条件较好的家庭使用手机、网络者较多，经济条件较差的家庭使用手机、网络者较少。

从靖州苗族侗族自治县寨牙乡岩脚村侗族村民的电脑接触情况来看，街上网吧、政府办公场所是村民接触电脑的最主要场所，24.56％的村民是在网吧接触过电脑，19.30％的村民是在政府办公室接触过电脑，只有10.53％的村民在自己家里接触过电脑。而这些接触过电脑的村民表示，自己家里的电脑主要是孩子上学购买或在外打工时带回家的。这些电脑绝大多数情况下，会随着孩子上学或外出打工而被带走，村民自己接触电脑的机会很少（图2-13）。

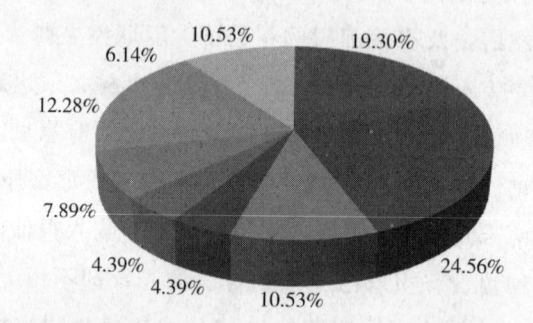

图2-13 村民接触电脑的主要场所

（二）功能使用较单一

大众传媒具有信息传播、人际沟通、舆论监督、教育培训、娱乐休闲等多种功能。然而，由于受到各种因素的影响，手机、电视、互联网等新媒体的众多功能还没有被广大侗族同胞所熟悉，当地侗族同胞对新媒体的功能使用还太单一。

以电话为例，广大侗族村民使用电话主要是用于通话，偶尔还可以播放音乐、拍照，发短信、上网、发微博、发微信等功能尚未被广大侗族同胞所熟悉，特别是年纪大的侗族同胞甚至连拨打手机都不会，只能用手机接听电话。

互联网同样如此。互联网在侗族地区出现是近十年来的事情，许多年纪稍大的侗族村民对什么是电脑和互联网十分陌生，根本不了解电脑和网络。而对年轻侗族同胞来说，虽然上网是一种时尚，但玩游戏和聊天是最主要内容。

（三）用户媒介素养差

媒介素养是指在人们面对不同媒体中的各种信息时所表现出的信息的选择能力、质疑能力、理解能力、评估能力、创造和生产能力以及思辨和反应能力。概括地说，所谓媒介素养就是指正确地、建设性地享用大众传播资源的能力，能够充分利用媒介资源完善自我，参与社会进步。主要包括公众利用媒介资源的动机、使用媒介资源的方法与态度、利用媒介资源的有效程度以及对传媒的批判能力等。

从田野调查来看，侗族同胞特别是广大农村侗族同胞的媒介素养较差，他们使用媒介的目的较为简单，接触内容也较为单一，对媒介功能掌握较差，许多人只会使用手机接打电话，不会收发短信，不会上网，不会玩游戏，更不会使用手机的购物、支付功能。大家对于网络的认识也还是很粗浅，只会上网、玩游戏，对于网络的其他用途还比较陌生。从芷江侗族自治县碧涌镇碧河村的抽样调查来看，当地多达90%的人从未上过网，10%的人"每周上网一两次或更多"或"偶尔上网"，只有3%的人几乎"天天上网"。这些上网者多数是学生。而对碧河村学生的一项调查显示，进入过网吧上网、有自己QQ号的占80%；玩网络游戏的占70%。而从侗族村民使用手机的调查情况来看，打电话、听歌是最常用功能，订阅新闻、手机报、购物等所占比例很小。

（四）娱乐化倾向明显

从村民们购买电视机的目的来看，主要是用于休闲娱乐。按照村民们的说法，看电视主要是因为农村生活无聊，打发时间。田野调查数据表明，48.34%的受访者表示购买电视机主要是用于休闲娱乐的，31.51%的受访者表示购买电视是用于了解政策的，17.73%的受访者表示购买电视是用于了解生活信息的（图2-14）。而从村民们收看的节目类型来看，娱乐性节目占了较高比例，电视是村民最主要的娱乐工具。

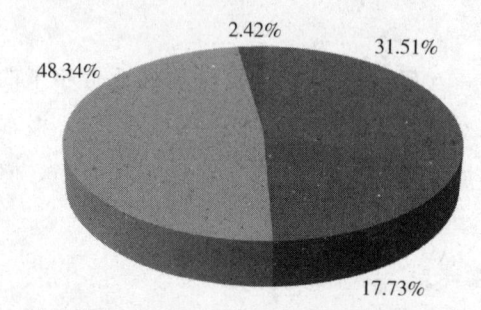

图2-14 您购买电视的主要目的

绝大多数的村民认为，电脑上网就是用来聊天、玩游戏的。正如前文所述，从当地侗族同胞上网目的调查的情况来看，有15.67%的村民上网主要是玩游戏，15.36%的村民主要用来娱乐，13.06%的村民主要用来看电影（图2-3）。而根据芷江侗族自治县统计部门的一项调查显示，早在2004年7月底，全县青少年（不含农村）中85%有"触网"经历。从上网时间来看，有30%的青少年网民为30小时/周以上，有45%为10—20小时/周，有25%为10小时/周以下。从上网目的来看，有45%的青少年上网是为了查找信息、丰富知识面，有35%的青少年上网是为了聊天、交友、看电影、听音乐等，有20%的青少年是为了玩网络游戏。[①]

---

① 芷江统计：《关于我县青少年运用网络现状的调查与思考》，载《芷江统计信息网》，http://zhijiang.hhtj.gov.cn/xxlrl.asp? id=5297，2004-08-16。

# 第三章　新媒体语境下湖南侗族传统文化的现代性建构

文化和现代性都是十分复杂的问题。不同的学科、不同的研究视野对文化的理解不同。目前，中国学术界对文化的理解大致有广义和狭义之分。广义的文化是指"人类社会历史实践过程中所创造的物质财富和精神财富的总和"，狭义的文化是指"社会的意识形态，以及与之相适应的制度和组织结构"①。在中国民族学界，将其理解为："人们在体力劳动和脑力劳动过程中所创造出来的一切财富，包括物质文化和精神文化，以及人们所具有的各种生产技能、社会经验、知识、风俗习惯等"②。根据不同的理解，文化又有不同的分类。二元结构说将文化分为物质文化和精神文化，三元结构说通常将文化分为物质文化、制度文化和精神文化或实物文化、行为文化、观念文化，四元结构说通常将文化分为物质文化、精神文化、制度文化、行为文化或物质文化、规范文化、精神文化、智能文化。③ 现代性亦如文化一样，有各种不同的分类方法和标准。现代性是现代社会的典型特征，是现代化的结果和内在规定性④，现代性建构的过程也就是现代化发展的过程，"具体体现为一个国家、一个地区的现代性生长和构成的过程"⑤。为了论述方便，本章将从物质文化、制度文化和精神文化三个方面对新媒体语境下的湖南侗族传统文化现代性

---

① 林耀华：《民族学通论》（修订本），中央民族大学出版社1997年版，第384页。
② 同上。
③ 同上书，第390—391页。
④ 刘建新：《马克思现代性批判理论及其当代意义》，载《求实》2006年第8期。
⑤ 周穗明等：《现代化——历史、理论与反思》，中国广播电视出版社2002年版，第166—175页。

建构进行论述。

## 第一节  物质文化现代性建构

物质文化的构成要素很多,在新媒体语境下,湖南侗族传统文化现代性建构首先表现为物质文化诸要素的现代化。为了论述方便,下面将从与侗族日常生活联系紧密的衣食住行几个方面进行论述。

### 一  居住方式

从广西桂林市沿209国道一直北上,就进入湖南省通道侗族自治县境内,沿路可见一栋栋青瓦白墙的现代砖房掩映在青山绿水之间,与传统的灰色调木质干栏式吊脚楼形成了鲜明的对比。而许多底部为砖墙,上部为清漆涂装的现代吊脚楼,成为当地侗族同胞青睐的现代居住样式。从村落布局到房屋外观,从房间摆设到内部装饰,当地侗族同胞的居住方式发生了明显变化,呈现现代都市化发展趋向。而这些变化与电视、手机、互联网等新媒体有着密切的关系。

首先,电视、手机、互联网等新媒体不断向侗族村民传递着现代都市生活方式的舒适性和优越感,引起当地侗族许多村民对都市生活的向往和模仿,一些家庭经济条件较好的村民开始放弃木房而修建砖瓦小洋楼,或保留正屋为木楼而偏厦或厨房改为砖瓦房,或一楼用砖墙做底层框架,然后在底层框架基础上修建木房。有的砖房,为了保持侗族传统木房的外貌,全部在砖房外墙订上一层木板。这样既可以除湿防虫,又可以保持木房的干燥舒适,维持了侗族木楼的外貌。

为了建设新农村,营造干净卫生的居住环境,通道侗族自治县坪坦乡坪坦村对传统的村寨布局进行了变革,将每家每户牲畜散养改为集中圈养。选择离村子较远的地方,集中修建养牛养猪的栏舍,将全村寨的猪牛集中在一起圈养,这样极大地改善了村寨的卫生环境。

同时,随着小型农机在湖南侗族地区的逐渐普及,当地侗族养牛的越来越少,牛圈逐渐消失,专门为放牛而开辟的通道不见了,牛粪的减少带来了干净的村寨环境。传统的"炊烟袅袅,牧笛声声",唯美的乡村生活，成为映在老一代人脑海中的画面，不复存在了。

其次，为了摆放电视、电脑等现代化设施，许多村民的房间布置显得更加讲究了。因为电视是村民最重要的家电，必须给予特别的爱护，为电视腾出最好的房间。房间陈设除了增加电视机、组合音响、VCD影碟机、电风扇、电话、电脑甚至空调等外，讲究的人家进房看电视还须先换拖鞋，或者打赤脚。在芷江侗族自治县碧涌镇碧河村调研时，笔者特意看了看村主任家的主卧室，地板用桐油刷过，一尘不染，门口放着几双凉拖鞋；窗前的书桌上放着电话，一侧放着电视，电视对面是沙发。

在电视消费观念的刺激下，许多耐用消费品进入侗族同胞家庭。20世纪80年代中，单车、缝纫机、手表"三大件"率先普及；90年代以后，冰箱、洗衣机、影碟机、组合音响等一大批新兴的耐用消费品先后进入村民家中，给侗寨村民家庭带来了浓厚的现代化生活气息。近年来，家电下乡、汽车摩托车下乡补贴政策的宣传，促进了村民对家用电器和汽车、摩托车的需求力度，液晶电视机、电磁炉、摩托车、热水器、空调等产品成为村民家中的新设备。田野调查发现，电视机、手机、摩托车以及农机是当前侗族同胞拥有率最高的用具。其中电视机的拥有率最高，个案百分比达100%，有效百分比为21.29%，说明所有被调查者都选择了此项；其次为手机，个案百分比达96.7%，有效百分比为20.60%；摩托车的个案百分比为69.1%，有效百分比为14.71%。电脑、空调、热水器、电磁炉等新近城市家庭使用的器物在侗族家庭也占有一定比例（图3-1）。

厨房是居住方式的重要内容，厨房布置的变化往往能较好地反映出居住方式的变迁。20世纪80年代之前，芷江侗族自治县碧涌镇碧河村村主任家的厨房也是遵照侗族传统习惯，使用火塘形式。火塘是我国西南许多少数民族的传统厨房样式，就是在一间房内地上挖出小坑，坑上架一个铁三脚架，中间生火取暖、做饭，四周摆上凳子供人坐，火塘下方摆一张餐桌供吃饭。火塘里终年烟火缭绕，白天煮饭，晚上烤火取暖。燃料为木柴，但是柴火利用率低，对生态的破坏严重，并且容易熏黑房屋。1985年，村主任将火塘改成了省柴灶，提高了柴火利用率，家里也

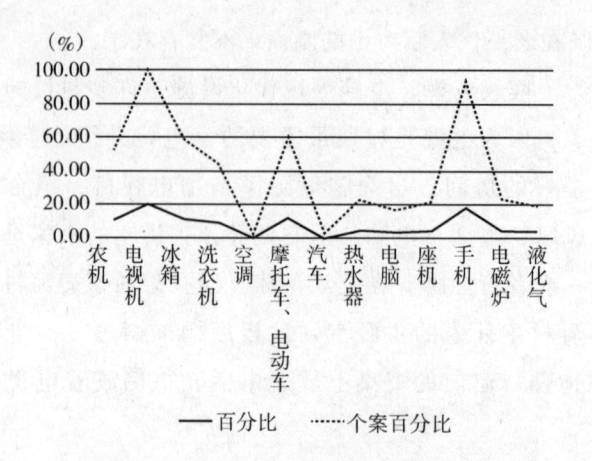

(%)
100.00
80.00
60.00
40.00
20.00
0.00

农机　电视机　冰箱　洗衣机　空调　摩托车、电动车　汽车　热水器　电脑　座机　手机　电磁炉　液化气

——百分比　······个案百分比

**图3-1 侗族同胞基本耐用用具调查统计**

少了灰尘，变得干净卫生了。20世纪90年代后，随着农村电力的发展，村主任用上了电饭煲、电饭锅，烧柴的时间少了，着急的时候就用电饭锅煮饭。2009年，芷江侗族自治县能源办在碧河试点发展沼气。村主任觉得这是一条好路子。他早就从电视和报纸上看到沼气的好处：除了照明外还能煮饭、烧猪食，与液化气一样干净，自产自销，便宜实惠。村主任带头打了沼气池，将沼气引进了厨房。在村主任的带动下，全村共发展沼气52口，52个村民家庭因此将厕所进行了改造，将传统的木桶式或地沟式厕所改为现代式样的砖瓦房厕所，厕所地面和墙面贴了瓷砖，安装了自来水龙头。上厕所后，可以用自来水冲洗厕所，大小便全部流进沼气池成为沼气原料。沼气的引进和推广，不但改变了千百年来侗族村寨厕所的外形和内饰，也引发了传统卫生观念的变革。当然，由于受到技术、资金、填料、维护等方面因素的影响，沼气的使用也面临很多问题，出现建设多使用少的情况。

一种更加方便卫生的厨房电器——电磁炉进入了广大侗族同胞的厨房，成为侗族同胞烹制食物和用餐的得力帮手。侗族村民冬天有"架炉子"——吃火锅的习惯。传统火锅就是将炒菜用的大铁锅架在火塘上吃，火塘的柴火熏得满屋子是烟，灰尘飞满头上、身上和菜锅子里。条件稍好的则专门用小铁炉子架在餐桌上，用炭火来加热。电磁炉极大地方便了村民们吃火锅，将铁锅放在电磁炉上，一家人围着电磁炉吃火锅成了侗族同胞冬天最喜欢的吃饭方式。

  同时，液化气也成为许多侗族村民的厨房新宠。使用液化气灶清洁卫生，做饭效率高，还免去了砍柴的劳累之苦，很受侗族同胞欢迎。经济条件较好的家庭纷纷放弃传统的厨房格局，改用现代都市家庭厨房布局，用液化气灶、排气扇。2013年7月，笔者在通道侗族自治县坪坦乡坪坦村调研时发现，当地许多侗族村民就是用液化气炒菜的。大家觉得液化气炒菜味道好，更干净卫生，还不用到山上去砍柴，既省事又方便。

  最后，村民房屋装饰也呈现更多的时尚元素。传统吊脚楼墙壁由杉木板装嵌而成，受到城市建筑风格的影响，现在很多人喜欢将地面贴瓷砖或铺水泥，过去的木窗户改成铝合金玻璃窗户，增加房间的亮度，房子地面用水泥铺平或铺瓷砖甚至实木地板，厨房、厕所墙面用瓷砖贴墙面。过去村民家中的大门、墙壁喜欢贴财神、关公像，家仙（神龛）处安放祖先灵位。"文化大革命"后，大门和家仙处都贴上了毛主席画像。20世纪80年代后，港台明星、流行服饰、汽车等照片成为年轻村民的喜爱，贴明星偶像画成为年轻侗族村民住房的一大特色。

  通道侗族自治县坪坦乡坪坦村居住布局十分具有现代特色。整个村寨建于坪坦河右侧的台地上，村民住房以文化广场为中心分布在四周，一条进村步行大道沿河延伸到村中心文化广场，广场装有专供举办文化演出的各种灯光、音响设施，村委会大楼既是游客接待中心，也是村民文化中心。广场右侧是侗族传统的祭祀场所——萨坛，萨坛右边是村民休憩、集会的鼓楼，萨坛后是书院。村寨中增设了公共厕所、垃圾箱、消防栓、路灯。公共厕所按照侗族鼓楼的样式修建，用瓷砖贴墙，自来水冲厕。

## 二　交通出行

  2005年12月19日10点45分，一架从广州起飞经停长沙的空客A—319飞机满载乘客平稳降落在芷江机场，3个小时后，这架飞机安全起飞返航，这标志着抗战英雄机场芷江机场正式复航。1938年10月，芷江机场竣工并开始使用；抗战期间，为抗日救国发挥了重要作用。芷江机场的复航是湖南侗族地区交通史上浓墨重彩的一笔，为侗族同胞快捷出行锦上添花。

湖南侗族地区素有"南楚极地"、"北越襟喉"之称，绝大多数地处山区，过去交通不便，人们出行、运输工具落后，靠肩挑脚走。随着交通条件的改善，侗族村民出行方式发生了极大的改变，过去的雪峰天堑变通途，不仅出行时间大大缩短，跃入了"全省4小时经济圈"，而且出行工具选择更加多样，更加便捷。

铁路方面，怀化素有"火车拖来的城市"之称，境内渝怀铁路、湘黔铁路、枝柳铁路纵横交错。枝柳铁路从湖北枝城经湖南怀化到广西柳州，经过湖南侗族地区的洪江市、会同县、靖州苗族侗族自治县、通道侗族自治县。湘黔铁路东起于湖南株洲，经怀化、芷江、新晃进入贵州。

公路方面，湖南侗族地区境内有G60沪昆高速、G56杭瑞高速、G65包茂高速三条高速公路过境，G209、G319、G320三条国道纵横交错，S221线、S222线、S232线、S318线、S319线五条省级公路联通通道、绥宁、靖州、会同、洪江市、芷江、新晃等县市。

山区侗族地区发展最快的家庭交通工具是摩托车。田野调研统计数据显示，侗族村民摩托车拥有率为69.1%，年轻人更是人手一台摩托车。每逢赶场日，源源不断的摩托车队来往在乡村小道上，成为侗寨一道独特的风景。根据笔者在芷江侗族自治县碧涌镇碧河村的调查，当地村民很喜欢摩托车，有什么急事到碧涌镇上一趟，走路差不多要1个小时，而摩托车不过10分钟左右。有时候，正在炒菜没盐了，骑上摩托车就到碧涌镇上买盐，来回20分钟。据不完全统计，碧河村有各式摩托车60多台，品牌主要集中在以下几种：豪爵摩托、钱江摩托、宗申摩托、雅马哈摩托、隆鑫摩托、力帆摩托。而之所以选这些品牌，广告宣传和朋友介绍成为最重要的因素，其中广告宣传占了40%（图3-2）。而对为什么要购买摩托车，许多村民除了回答"实际需要"、"价格便宜买得起"外，"有补贴，现在买划算"也成为不少人购买的动机。据不完全统计，75%的农户知道国家的摩托车下乡优惠政策。而对34位村民了解国家汽车、摩托车下乡补贴政策的渠道的调查表明，电视是村民主要的了解渠道（图3-3）。

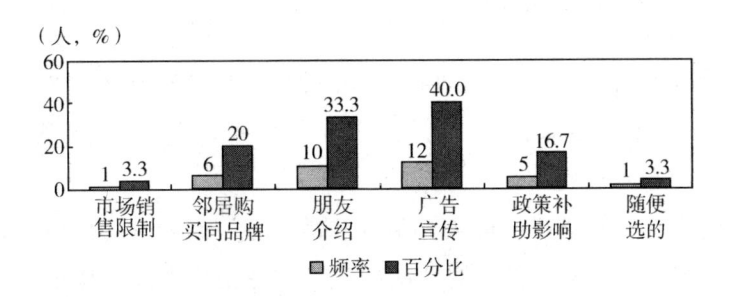

图 3-2  碧河村村民选购摩托车影响因素

除了摩托车，许多侗族同胞表示，如果经济条件允许，希望能买辆汽车。村民们都相信媒体宣传的一句话：要想富，先修路。便捷的交通是发展经济的重要前提条件。

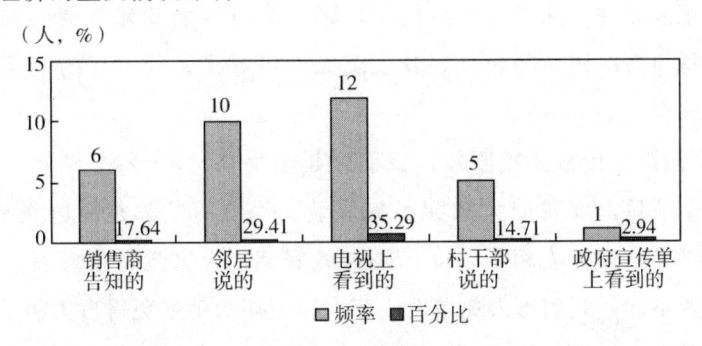

图 3-3  碧河村村民了解国家汽车、摩托车下乡补贴政策的渠道

随着交通设施的不断完善，交通工具的丰富，新媒体给当地侗族村民选择出行工具、出行时机和出行路线提供了方便。外出打工的侗族村民通过电话、网络和电视等新媒体了解春运期间交通信息，合理安排自己的出行。同时，侗族村民出行的范围也变得越来越广，不仅到县城还到市府怀化或省府长沙，甚至全国各地。

## 三 衣着服饰

2010 年 8 月 17 日，是农历的七月初八，正好是芷江侗族自治县碧涌镇赶场日（赶集）。笔者在当地进行博士论文调研，清早在碧河村村主任家吃了早饭，准备到碧涌镇赶场。村主任洗脸后，把头发梳了梳，外穿一件灰色西服，里面穿白色衬衣，脚上的皮鞋因为粘了些泥，他在自来水龙头下洗了又洗。

笔者笑他说:"村长,干吗打扮得这么帅?你又不去相亲!"

"哎,那要打扮漂亮些,我是碧河一村之长,代表碧河形象呢!"村主任郑重其事地回答。

村主任是个穿着讲究的人,平日劳动时是一套衣服,出门、赶场则必须换上西服、皮鞋。这天是要去镇上的碧涌山庄参加一位亲戚的结婚喜宴,所以打扮得格外仔细些。

除了一些偏远地区的年纪较大的侗族同胞外,我们已经很难从其他侗族同胞身上看到侗族传统服饰的样子了。在很早以前就没有人织布了,大家穿的都是机制衣物,耐用不再是人们穿着追求的重点了,更多的是追求时髦和美观。除了在进行侗族舞蹈表演时穿的几套所谓的侗族服饰能让人觉得有些民族特色外,其他就无处可寻了。村主任的一番话让笔者很是诧异:

"我们没有什么民族服装,我们今年乡里搞'5·29'活动,我们碧河出一个节目,要我们大家穿民族服装,哪有呀?都是跟电视里学的,花钱到县民宗局每人租了一套,是苗族服装,大家觉得很好看,就是太贵了,要不然,我们每人免费发一套,以后搞活动就免得再去租了。"

无独有偶,2013年7月,笔者在靖州苗族侗族自治县寨牙乡岩脚村调研时,发现当地侗族村民正在积极排练侗族大歌,准备参加全县的文化演出。大家的演出服装都是由县乡文化部门统一定制的。就在村口的凉亭里,吃过早饭后的男女老少正在休息,三位妇女正在认真地绣着手中的十字绣。当笔者询问她们是否会织侗锦时,大家都不约而同地摇头表示不会。在通道侗族自治县坪坦乡坪坦村调研时,笔者看到吴姓大姐正在自己新建的三层水泥洋房里悠闲地绣着十字绣,她的丈夫则在忙着调试刚买的液晶彩电和卫星接收器。看到我们的到来,像是见到救星,他热情地请求我们帮他看看安装说明书。听到我们的来意,吴大姐特意拿出自己收藏得很好的她小时候穿过的绣花鞋让我们拍照,满带惋惜地说:"哎,可惜我们这一代人都不会绣花了,老祖宗的手艺怕是要失传了哦!"

明清时期,芷江、新晃等侗乡北部地区经济比较发达,是明清王朝镇压少数民族的屯兵之地,强权之下,北部地区的侗民基本上改装。乾隆年间出版的《芷江县志·封域卷》描绘了改装前后两种截然不同的头饰和服饰。更装后的侗民已是头垂长辫、衣着满装的形象。当时芷江除了少数老年人仍着传统服饰外，青年人服饰已与汉族无异。而南部山区的通道、靖州等地，由于地处峻岭幽谷，与世隔绝，清代的统治鞭长莫及，这些地区较为完整地保留了侗族原有的传统文化，尤其是传统服饰。清朝文献还有关于侗族服饰的记载："侗人、椎髻，首插雉尾，卉衣"，"有裤无裙，衫最短，裤最长"。从以上文献可看出，南部地区部分侗民，仍固守着自己的民族习俗。

19世纪末20世纪初，随着一系列革命运动的开展，满族服饰基本消失，侗族服饰受汉族影响较大。新中国成立之初，人们的衣着受政治影响较大。改革开放后，人们衣着变化则更多是受到电视流行趋势的影响。20世纪80年代初，穿喇叭裤、听收录机是十分新潮和令人羡慕的事情。"燕舞，燕舞，一曲歌来一片情。"燕舞牌收录机广告响遍了大江南北。广告中男演员留着小分头，上穿流行短袖T恤，下穿白色牛仔裤和运动鞋，其洒脱时尚和青春的造型曾经成为当时年轻人的潮流打扮。广州、深圳流行的喇叭裤也传到偏僻的侗乡村寨。随之而来的还有女士蝙蝠衫、握手服以及男式衬衫、西服、夹克等，这些新潮衣服款式新颖、品种丰富、花色繁多，很受侗族同胞欢迎。很快，以怀化为中心的贸易中转站出现了一批专门批发、零售南方服饰的小商贩、店铺和批发商。当时最时髦的布料就是的确良。的确良不仅布料结实，花色多样，而且穿起来很凉快，容易洗，很受侗族同胞的喜欢。

20世纪90年代以来，湖南侗族村民的服饰紧跟时代的潮流，一些年轻人从电视上学会了都市年轻人的装扮，染发、文身、留长头发成为一些年轻人的时髦。穿金戴银成为广大年轻人的追求，特别是年轻女性在结婚前要求男方送"三金"：金戒指、金耳环、金项链。虽然因为经济原因，暂时买不起金饰品，但是镀金镀银饰品照样能满足年轻女孩爱美的心理。

羽绒服成为广大湖南侗族村民冬季御寒服饰的首选。羽绒服因为保暖效果好，穿起来轻便，款式新颖时尚，无论是大人还是小孩都喜欢。市场上的羽绒服品牌很多，既有著名品牌的，也有各式杂牌的。一般村民都买杂牌的,价格便宜,式样也过得去。有钱的村民才讲究品牌。在靖州苗族侗族自治县寨牙乡岩脚村调研时,有一位身穿名牌运动服的小伙子告诉笔者,他经常买"耐克公司"的服装,原因是看了电视广告后就喜欢这个牌子了,他买东西一般是认准牌子的,认为好的产品广告做得都好。

进入21世纪,在韩国电视剧的影响下,全国各地掀起了一阵韩版服饰热潮。这股热潮同样影响到了湖南侗族地区青年男女们。年轻女性喜欢追求个性着装,买衣服主要看款式和花色,吊带衫、露背衫、超短裙等深受时尚女孩喜爱,时尚男生则喜欢穿日韩风格的酷感十足的休闲装。中年人则两极分化,收入高的喜欢穿品质好、做工精良的服装,收入低的则喜欢买便宜但样式新的衣服。除了一些年纪较大的老人外,年轻人中已经见不到什么传统服饰了,时尚成了村民服饰的另一个代名词。田野调研数据表明,86.99%的受访者表示平时主要穿流行服装,只有8.78%的受访者表示会穿民族服装(图3-4)。

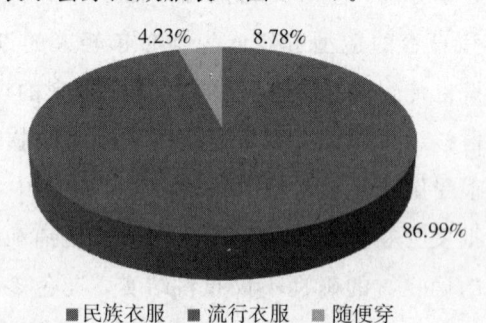

**图 3-4　您平时主要穿什么样的服装**

芷江侗族自治县碧涌镇碧河村的 YXJ 最常穿的就是牛仔裤配休闲夹克。他觉得牛仔裤不但时尚而且耐穿耐脏,平时劳动也很方便。"看到电视里的一些少数民族服装,那真是太麻烦,包头扎花,不说别的,光穿好就得一个上午,还别说干活了。穿衣服嘛,就是既要好看,又要舒服。"从田野调研情况来看,60.98%的受访者表示平时选择衣服的主要标准是好看,22.60%的受访者表示选择衣服的标准是方便,13.01%的受访者表示选择衣服的标准是潮流,而仅有2.28%的受访者表示会考虑民族传统（图 3-5）。

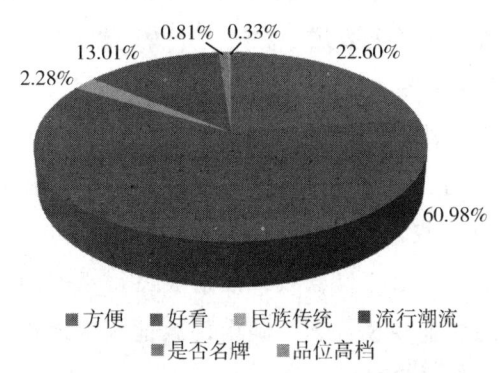

图 3-5　您平时选择服装的标准是什么

## 第二节　制度文化现代性建构

制度是由一系列规则构成的体系，是人类社会各种关系的反映和体现。传媒既是制度设置和制度文化的重要组成部分，同时又对制度文化起着影响作用。毛泽东说："报纸的力量和作用，就在它能够使党的纲领路线、方针政策、工作任务和工作方法，最迅速最广泛地同群众见面。"[①]的确如此，无论是在诱致性制度变革还是在强制性制度变革当中，传媒都发挥着引导思想观念变革的重要作用，对制度变革行动集团的形成与发展产生重要影响，对制度变革的结果产生一定影响。

### 一　经济制度

经济体制改革是制度改革的重要内容。湖南侗族经济制度的变迁可以从土地使用权、经济发展方式两个方面来进行考察。

（一）土地使用权的改变

十一届三中全会以后，中国农村开展的以建立联产承包责任制为核心的改革，是中国农村经济制度的一项重大变革。20 世纪 80 年代后，市

---

① 毛泽东：《对晋绥日报编辑人员的谈话》，载《毛泽东选集》，人民出版社 1991 年版，第 1318 页。

场经济在中国确立并发展。这项改革极大地调动了广大湖南侗族农村和农民的生产积极性，解放和发展了农村生产力。

近年来，随着农村劳动力的大量外流，湖南侗族地区农村土地出现了大量撂荒。为了解决土地荒芜问题，国家开始实行土地流转政策。拥有土地承包经营权的农户将土地经营权（使用权）转让给其他农户或经济组织，即保留承包权，转让使用权。可以通过转包、转让、入股、合作、租赁、互换等方式出让经营权，鼓励农民将承包地向专业大户、合作社等流转，发展农业规模经营。湖南侗族地区土地使用权发生了较大改变，促进了农村经济发展。

芷江侗族自治县针对民间土地流转随意性大、操作不规范、程序不严格、流转信息不畅通、耕地跨村流转受限等问题，投入200余万元建立了覆盖县、乡、村三级的土地流转综合管理信息化平台，将审核通过后的土地流转信息统一发布到网站、LED大屏幕等信息展示平台上，方便农民朋友了解信息。2012年，芷江县以承包、转包、入股等形式流转农村土地15.59万亩，其中林地11.38万亩，耕地4.212万亩。针对农村信息化程度不高，严重制约当地经济发展的现状，该县投入近300万元，在县政务中心成立县级农村信息化服务中心；在100个重点村（社区居委会）、10个专业技术协会、24个专业合作社和部分种养大户设立了专家会诊服务点；启动视频会议系统建设，6月底，完成县级主会场和28个乡镇分会场的视频会议系统建设。在28个乡镇建立信息服务站，在302个行政村和重点场所建立信息服务点，初步实现了县、乡、村三级平台联网，为农村产业发展和农民致富增收提供指导和帮助，并加快了农业产业化发展步伐。还通过整合"农信通"、农村远程教育网、芷江旅游网等各类农村信息资源，建立集电子政务、土地流转、休闲农业、民生保障、手机短信等系统为一体的芷江农村信息化服务平台网站，方便农民通过网络咨询、了解最新农业生产技术动态及各种信息。目前，芷江县通过农村信息化服务平台网站，培育以农村经纪人、中介组织人员为主的新型农村信息员500余名，县农村信息化服务网帮助农民发布信息1300条，下载传播信息12000多条，近万名农民在

"网上淘金"。①

通道侗族自治县共成立各类农业专业合作社165家,入社社员达9800多人(户),出资额1700万元,带动相同产业的农民1.78万户,建成生产基地236个。通过农业专业合作社的桥梁作用,该县无公害蔬菜成功打入香港、澳门市场,特色柑橘远销黑龙江、新疆等省(区),生态红茄畅销周边省市,农产品年销售额达到6.9亿元,社员年人均增收2000元以上。②"非常感谢中央电视台去年来到通道为我们拍摄专题片《谁吃了我的泥鳅苗》,并报道了我们惠农合作社养殖泥鳅获得成功的消息,节目在中央电视台播出后,全国的泥鳅老板纷纷来到我们合作社购买泥鳅,让我迅速扭亏为盈。现在再次看到你们来通道双江镇烂阳现代农业科技示范园拍摄节目,真的非常欢迎、非常高兴……"承包该园的通道惠农泥鳅养殖合作社负责人、全县有名的养鳅大户袁立科,握着中央电视台第七频道科技苑栏目组邱虹编导和金政摄影的手,热情洋溢地说道。③中央电视台的报道对推动通道农业产业创新开发起到了十分重要的作用。通道侗族自治县山牛塘养殖专业合作社制作视频发布在优酷网④上,来扩大自己的影响力。

新晃侗族自治县农业种植业农民专业合作社发展很快,全县共创建农业种植业农民专业合作社22个,其中蔬菜专业合作社8个,金银花和水稻专业合作社各4个,其他专业合作社6个,入社社员达7643个,实现作物规模种植2.6万亩,年创产值达6500余万元。合作社的成立,较好地促进了产业的专业化、规模化生产,有力地推动了县域经济的发展。⑤

靖州、会同、绥宁等侗族地区的土地流转制度通过各种信息传播,

---

① 芷江国调队:《芷江大力发展农村信息化促进土地流转》,载《湖南国调信息网》,http://www.hndc.gov.cn/xzjgdd/dczl/xxsd/201209/t20120906_24830.html,2012-09-06。
② 通道县委统战部:《通道县:农业合作社架起致富桥》,载《怀化统一战线》,http://www.hhtyzx.gov.cn/hhtyzx/xianshiqudongtai/201304/042G2552013.html,2013-04-27。
③ 湖南省科学技术厅:《中央电视台到湖南通道县拍摄泥鳅生态循环经济节目》,载《中国水产养殖网》,http://www.shuichan.cc/news_view-149087.html,2013-08-28。
④ 视频地址:http://v.youku.com/v_show/id_XMzQxMDgwMjQw.html。
⑤ 佚名:《新晃:农业种植合作社方兴未艾》,载《湖南农业信息网》,http://www.hnagri.gov.cn/web/hnagrizw/snzx/qsxxlb/hh/content_80925.html,2014-03-29。

也得以快速建立和发展。

(二) 经济发展方式转变

经济发展方式是经济制度的重要内容，经济发展方式的变化往往会引起经济制度的改变，经济制度的改变亦能促进经济发展方式的转变。经济发展方式是一个不断变化的过程，其发展需要外部条件的不断推进。在村落现代化进程中，新媒体作为经济发展的重要推进器，促进了村落经济形式的不断发展和变迁，传统农业向现代农业的发展，小农经济向商品经济的发展。

长久以来，湖南侗族地区处于一种小农自然经济状态。绝大多数土地归地主和富农所有，广大农民只有少量的土地和山林。村民实行的是"养猪为过年，养鸡为换油盐钱"的小农经济，农产品自产自销，没有市场经济意识，商品交换不发达。新中国成立后，湖南侗族地区经济形式发生了很大的变化，实现了封建地主经济向社会主义经济形式的转变。

湖南侗族地区的经济发展方式先后发生了三次大的变化。第一阶段是新中国成立前的小农经济生产方式，第二阶段是新中国成立后至1979年的集体计划经济方式，第三阶段是1979年以后的市场经济方式。

1980年9月，中央发出《关于进一步加强和完善农业生产责任制的几个问题》的通知。1982年1月，党的十二大再一次肯定"包产到户"的方向。从1982年起，中央连续五年颁发5个"中央1号文件"，对农村改革进行指导。新媒体积极配合中央的工作部署，在解放思想、宣传政策、推广经验等方面发挥了重要作用。"这一时期关于农业生产责任制的宣传报道，受到农村基层干部和群众的由衷欢迎，他们把《人民日报》发表的有关文章当作'定心丸'和工作的'依据'。"①

随着市场经济体制的进一步建立，湖南侗族地区的经济制度发生了更加快速的变迁，广大侗族同胞的商品经济观念进一步深入，经济经营方式更加多样，经济作物种植面积更广，经济作物种类更加丰富，除了传统的粮食、油类外，蔬菜、水果、药材等作为经济作物得也到了广泛

---

① 方汉奇：《中国新闻事业通史》（第三卷），中国人民大学出版社1999年版，第444—445页。

的种植，生猪、山羊、各种家禽的养殖也有了较快增长，出现了大量各种中药材、蔬菜、特色水果等特色种植业和养鱼、养鸡、养鸭、养羊、养兔、养竹鼠等特色养殖业。

芷江侗族自治县碧涌镇碧河村村民YXJ的竹鼠养殖便是典型。YXJ原在广东番禺一带打工，做过各种行当，但都没有找到合适的工作。YXJ觉得这样打工实在没有出路，2008年夏天，受国际金融危机影响，许多工厂不景气，工人工资待遇大幅下调。YXJ在上网聊天时发现竹鼠养殖是一条发家致富的好门路，于是他干脆辞工回到家乡，搞起竹鼠养殖的创业。

芷江侗族自治县碧涌镇15年来的生猪和山羊生产情况统计表明，生猪和山羊的生产逐年增加，特色经济已经成为碧涌镇侗族同胞的重要经济发展形式。1995年，生猪年末存栏量为8901头，年内出栏量为9120头；到2005年，生猪年末存栏量达10840头，年内出栏量达12910头；到2010年，生猪年末存栏量达12350头，年内出栏量达13680头。1995年，山羊的年末存栏量为2000只，年内出栏量为2100只；到2005年，山羊的年末存栏量为3180只，年内出栏量为3360只；到2010年，山羊的年末存栏量为3380只，年内出栏量为3560只（表3-1）。

表3-1 芷江侗族自治县碧涌镇1995—2010年生猪、山羊生产情况统计

（单位：头，只）

| 年份 | 生猪 | | 山羊 | |
| --- | --- | --- | --- | --- |
| | 年末存栏 | 年内出栏 | 年末存栏 | 年内出栏 |
| 1995 | 8901 | 9120 | 2000 | 2100 |
| 2000 | 12000 | 14000 | 1900 | 4200 |
| 2005 | 10840 | 12910 | 3180 | 3360 |
| 2010 | 12350 | 13680 | 3380 | 3560 |

转引自龙运荣《大众传媒与民族社会文化变迁——芷江碧河村的个案研究》，中南民族大学博士学位论文，2011年。

新晃侗族自治县、靖州苗族侗族自治县等地侗族青年同胞开始从事灵芝种植，产销两旺。新晃侗族自治县凉伞镇广东村寨上组侗族青年龙开炼、龙开权、龙景连、龙景云、龙文锡等人2011年9月从外地务工返乡创业，合伙进行灵芝菌栽培，种出菌盖近1米宽的特大赤芝。到2014

年，种植面积达59亩。靖州苗族侗族自治县藕团乡藕团村的李昌发从事灵芝栽培研究20多年，培育出千姿百态的灵芝，并创新性地开发出灵芝盆景，成为带领当地苗族侗族同胞致富的带头人。怀化电视台、湖南经视、《怀化日报》、《大众科技报》、《中国教育》杂志以及多家网站曾多次对他进行报道。他的灵芝盆景产品在2004年湖南西部农博会上荣获"优质农产品金奖"，2008年在长沙药博会上受到重点推介，2009年被湖南旅游协会评为"民间工艺大师奖"。[①]

（左）　　　　　　　　　　（右）

**图3-6　新晃侗族同胞的灵芝种植大棚（左）及出产的灵芝（右）**

作者：夜郎小子，图片来源：http：//bbs.hnxhnews.com/forum.php?mod=viewthread&tid=52231。

20世纪90年代，随着沿海地区改革开放搞活，吸引了大量的劳动力。电视、报纸、广播、互联网给广大村民带来了劳动力输出的信息，在当地兴起了一种新的经济形式——"打工经济"。芷江侗族自治县碧涌镇碧河村的YMK便是"打工经济"的先行者。1998年，YMK任碧河村团支部书记，笔者则是怀化市委驻该村的建整扶贫工作队队员。扶贫队经常在他家里研究工作，他对深圳、广州的快速发展十分羡慕，总想出去闯荡一番。因为年轻又有点文化，YMK在洋溪塘组属于较为活跃的村民。1997年年底，他向扶贫工作组提出要求建立有线电视网，解决村民

---

① 裴金玲：《湖南：靖州灵芝盆景大放光彩》，载《中国食用菌商务网》，http://zixun.mushroommarket.net/201308/29/157762.html，2013-08-29。

看电视难的问题。因为当时工作组认为建有线电视网不能解决村民快速致富的问题,也就没有答应他提出的要求,而是改成修建洋溪塘过江的便桥。等过完春节回到碧河村时,发现洋溪塘有了有线电视,电视接收主机就安装在 YMK 的卧室里。那是一套 40 多个频道的卫星电视接收器加视频播放设备。YMK 说大家过了一个高兴的春节,有了电视看,大家过年打牌明显少了。YMK 郑重其事地跟工作组说,干完这一届,年底就要打工去,到深圳打工比在家里挣钱多了,他从新闻联播看到每年年底都是用工的高潮而大量民工返乡,因此这时候找工作很容易,决心要出去闯一闯。等工作组 12 月收队时,YMK 果真去了深圳打工,至今已经十多年。

在一些先行者的带领下,越来越多的侗族村民加入打工行列,打工经济成为当地主要的经济形式之一。打工为广大侗寨家庭带来了可观的经济收入,也给古老的侗寨带来了现代都市文化,使得古老侗寨的经济形势紧密融入了现代经济,成为全国和全球经济的重要组成部分。据统计,截至 2008 年年底,芷江全县外出务工人员达 7.02 万,其中 5.99 万人在省外打工,占全县外出务工人员的 85.3%。年务工总收入 6.8 亿元,打工已成为芷江农民收入的重要来源。[①] 经济发展方式的改变,极大地促进了芷江经济发展,侗族村民收入逐渐增加。2009 年,农村居民人均纯收入 2528 元;2010 年,农村居民人均纯收入 3513 元;2011 年,农村居民人均纯收入 3975 元;2012 年,农村居民人均纯收入 4536 元。[②]

随着手机、电视、互联网的快速发展,各种经济发展政策、致富信息、种养殖技术得以快捷、图文声并茂地传达给广大侗族同胞,极大地推进了整个湖南侗族地区由传统的小农经济向多种经济发展方式的转变。

## 二 政治制度

新媒体在当代政治制度变革中发挥着重要作用,它不仅是向社会大

---

① 黄长普、杨琼、唐海莲:《关于 2009 年春节后芷江返乡农民工问题的调查研究报告》,载《芷江政府公众信息网》,http://www.chinazhijiang.gov.cn/Article/ArticleShow.asp?ArticleID=3360,2009-10-21。
② 数据分别来自芷江县 2009—2012 年国民经济和社会发展统计公报。

众宣传变革思想的有力工具，也为广大人民群众参与政治拓展了渠道，激发了人民群众的参政热情，增强了人民群众的参政意识。

(一) 政治参与途径拓展

2010年8月19日，通过网络视频，在浙江黄岩务工多年创业致富的芷江碧涌镇碧河村村民YZS向村支部书记THN汇报了流动计生协会的工作："通过大家一致举手表决同意，我们这个协会取名为湖南芷江碧涌驻浙江黄岩流动人口计划生育协会，保证完成镇村两级赋予的使命。"改革开放后，中国人口流动变得频繁起来。外出人口的管理成为各级政府管理制度的重要内容，电视、手机、网络等传媒成为政府管理的延伸，也为广大侗族村民参与政治拓展了渠道。

侗族村民们通过听广播、读报纸、看电视不但知道了国家领导人的名字、长相、籍贯、履历，还知道国家正在实行的每一项政策、跟农民朋友利益攸关的每项举措，广播电台、报社、电视台、网站等各种媒体还设立群众上访部门，解决群众遇到的各种问题。新媒体成为广大侗族同胞参与基层政治、参与自治管理的重要渠道。村民们拿着报纸宣传的重要政策对照乡政府和村委会的工作，有的直接写投诉信到《怀化日报》《湖南日报》《人民日报》，有的直接找到各级电视台、网站，对一些不合理不合法的做法提出质疑。

会同县政府门户网站不仅开通了"市县长信箱"，还有"民政互动"栏目提供"网上信访"、"政策咨询"、"举报投诉"、"我的建议"、"网上调查"、"12345热线"、"民意征集"等网络互动，方便广大市民就政府工作提出意见和建议。2013年共收到群众来信387封，根据"县长信箱"办理工作制度有关规定，经过甄别，其中有效信件312封，无效信件75封，全年办理回复率为97%，群众对办理结果表示满意或基本满意的占98%。在2014年"市、县长信箱"信件办理工作中，为方便信件的办理和交流，还特开设"市、县长信箱"办理QQ群。

2014年12月11日17:41，新晃侗族自治县网络政务平台显示，政务互动的总帖数为957条，已回复442条，受理中515条。其互动内容涉及社会治安、车辆年检与管理、户口管理、人事选聘、噪声污染等方面。

互联网论坛、微博、微信、QQ、手机等新媒体已经成为当地侗族村民拓展政治参与途径的重要工具。

（二）政治关注程度增强

历史上，湖南侗族地区长期远离中央王朝的控制，天高皇帝远，传统侗寨村民既不关心国家政治，也不关心与自己命运不相关的政治组织，认为只要自己的家庭和家族不受到影响，谁上台都一样，而当他们遇到问题时，也仅仅是通过家族来解决问题。近年来，在电视、手机、互联网等新媒体的激发之下，公众参与政治的意识明显增强，参与的渠道越来越多，越来越便捷，广大侗族同胞越来越关心国家政治形势，关心国家政策特别是跟农民、农村、农业相关的"三农"政策。

田野调查数据表明，如果认为村里准备通过的某项政策不合理，绝大多数的村民会向村委会提出意见，而不是盲目服从或拒不服从。71.9%的受访者表示"如果村里准备通过某项不合理的政策时，会选择向村委会提出意见"（图3-7）。

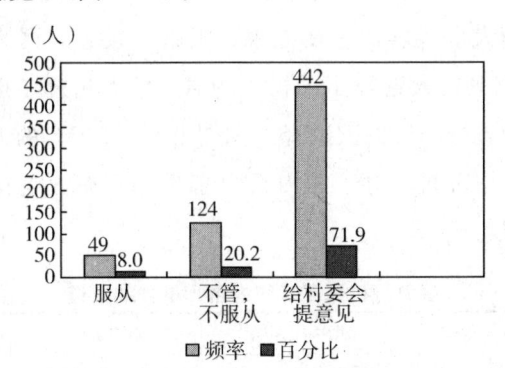

**图3-7 如果村里准备通过的某项政策您认为是不合理，您会怎么做**

侗族村民开始关心国家政策和各种社会问题，特别是发生在身边的重大突发性事件、时政要闻、民生问题。从田野调查的数据来看，村民在选择电视节目时，居首位的是新闻类节目，76.8%的受访者表示主要收看时政新闻节目，42.8%的受访者表示主要收看法制节目，31.8%的受访者表示主要收看战争节目，21.4%的受访者表示主要收看纪实类节目。（图3-8）由此可见，侗族村民对国内外时政新闻的关心程度是比较高的，对国家政策法规和反腐倡廉也表现出了足够的关注程度。一些重大的新闻事件有时也成为村民们在凉亭和鼓楼休闲聊天时的谈资，特别是有关重要领导人的变更以及与此相关的各种传闻成为村民们津津乐道的话题。

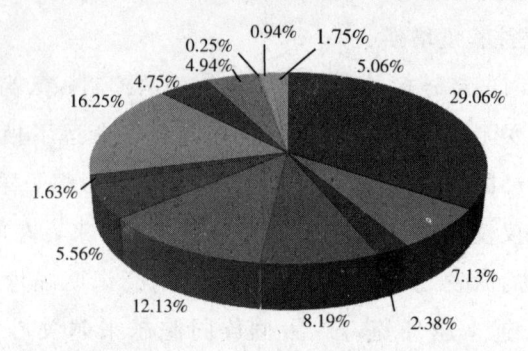

图 3-8　您经常收看的电视节目

2010年7月，笔者在芷江侗族自治县碧涌镇碧河村进行的一项关于村民了解近两年内重大事件的调查说明（表3-2），村民了解国内重大事件的渠道主要为大众传媒，包括电视、报纸、杂志与网络。以汶川大地震为例，有69.4%的人选择了手机，89.4%的人选择了电视，34.2%的人选择了互联网，14.3%的人选择了亲朋好友，2.2%的人选择了政府文件。由此我们可以分析，对于国内重大事件的了解，电视、手机等媒体成为村民的主要渠道。

表 3-2　　碧河村村民了解国内重大事件的渠道　　（单位：%）

| 媒介渠道 | 汶川大地震 | | 北京奥运会 | | 南方冰灾 | | 玉树泥石流 | |
|---|---|---|---|---|---|---|---|---|
| | 未选 | 选择 | 未选 | 选择 | 未选 | 选择 | 未选 | 选择 |
| 报纸 | 39.5 | 60.5 | 39.2 | 60.8 | 42.6 | 57.4 | 40.5 | 59.5 |
| 广播 | 83.4 | 16.6 | 78.0 | 22.0 | 78.3 | 21.8 | 78.0 | 22.0 |
| 电视 | 10.6 | 89.4 | 32.5 | 67.5 | 26.9 | 73.1 | 28.1 | 71.9 |
| 手机 | 30.6 | 69.4 | 42.5 | 57.5 | 46.9 | 53.1 | 21.2 | 78.8 |
| 互联网 | 65.8 | 34.2 | 95.8 | 4.2 | 94.7 | 5.3 | 95.4 | 4.6 |
| 图书杂志 | 86.15 | 13.9 | 81.7 | 18.3 | 88.7 | 11.3 | 89.4 | 10.6 |
| 亲朋好友 | 85.7 | 14.3 | 88.4 | 11.6 | 89.0 | 11.0 | 90.1 | 9.9 |
| 政府文件 | 97.8 | 2.2 | 95.1 | 4.9 | 65.0 | 35.0 | 87 | 13.0 |
| 其他 | 96.3 | 3.7 | 96.8 | 3.2 | 96.0 | 4.0 | 96.2 | 3.8 |

转引自龙运荣《大众传媒与民族社会文化变迁——芷江碧河村的个案研究》，中南民族大学博士学位论文，2011年。

近年来,网络传媒的蓬勃发展极大地方便了群众与政府的互动和沟通。一些群众关心的投诉、建议和意见发布在网络上,促使党委和政府改进自己的工作。"我感觉,现在乡政府当官的还是很怕你们媒体记者的,生怕给他们曝了光,上面要找他的麻烦。"YXJ对媒体的监督作用很肯定,他觉得基层政府一些官员喜欢当面一套背后一套,对老百姓的事情不是十分关心,反映的一些问题没有得到及时解决,有时候必须通过找媒体曝光给他们施加压力,才能解决问题。当然,由于受到各种因素的影响,广大侗族同胞对媒体的作用认识还很欠缺。真正能利用媒体维权的人还很少(图3-9)。

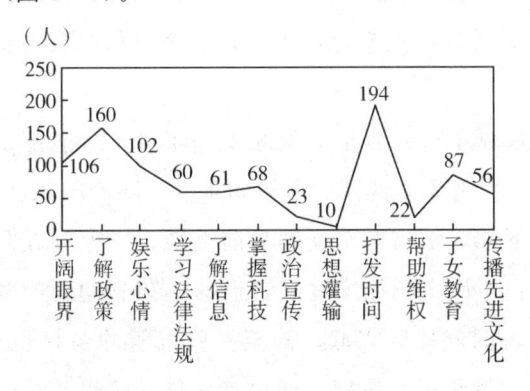

图3-9 您认为新闻媒体的主要作用是什么

### 三 教 育 制 度

教育包括学校教育、家庭教育和社会教育三个方面。在新媒体的影响下,湖南侗族地区的教育制度发生了很大变迁。下面,从学校教育、家庭教育和社会教育三方面进行介绍。

(一)学校教育的普及

学校教育方面的变迁,主要表现为义务教育的进一步普及、幼儿教育和中学教育的发展。

侗族地区由于经济欠发达,教育很落后,绝大多数贫苦家庭的孩子都上不起学,缺少正规的学校教育。改革开放后,随着国家对民族地区教育的重视,实行九年义务教育制度,不断加大投入,改善教育条件,减免教育费用,广大侗族适龄儿童开始接受九年义务教育。以2012年为例，芷江侗族自治县适龄人口入学率100％，小学适龄儿童入学率100％；新晃侗族自治县小学适龄儿童入学率99.8％，小学毕业升学率97.6％，初中入学率98.5％；会同县适龄儿童小学入学率为100％，小学毕业升学率100％；绥宁县小学适龄儿童入学率100％，毕业生升学率99.8％；靖州苗族侗族自治县小学适龄儿童入学率99.9％，义务教育普及率达99.9％。①

在田野调查中，芷江侗族自治县碧涌镇碧河村村民YXG向笔者谈道："有文凭、有技术的年轻人外出打工好找工作，能挣钱。像我们过去读书少，没什么文化，就只好待在家里了。现在是讲文化的时代，没有文化、没有知识是不行的，外面打工都没人要，只能天天守在家里干农活，就是干农活没有点文化也不行，连个农药说明书都不会看，怎么种得好田呢？"

按传统，农村小孩一般是7岁才上一年级，之前都是跟在父母身边进行家庭教育，没有上幼儿园的习惯和条件。随着国家教育制度的改革，教育重点逐步下移，学前教育受到空前重视。广大侗族同胞也加强了对孩子的学前教育，许多侗族家庭送自己的小孩到幼儿园学习，各类幼儿教育机构在湖南侗族地区兴起，甚至一些偏僻的乡村也办起了幼儿园。统计资料表明，近年来，芷江、通道、新晃、靖州、绥宁等地幼儿园在园人数不断攀升（表3-3）。

表3-3　　　　湖南侗族地区部分县幼儿园在园人数统计　　　（单位：人）

| 年份<br>区域 | 2008 | 2009 | 2010 | 2011 | 2012 |
|---|---|---|---|---|---|
| 芷江 | 缺 | 缺 | 缺 | 6356 | 7282 |
| 通道 | 3408 | 3021 | 6257 | 5829 | 7111 |
| 新晃 | 缺 | 缺 | 4098 | 3235 | 2369 |
| 靖州 | 缺 | 5677 | 5975 | 6449 | 7911 |
| 会同 | 缺 | 缺 | 缺 | 8950 | 8620 |
| 绥宁 | 4158 | 5997 | 7144 | 4400 | 6407 |

20世纪90年代以前，考入大学就意味着找到一个"铁饭碗"，送孩

---

① 数据来自各县历年国民经济和社会发展统计公报。

子读大学是许多侗族农村家庭梦寐以求的。但是，由于经济不发达，教育条件差，很多人不得不放弃读高中、考大学。因此，大学生在湖南侗族地区总是凤毛麟角。随着高考制度改革，大学扩招，升学率提高，录取更加透明，许多侗族青年通过高考升入了高等院校学习，成为侗族经济社会发展的重要资源。以绥宁县为例，2008年高考本科二批以上分数线者584人，2009年548人，2010年441人，2011年416人，2012年385人。①

（二）家庭教育的转变

侗族传统的生育观念是多子多福、养儿防老，对子女教育态度是顺其自然的，认为树大自然直。随着时代的发展，在现代生育观念的影响下，广大侗族同胞重男轻女的观念进一步弱化，优生优育的观念得到增强，竞争意识培养普遍受到重视。

重男轻女观念的弱化。近年来，随着社会的发展，在大众传媒的影响下，人们更多地关注自我的生存状态，关注生存现状。数千年延续不变的"传宗接代"、"养儿防老"的生育需求大大弱化了，人们重男轻女的生育观念已悄然弱化。在田野调查中笔者了解到，湖南侗族地区"四代同堂"的大家庭已很少见，人们传宗接代、重男轻女的观念已趋于淡化，当问到"没有儿子，以后谁来传宗接代"时，许多独女户均表示"无所谓"、"没想过"，而更注重家庭自身的发展。靖州苗族侗族自治县寨牙乡岩脚村的LQ今年23岁，生有两个女孩，虽然她也想头胎生男孩，但其愿望显然已经没有她的婆婆那样强烈了，并且她对国家目前实行的两女户享受国家养老政策很放心："电视、报纸都宣传说生男生女一样，但还是有区别。不过现在好像国家有新的政策了，生两个女孩的，国家有养老保险，要是真的生了两个女孩，也无所谓，反正有国家养老，没有后顾之忧了"。LQ也不想用B超检查胎儿的性别，她认为如果怀的是女孩要打掉，对大人身体损害太大，这样做不值得。"吃那个亏干什么？现在，生个女孩还听话些，懂得孝敬老人。生个女孩，将来还可能有人

---

① 高考上线人数逐年减少的主要原因是就读高中和参加高考人数逐年减少。该县2008年普通高中在校学生6849人；2009年在校生6300人，毕业生2209人；2010年在校生5279人，毕业生1957人；2011年在校生5000人，毕业生1700人。

给你买包糖；生个不孝顺的儿子，老了连饭都没地方吃。"由此可见，侗族村民重男轻女的观念已经没有他们上一代人强烈了。

重男轻女观念的弱化也表现在人们的取名上。过去，人们经常依据阴阳五行和辈分来取名。按辈分取名作为一种强调血统世系的手段在中国存在了几千年，这种按辈分取名的隐含条件就是一般只给男孩按辈分取名，女孩不按辈分取名，以此来强调男女有别，重男轻女。然而，近年来，一些电视、电影里的新鲜外来词进入了人们的生活，×莎、×露的名字渐渐取代了×花、×妹的名字。"我觉得蛮好，取名不一定要按辈分，自己觉得好听就行了"。这种男孩取名不一定要按辈分观念的转变正好反映了人们重男轻女观念的弱化。

优生优育观念正在不断增强。随着社会的不断发展进步，劳动分工的差别日益缩小，男孩传宗接代、家庭劳作、养儿防老的三大传统功能逐渐削弱，其基于性别优势带给家庭的实际收益递减，与传统农村家庭对男孩的高期望值形成落差，造成男孩偏好所具有的心理压力削弱。同时，激烈的社会竞争对人口素质的高要求也导致子女培养成本激增，形成巨大的推力，迫使一些农村家庭作出以孩子质量替代数量，进而以质量替代性别的生育选择。在大众传媒的影响下，这两种力量同时对人们的生育观念起着作用，人们的优生优育观念正在不断增强。首先，从孩子的喂养方面来看，虽然村民并不是十分清楚母乳和配方奶粉的差别，但村民愿意给孩子买他们认为是高营养的奶粉，说明了村民对幼儿成长的重视。LQ的母亲说："过去我们生活差，连饭都没吃饱，还说什么牛奶，听都没听说过，是稀罕物。没奶吃，我们只好把大米磨成粉，调成米糊喂给孩子吃。我的几个儿子都是吃米糊长大的。现在不同了，生活好了，喂什么牛奶，还补什么钙片，过去名字都没听说过。"其次，从村民对孩子疾病的防治也可以明显看出，年轻的父母们不再借助于驱鬼还傩等手段来给孩子治病，有病上医院已经成为人们的习惯。与她的婆婆相比，LQ对孩子的疾病防治更加相信医学了，每次孩子生病她都会带去医院治疗。最后，从生育意愿和接受教育意愿来看，年轻的父母更注重孩子将来的发展，生育观念正在实现由"粗放型"向"精细化管理"的转变，优生优育已经成为年轻父母的共识。年轻父母不愿意多生孩子，愿意生两个孩子的占了绝大多数。村民们认为，生孩子太多，负担太重，将来对孩子的发展不利。而大多数家长认为孩子受教育的程度至少应该初中毕业，有三分之一的家长希望自己的孩子能够考上大学。由此，我们可以看出家长们的优生优育观念正在不断增强。

竞争意识培养普遍受到村民的重视。在侗族传统的婴幼儿教养观念中，强调与人为善、和睦相处，提倡仁爱之心，以诚相待，乐于助人。然而，如今的电视剧、电影都在传递社会竞争的信息，特别是一些港台的爱情电影、电视剧多为描述工业社会背景下激烈竞争的爱情故事。这些爱情故事无疑给人们带来了竞争的观念和意识。许多家长意识到，必须改变传统的教育观念和评价孩子的标准，把"孩子真听话"、"真乖"作为"好孩子"评价尺度的观念和做法已经落后。从孩子未来生存发展的需要来看，必须从小培养孩子的独立自主意识和竞争观念，树立敢想敢干、勇于创新的精神。LQ的立场就是："现在的社会，不能太软，老实人吃亏，越软弱越受欺负。"

受到电视流行歌曲的影响，传统民歌、歌谣的演唱不断减少。给孩子唱育儿歌谣是幼儿教育的重要内容，唱育儿歌谣不仅可以安抚幼儿入睡，提高其睡眠质量，而且可以对幼儿进行审美的教育，培养幼儿的良好情趣。如《小老鼠，上灯台》、《小板凳》、《外婆桥》等儿歌曾经教育了一代又一代人。然而，随着大众传媒进入普通的农村家庭，电视成了新型"保姆"，年轻的父母不再给孩子唱歌谣，而是抱着孩子看电视让其入睡。LQ说："我的两个女孩都喜欢看电视，主要看《智慧树》手工制作等节目。我觉得看电视也是教育孩子的一种重要方式，可以学到很多知识。"然而，习惯了电视直观画面的表现形式，孩子们的思维再也没有了经典民间歌谣所构建的想象空间，一切都变得十分直白和肤浅。一些孩子因为看了电视学会了撒谎，偷父母的钱米，甚至在社会上偷盗、抢劫。据碧涌小学一位老师的观察，因上网成瘾导致成绩下降的少年儿童达50%，导致不爱看书、学习的少年儿童占75%，由此导致性格变暴、心理脆弱的占30%，走上违反社会公德和违法的占10%。据有关调查资料显示，近年来，我国儿歌创作队伍日渐萎缩，适合儿童传诵的儿歌日益短缺。然而，少年儿童对儿歌的需求又十分强烈，因此出现"儿歌成人化、粗俗化"现象,甚至出现一些不健康的东西,且呈泛滥之势,严重干扰了对青少年的正确教育和引导。针对目前儿歌新人新作匮乏、好的儿歌难以到达孩子们中间、儿歌与现实脱节等问题,一些社会学家疾呼:还孩子童真、健康的儿歌!① 我国传统教育中有十分丰富的儿歌素材,如果能得到充分的挖掘和开发,将会给儿歌创作带来很大的帮助。

　　玩游戏也是传统教育重要的方式之一。传统社会中,许多的生存技能、生活手段都是通过大人跟孩子的游戏来传授的。然而,随着电视的普及涌入,大人和孩子都热衷于看电视了,大人们喜欢看时髦电视剧,孩子们则痴迷于电子游戏、影碟和动画片,传统玩具和游戏正在淡出历史舞台。20世纪六七十年代几乎没有什么像样的玩具,男孩子的玩具就是一把木头手枪,能把火柴头打响的火药枪、弹弓;而游戏,男孩子主要玩捉迷藏、摔跤、打弹球、赢香烟盒和斗鸡,女孩子则玩跳皮筋、跳方格、踢毽子等。虽然花样不多,但那时候的孩子玩得挺开心。20世纪80年代后,逐渐出现了各种的电动玩具,而且花样越来越多,组合机器人、电动汽车和各种电子游戏,电视上的各类动画片也开始多了起来。到了20世纪90年代,不但玩具种类更多,而且更齐全,功能更多,特别是电脑进入普通家庭后,各种电脑游戏更是多得玩不过来。好几位孩子的家长向笔者抱怨他们的孩子在镇上玩电脑游戏:"父母给的学费和生活费也被他们在网吧玩掉了,学习成绩差得很。"湖南侗族地区曾遍流行各种游戏,棋类如三三棋、牛角棋、五子棋、裤裆棋②,唱霸王鞭,玩跳房子,等等。然而,笔者在调查中发现:除了一些老年人偶尔玩一些民间游戏外,许多年轻的农民朋友对传统的民间游戏表示不感兴趣,空闲时间不是上网就是打麻将或纸牌。

　　传统伦理的教育日益淡漠。传统社会十分注重伦理观念的教育和为人处世的规范内化。《三字经》、《幼学琼林》、《蒙学》是传统社会启蒙教育的经典,其内容丰富、朗朗上口,流传千古。然而,随着大众传媒的

---

① 李丽静:《儿歌发"灰"变"黑"令人忧　健康儿歌何时"荡起双桨"》,载《新华网》郑州3月21日专电。
② 新浪体育:《侗族大歌驰名中外　"抢花炮"向往美好生活》,载《新浪网》,http://2008.sina.com.cn/hd/other/2007-06-04/193813853.shtml,2007-06-04。

发展，各种各样的信息充斥着人们的视听，左右着人们的选择，影响着人们价值观念，人们的传统伦理和道德规范意识日益淡漠，物欲横流、急功近利、金钱至上的观念时时在影响着人们对下一代的教育。LQ 也时时遭遇这种情形，她没有时间、能力和意识对孩子进行传统伦理教育。"现在的电视确实广告太多，还有一些大人的内容，确实也影响孩子。但是没办法，我们没有那个能力，再说平时事情一多，就管不过来了。看电视总比到处乱跑好，搞不好摔到坎下去，那更危险了。"

父母对幼儿的情感表达方式是教育方式的重要组成部分，不同的父母对幼儿有不同的情感表达方式，不同的时代有不同的情感表达方式，不同的情感表达方式对幼儿的成长具有不同的影响。在大众传媒的影响下，父母对幼儿的情感表达方式也在发生变化。

专制向民主的转变。服从训练是中国传统儿童训练中最重要的一个项目。千百年来，中国父母对子女的教育强调的是服从教育，要求子女对父母的绝对服从。封建社会的"三纲五常"对父母与子女的权利和义务进行了明确的规定，在这种封建纲常的建构下，父母对子女的情感表达方式往往体现为父母对子女的专制和子女对父母的服从，特别是子女对父亲的绝对服从。然而，近年来这种状况有了变化。西方亲子关系强调子女的自由权利和个体意愿的表达，亲子之间的关系往往比较平等，家庭氛围比较民主。随着港台和西方影视作品的大量涌入，这些亲子关系也影响到中国的父母和孩子，父母们渐渐改变了对子女的专制态度，家庭氛围变得越来越民主。

向尊重的转变。过去，父母对子女往往持一种怀疑、不信任的态度，子女往往对父母的一些决定表现出反抗和叛逆精神。然而，大众传媒特别是电视的出现改变了这种紧张的状态，父子间的关系得到缓和。同时，受大众传媒的影响，随着近年来少儿节目的增多，许多少儿节目描写和反映了少年儿童渴望得到尊重的意愿，一些少年儿童也借助大众传媒向他们的家长表达希望得到尊重。在这些节目的启发下，一些父母开始学会尊重孩子，与孩子平等相处，跟孩子交朋友，亲子之间的关系由紧张向缓和发生转变。LQ 的主张就是："你不能对孩子太严，孩子有孩子的想法，要多听孩子的，反正你说多了也没用，他愿意搞什么就让他搞什么。"

惩罚向奖赏的转变。中国有几句俗话:"不打不成器"、"棍棒底下出孝子",这生动地反映出中国父母教育方式中的情感表达方式是惩罚性的。人们认为只有不断地给孩子施以惩罚,才能使孩子更好地接受各种知识和行为规范,长大后才能适应社会的需要。"棒下出孝子"这句妇孺皆知的俗语,恰好为中国传统儿童社会化的主要技术和社会化目标,做了最好的描写。"[①] 随着社会的发展,人们越来越认识到惩罚教育的弊病,一些儿童教育专家发表文章、出版专著来倡导奖赏和激励教育。特别是自 2006 年以来,湖南卫视开设"寻情记"和"变形记"两个栏目,对孩子教育中存在的一些问题进行了报道,使很多人认识到过去教育方式中存在的问题。LQ 认为,现在的孩子天性聪明,接受能力强,不需要通过惩罚来进行教育;并且现在的孩子具有一种较强的叛逆精神,过多的惩罚会导致与孩子的矛盾,弄不好还会导致孩子离家出走。因此,父母对孩子的教育不能一味采取惩罚的方式,必须给孩子以适当的奖赏,以此来唤起孩子的自信心。而 LQ 的父亲在此问题上表现出明显的差别来,他认为孩子都有惰性,只有通过不断的惩罚来提醒才能加强孩子对事物的认识和理解。他说:"我们那时候带孩子没这么多耐烦心。我的几个儿子都是被打大的,一旦顽皮就要挨打。"从 LQ 和她父亲两人的态度,我们可以看出两代人在对孩子的情感表达方式上存在明显差别。

(三) 社会教育的弱化

"房族—寨老—合款"是侗族传统社会管理模式,房族、寨、款不仅具有社会管理功能,而且有教育职能。随着社会的发展,在新媒体的影响下,侗族传统的社会教育功能不断弱化,现代教育功能得到发展。

摆古,也就是讲故事,曾是侗族十分重要的传统教育方式。民间故事是历经千百万人的辗转相传而保留下来的,其内容丰富多彩。给孩子讲述民间故事是文化传承的重要手段之一,也是社会教育的重要内容。成年人往往利用讲故事的方法来教给孩子们"适宜的"行为以及应付生活中各种情况的办法。我国各民族都有许多民间故事,其中包括了许多

---

① 韦政通:《中国文化与现代生活》,中国人民大学出版社 2005 年版,第 248 页。

具有积极意义的内容。然而，电视改变了这种状况，大人和孩子都专注于电视屏幕，沉迷于虚幻的电视剧故事情节，民间故事早已被他们抛到了脑后。LQ向笔者坦承她从没给孩子讲过什么民间故事。"现在哪有时间给孩子讲故事，忙得很，白天干活，晚上看电视。再说现在的孩子，有电视，谁还愿意听你讲陈古八十年的事，讲孟姜女哭长城、牛郎织女，没有人愿意听，我也记不得呀。"而LQ的母亲还零星地记得一些民间故事，偶尔给她的孩子讲讲《孙悟空三打白骨精》、《杨家将》、《封神榜》等。

"讲款"也是侗族传统社会教育方式之一。"款首"们将大小款约编成故事或通俗易懂的语句，在不同的场合进行讲解和宣读，教育所有成员要遵守社会规范，同时也传授给大家各种知识、技能和经验。然而，随着电视、网络在侗寨的发展，村民们对传统教育方式和教育内容不再感兴趣。电视、报纸为村民提供了更加快捷、形象、科学、实用的学习途径，传统知识教育面临着日益艰难的局面。

### 四 婚姻家庭

婚姻与家庭是社会制度的重要组成部分。婚姻与家庭的变迁是制度文化变迁的一个缩影。婚姻是家庭的前提，家庭为婚姻关系提供容纳的框架，二者相因相变。新媒体作为一种舆论引导工具，它所着重刻画的婚姻形象以及传播的与婚恋相关的内容在无形中影响着人们对婚姻的看法和态度。特别是在都市言情电视剧、网恋、计划生育政策和婚姻家庭类社会新闻的影响下，湖南侗族统婚姻与家庭制度正在发生较大变迁。

（一）婚姻进一步自主

侗族曾实现自由婚姻，但是芷江侗族婚姻受到汉族封建婚姻影响较深，年轻人择偶要尊"父母之命、媒妁之言"。新中国成立后，废除封建的婚姻制度，国家颁布《婚姻法》，贯彻婚姻自由、一夫一妻、男女平等原则，重婚、早婚、童养媳、包办、买卖婚姻和其他干涉婚姻自由的行为被禁止。电影、广播、电视对《婚姻法》进行了大量的宣传，许多经典电影《庐山恋》、《黄土地》、《湘女萧萧》、《喜盈门》等在给侗族同胞带来娱乐和欢笑的同时也给村民以启发。电影《庐山恋》对芷江侗族自治县碧涌镇碧河村村主任产生了深刻的影响。1980年，一部经典爱情片《庐山恋》风靡全国，刚刚走出学校大门的村主任萌动着青春爱情。与一帮同学看完电影后，为男女主人公美好的爱情故事所感动，村主任决心将来结婚一定要自己做主，只有男女双方自己的选择才能感情好、相互了解，婚姻才能持久。

随着年轻一代人破除原来的"嫁鸡随鸡、嫁狗随狗"、"从一而终"的传统婚姻观念，在配偶选择上，他们不再是像过去那样由长辈确定，而倾向于自由选择婚姻，他们的择偶标准也趋向多样化。许多年轻人都觉得电视所倡导的自由恋爱才是年轻人真正需要的，只有充分了解才能以生活幸福。1957年以后，县内包办婚姻现象大为减少，童养媳的现象亦基本绝迹。特别是港台都市言情剧对年轻村民的婚恋观念影响更大。年青一代更加提倡婚姻自主，年轻人自由恋爱，配偶的选择不再由长辈决定。芷江侗族自治县碧涌镇碧河村YXJ就坦言："现在年轻人谁还按老一套来？谈恋爱，交朋友，方便得很，有的认识不到好久，就在一起了，哪像过去还要请亲戚、舅舅看看，要征得父母同意。现在有的在外面打工的，直接结婚怀孕的多得是。"据笔者2010年在芷江侗族自治县碧涌镇碧河村进行的一项不完全的田野调查统计，75%的受访未婚青年认为婚姻应该自由恋爱，20%的受访者表示将会征求父母的意见，只有5%的受访者表示将听从父母的安排。

在自主婚姻的影响下，侗族青年人择偶方式也变得多样化起来，媒介征婚成为年轻人的重要选择。赶坳曾是碧河男女青年谈情说爱、交流情感的主要方式，现在几乎没有人赶坳了，人们的联系、交流的方式变得直接和便利，只要打个电话无论近在咫尺还是远在天涯都能表达感情。传统择偶需要媒人牵线，而现在媒婆说媒只是年轻人选定对象后再履行的一道象征性的程序而已。从20世纪80年代起，大众传媒步入了休闲娱乐时代，各种杂志、报纸、电视和网络纷纷开辟交友栏目或频道，满足年轻一代对于交友的需求。1981年1月8日，《市场报》刊登了中国第一则征婚广告，从此媒体征婚广告开始火爆。各大休闲刊物如《知音》、《女友》、《爱情婚姻家庭》等杂志几乎每期都刊登征婚广告。一些电台、电视节目也出现了征婚节目。进入20世纪90年代末，凤凰卫视中文台的

《非常男女》进军内地，掀起了电视速配节目的热潮。湖南卫视的《玫瑰之约》、东方卫视的《相约星期六》、河南卫视的《谁让你心动》等相继面世。这些节目充分吸引观众参与，以征婚为线贯穿始终，融电视的教育、服务、参与功能于一身，受到了年轻人的欢迎。互联网的崛起令人侧目，网络征婚也随即开启婚姻缔结模式的革命性变革。谈恋爱不需要远行几十里，也不需要行歌坐月，只要有对方的QQ号码，一切都可以轻松搞定。

虽然媒体征婚为广大男女青年提供了更多的选择，但是笔者在调查中也发现一个新现象。那就是，近年来随着各种婚姻诈骗案件的不断增多，许多人开始对媒介征婚抱有怀疑的态度，认为媒介征婚很多都是犯罪分子设的骗局，媒体征婚并不可靠。虽然年轻人认可媒体征婚，认为电视交友节目为广大青年建立了相互沟通、交流的平台，但是真正恋爱、选对象还是要底下多交往、多了解才可靠。

在自主婚姻的影响下，湖南侗族同胞通婚范围进一步扩大。新中国成立前，由于受到汉族文化影响较早，包办婚姻较为流行，结婚往往讲究"门当户对"，由于受到交通条件的限制，人们出行范围很小，人际接触的范围也十分有限，通婚范围仅仅局限于周围几个乡镇。新中国成立后，随着交通条件的改善，人们出行变得十分方便，接触范围不断扩大，侗族通婚范围扩大。20世纪80年代，改革开放后，人员流动进一步频繁，侗族村民也纷纷走出村寨，外出打工，通婚范围进一步扩大到全国。以芷江侗族自治县碧涌镇碧河村为例，该村外省来的媳妇共有十多个，分别来自贵州、河南、广西、四川、湖北等省。而该村外嫁的姑娘则更多，有的嫁到广东、广西、浙江、湖北等省。YZJ的儿媳妇就是河南人，2009年10月结婚。结婚前两人在广州打工认识的。2010年6月5日，笔者到YZJ家调研时，正好碰到YZJ从碧涌镇办理小孩生育证回来。YZJ将儿子和儿媳的身份证给笔者看，很有兴致地问："他们都讲我儿子长得帅，你说是不是真的？"

受大众传媒的影响，传统结婚仪式向现代西方婚姻仪式发展。从恋爱到结婚，传统婚姻遵守着严格的仪式，每个过程都有严格的规定。新中国成立后，党和政府提倡自由婚姻，结婚讲究节约，反对铺张浪费，传统婚俗受到很大的冲击，婚姻缔结形式和程序发生了很大变化。"文化大革命"期间,婚姻被更多地赋予了政治色彩,讲究又红又专,结婚仪式更加简单。改革开放以后,政治领域与日常生活世界的分离使得婚俗更多地受到大众传媒的影响。人们通过电视、网络、报纸等媒介看到了远离自己生活环境的世界,看到了西方婚俗情形,增强了好奇心和模仿性,在所谓现代文明的感召下,一些年轻人尝试新式的结婚仪式,穿西式的白色婚纱,婚轿变成汽车,甚至酒席也放到酒店举办了(表 3-4)。

表 3-4　　　　　　　　芷江侗族结婚程序、聘礼变化对比

| 传统婚姻 | | 现代婚姻 | |
|---|---|---|---|
| 程序 | 礼物 | 程序 | 礼物 |
| 求亲 | 守信糖 | 自由恋爱/可省略 | |
| 讨放口 | 2—4壶酒,8—12斤肉,2包糖 | 视情况 | |
| 散糖 | 8—12斤糖,茶叶2包 | 视情况 | |
| 吃开口肉 | 酒40壶,肉80斤以上,给姑娘一定布料、首饰 | 自由恋爱/可省略 | |
| 看屋场 | 两篮子,包括酒、肉、鸡、鸭、面、水果 | 自由恋爱/可省略 | 可折合为现金 |
| 讨八字 | 细茶2包,红包1个,香墨2锭,毛笔2支,红纸2小张(其中一张写好男方八字,称乾造) | 自由恋爱/可省略 | |
| 看舅父 | 视情况而定 | 自由恋爱/可省略 | |
| 迎亲 | 花轿1顶(放4斤肉,2个红包),红轿2顶,抬盒4个(第一架放糖96个,第二架放糍粑96个,第三架放新娘衣服、首饰、红蜡1对、蛋4个,第四架放红布一块、手帕1张、梳1把、红丝线1框、红伞1把、化妆品1套),"懒收拾"1架(放糖4包、茶叶1包、离娘菜、鸭1只、鲜鱼1尾、红包若干) | 在外结婚/省略 | 花轿一般改用汽车(这两年也有改坐轿的),抬盒一般省略,红包若干,红伞,新娘衣服、首饰,其他一般改为现金 |
| 办喜酒 | 视家庭情况而定 | 在外结婚/省略 | 视家庭情况而定 |
| 回门 | 双份酒、肉、糖 | 在外结婚/省略 | 双份酒、肉、糖 |

转引自龙运荣《大众传媒与民族社会文化变迁——芷江碧河村的个案研究》,中南民族大学博士学位论文,2011年。

2010年8月17日,是农历的七月初八。吃过早饭后,芷江侗族自治县碧涌镇碧河村村主任一家人便打扮整齐,到碧涌镇上的碧涌山庄赴宴,他们要参加的是一个亲戚的结婚喜宴。笔者感到奇怪:结婚为什么不在

家里办酒,而到街上去呢?街上的饭菜不是要贵很多吗?

"你不知道,现在很多人喜欢到街上办酒了,碧涌山庄的生意好得很。主要是大家嫌麻烦,在家里办酒,要请厨师,喊人搬桌椅板凳,还要买各种菜呀,酒水呀,太麻烦。到酒店办就省了很多事情。另外,自己在家里办,很浪费,天气热,东西办多了吃不了一下就坏了,浪费了。而在酒店是按桌点的,来多少客人,点多少桌酒席,节约了开支。"村主任的一番话,让笔者茅塞顿开。当代侗族婚俗由繁到简、由传统向现代变迁也是有其本质要求的。

受自主婚姻观念的影响,侗族青年人结婚年龄增长。侗族过去早婚现象较为普遍,女子十四五岁就开始嫁人。1950 年,我国第一部《婚姻法》颁布,规定男子 20 周岁、女子 18 周岁方可结婚。1980 年,国家颁布第二部《婚姻法》,男子改为 22 岁,女子改为 20 周岁。在广播、报纸和电视的大力宣传下,侗族地区早婚观念得到一定改变,早婚现象得到了一定遏制。20 世纪 80 年代末期以后,随着国家计划生育政策的进一步落实和抓紧,早婚早育现象基本消失,甚至很多大龄青年面临着结婚难的问题。一方面,现在年轻人都不希望像他们的父辈一样早早地结婚生子,他们希望多挣钱、多享受人生,而不想过早地背上家庭的重担。YXJ 曾经为家人催他早点结婚而烦恼,已经 25 岁的他在父母眼里算是大龄青年了,希望他早日结婚成家,他却另有想法:"我不想那么早就结婚,我要趁着年轻多挣点钱,现在的姑娘都很现实,没钱就讨不到好老婆,结婚早了家庭负担太重,先轻松玩几年再说。"另一方面,大量的青年人外出打工,女青年外出见识世面后,很多人选择留在城市或远嫁到条件更好的地方,本地条件稍差的男青年便面临找不到对象的困难。正如当地青年所言:"我们没权力挑别人,只能别人挑我们。我们这里交通闭塞,经济不发达,不好找老婆,30 多岁找不到老婆的人有很多,40 岁的也有好几个没找到老婆。现在农村娶老婆花费很大,没有十来万元,根本娶不到老婆。"

的确,受消费主义观念的刺激,年轻人结婚的费用越来越高。在消费主义欲望的刺激下,结婚中的经济因素越来越重,结婚费用越来越高。男女青年选择对象不仅要求对方经济条件好,经济发展能力强,而且婚姻缔结中物质条件越来越高,礼金由原来的几百升为几千、几万,嫁妆也由几床棉被、简单的柜子、生活家具发展到高档家电、组合家具、汽车、摩托车等,电视机成为结婚的必备品。在调查中,许多侗族同胞都有感慨,现在生男孩比生女孩的开支大多了,男孩长大后要给他准备房子、彩礼,没有几万块钱想讨门亲事,那是不可能的。现在生女孩相对好多了,不需要准备房子,还可以收彩礼,过年过节女婿还要上门拜年拜节,根本不用愁将来嫁不掉。芷江侗族自治县碧涌镇碧河村村主任的爱人深有感触:"过去我们结婚,什么都没有,两床被子,一个柜子,一副脸盆架,就是全部的家当。现在你看,电视是必不可少的,还要大屏幕的,要液晶的,至少3000块;有的要摩托车,至少5000块;要金银首饰,至少几千块。光彩礼就得两三万。现在娶门亲实在太不容易。"她借机教育正在她身边聊天的儿子:"早点挣钱、存钱,将来结婚要靠自己挣钱的。"

同时,在西方自由婚姻观念的影响下,侗族地区离婚率上升较快。传统上,侗族男女结婚后一般能白头到老,互敬互爱。夫妻之间偶有矛盾,吵架之后都会自行消失,长期有矛盾、吵架者,村寨长老和亲戚朋友会主动从中调停。因口角之类闹离婚者,会受到众人的指责和嘲笑。新中国成立后,提倡婚姻自主,离婚率逐年上升。近年来,受到各种因素影响,特别是受到电视上港台和西方婚姻自由观念的影响,离婚率上升较快。

表3-5　　　　　　　　芷江部分年份婚姻状况统计　　　　　　(单位:对)

| 年份 | 结婚 | 离婚 | 复婚 | 年份 | 结婚 | 离婚 | 复婚 |
| --- | --- | --- | --- | --- | --- | --- | --- |
| 1952 | 1622 | 1039 | 缺 | 1984 | 2833 | 172 | 60 |
| 1962 | 4676 | 274 | 7 | 1985 | 1573 | 203 | 43 |
| 1979 | 2058 | 132 | 缺 | 1986 | 3818 | 202 | 13 |
| 1980 | 2530 | 106 | 8 | 1987 | 3430 | 150 | 13 |
| 1981 | 4168 | 150 | 6 | 1988 | 3962 | 290 | 10 |
| 1982 | 3556 | 130 | 3 | 1989 | 4508 | 252 | 19 |
| 1983 | 3631 | 154 | 12 | 1995 | 3562 | 167 | 58 |

转引自龙运荣《大众传媒与民族社会文化变迁——芷江碧河村的个案研究》,中南民族大学博士学位论文,2011年。

另外,大众传媒对西方性开放观念的宣扬,特别是在现代都市爱情剧的影响下,湖南侗族青年的性观念也大为开放。受传统观念的影响,侗族人民比较注重女方的贞洁,结婚前不能有性行为。然而,年轻一代对贞洁的要求已经不是十分强烈了,结婚前可以有性行为。根据一项匿名调查,仅有15.26%的人认为婚前性行为不道德,要"坚决反对";12.77%的人虽认为婚前性行为不道德,但可以"理解";32.68%的人则认为只要真心相爱,婚前性行为无须指责。因此,就大多数人而言,婚前性行为是得到认可的、宽容的。

(二)家庭观念日益淡薄

新媒体不仅带给侗族同胞现代生活方式,也引起了侗族同胞家庭观念的变化,促进了家庭规模的缩小。侗族历来以大家庭数代同堂为荣,数代不分家被视为治家有方、管理有素、家庭关系和睦。民国以后,湖南侗族地区大家庭逐渐解体,小家庭日益增多,家庭规模开始缩小,一般户平均人口5人①,近年来,随着出生人口的不断减少,家庭规模更进一步缩小,一家三口的核心家庭成为社会主流。据2000年第五次人口普查数据显示,2000年11月1日零时,芷江侗族自治县共有家庭97753户,人口325305人,平均家庭户规模3.33人,比1990年的3.73人下降了0.4人。

在电视中西方家庭观念的影响下,侗族同胞传统家庭观念日趋淡薄,更多强调自身生活的幸福感。在调研中,家长们普遍反映现在的孩子不听大人的话,自己想干什么就干什么。有的二三十岁,也不找正经事做,整日游手好闲,打工挣不到钱,在家种田又嫌太累,既不成家,也不立业,家长整日为他们操心。笔者的报道人YXJ就坦然,都25岁了,没有工作,还没有找女朋友,让他母亲很为他担忧。2010年,笔者在芷江侗族自治县碧涌镇碧河村调研时,村主任的儿子21岁了,村主任夫妻俩开始操心起他的终身大事来:"都这么大了,还没找到合适的对象,将来怎么搞法,我们那时孩子都有一两岁了。"村主任的爱人也经常在她儿子面前唠叨。传统的传宗接代观念在年轻人身上变得无足轻重了,他们注重的是自身生活的幸福感,家庭的责任感明显减弱了。用YXJ自己的话说:

---

① 湖南省芷江侗族自治县民族事务委员会编:《芷江民族志》,新华出版社1997年版,第243页。

"我自己都过不好,还去管得了别人,娶了老婆跟着受罪呀!"

在电视影响下,传统的"天伦之乐"观念淡化,家庭成员关系趋向疏离,冲突增多。由于年轻一代基本都外出打工了,除了春节,基本很少能见上一面,有事打电话,没事连电话都不打。就算是春节回家,全家团聚,父母与子女间的情感交流也是很少的,平日里除了做过年的各种准备,晚上基本都是全家人围着电视看,很少有用于沟通的时间。侗族传统上实行自主婚姻,婚前主要以感情为纽带,感情不和可以随时分手,但是结婚后侗族夫妻一般很注重家庭关系的维护,不轻易离婚。碧河由于受汉文化影响较早、较深,夫妻关系受传统伦理约束较深,不能吵架,不能随意离婚,有矛盾要相互忍耐。然而,近年来,夫妻关系发生了微妙的变化,在电视剧中疯狂的三角恋、婚外恋、包"二奶"的情节"教导"下,夫妻关系稳定性减弱,家庭纠纷增多,村民们对离婚的观念也有所改变。过去,村民们普遍认为离婚是件很不光彩的事情,而如今在村民看来离婚是正常的,只要没有感情基础,或者在外看到条件更好的,一些人就不惜离婚。据芷江侗族自治县妇联2008年的信访工作分析,2008年全年婚姻家庭类共53件,占全年来信来访的46%。近几年来,这类信访居高不下,主要原因是随着改革的不断深入,受国外影响,中国传统的婚姻格局受到了前所未有的挑战。① 而据芷江法院的一项调查显示:芷江离婚案件的60%左右为女方外出多年未归或女方外出多年下落不明。该类当事人一般出生在20世纪60年代末至80年代中期,也是现在社会的主流。

电视使老人和青年人的生活习惯发生了变化。老人代表着传统生活方式,而喜欢电视的年轻人,则主导着这个村庄现在和将来的生活方式。一位60多岁的老人说道:"现在年轻人和老年人的生活习惯都不同,比如我们习惯早睡早起,他们都熬夜看电视。互相之间都看不习惯,容易产生矛盾,不如自己住得自在。"

受电视中都市生活方式的诱惑,越来越多的年轻人到广州、上海、

---

① 芷江妇联:《芷江妇联2008年信访工作分析》,载《潇湘女性网》,http://hnwomen.org.cn/article/1076,2009-02-12。

深圳等大城市打工，留下一些老弱病残者独守家园，空巢家庭成为湖南侗族地区主要家庭模式。调研中，很多侗族同胞对当前农村的这种现状很是担忧："现在说得不好听点，农村里死个人，都没人抬上山了。"的确，外出打工给侗族同胞的家庭带来可观经济收入的同时，也使空巢家庭带来了一系列社会问题，留守儿童教育缺失，老人家庭赡养缺位，传统文化的传承与发展乏人，等等，不得不引起整个社会的重视。

## 第三节　精神文化现代性建构

精神文化主要包括哲学、科学、宗教、艺术、伦理道德以及价值观念等，尤以价值观念最为重要，是精神文化的核心。精神文化变迁往往比较隐性和内在化。对精神文化变迁的考察，必须通过与其相关的意识、观念和态度的变迁来进行。在大众传媒的影响下，人们的价值观念、生活态度、艺术审美情趣、宗教信仰等方面都发生了许多重大变迁。随着城乡互动的频繁和现代大众传媒在农村的发展，城市现代文化通过各种途径不断涌入民族地区。在这个过程中，新媒体不仅本身作为一种新的文化形式被农民群体所接受，成为民族社会文化变迁的内容之一，而且充当了推动民族社会文化由传统向现代转变的"加速器"，越来越成为影响人们传统伦理道德、价值观念、审美观念等精神文化的最重要因素。

### 一　价值观念

所谓伦理，就是指在处理人与人、人与社会相互关系时应遵循的道理和准则。伦理常常与道德连在一起，成为维护社会良性运行的重要力量。伦理道德观念的变化往往会引起社会失范，伦理道德的失范往往会引起社会变迁。在新媒体的影响下，湖南侗族村民的传统伦理道德观念正在发生变迁。

消费观念日益增强，勤俭节约观念正在一步步弱化。侗族是个勤劳、朴素的民族，不喜欢奢华，不讲究排场。千百年来，侗族同胞们一直过着艰苦朴素、勤俭节约的生活，当地有"丰年要当歉年过，碰到歉年不挨饿"的俗话,"宁肯田里累到死,不做城里叫花子"更是告诉村民宁肯守在田里劳作也不能去做乞讨的勾当。然而,时过境迁,年轻一代侗寨村民的价值观念发生了变化,对生活的要求高了,消费水平提高了,勤俭节约的习惯正在慢慢地消失,很多在老一辈看来是奢侈浪费的东西正在成为年轻人的时髦追求,如流行时装、高档手机、MP3、MP4等。正如调查对象YXB所说:"现在的人,要挣钱必须学会花钱。连钱都不会花,还怎么去挣钱?"在芷江侗族自治县碧涌镇碧河村调研时,一位妇女带着责备的口吻指着一辆帅气的摩托车对我们说:"我家儿子已经换了3辆摩托车,没办法,留不住钱。现在的年轻人就晓得讲时髦,原来买的两辆车过时了,又刚换的新车,还是看电视中那个明星做的广告,还是名牌呢,平时也不怎么骑,就扔在屋里。"

　　经济观念日益增强,公益观念正在一步步弱化。传统上,侗族人民十分热爱公益事业,修路、架桥、建凉亭等都是侗族人民乐于从事的公益活动,大家以从事公益活动为荣,从不计较报酬与得失,侗族地区富有特色的风雨桥、鼓楼、凉亭都是靠侗族村民慷慨解囊、义务投工投劳建成的。农忙之时,亲戚朋友、村民之间相互换工帮忙插田、打谷子;哪家需要修房子,村民们都自发帮忙,因为作为侗族互帮互助的传统,在自己修房子时,受到自己帮助的人也会无偿地自发来帮忙的。然而,随着市场经济的发展,村民们的经济观念在不断增强,从事公益活动要耽误自家的生产,一些人开始算起经济账来。修房子喊人帮忙,要开工钱;插田打谷子请工,也要工钱;甚至红白喜事,都要工钱了。主家除了要付给不低的工钱外,还要好吃好喝招待,酒肉鱼自然少不了,还要一包金白沙烟。村民们感慨:"现在想竖栋屋,没有几万块钱,是想都别想,光工钱就得上万元。"

　　公益事业占有了自家的田土,毁坏了自家的树木、瓜果,必须按市场价格进行补偿。原本大家都乐意从事的修路、架桥等公益事业,现在变得越来越难办了。2009年,芷江侗族自治县碧涌镇碧河村进宝冲组要修一条小路以解决几户人家的通行问题,谈来谈去,几个月就是谈不好,因为修路要占去几个村民的菜地,几个村民要么嫌占地的补偿太少,要么嫌置换的土质太差,经过村干部的协调才最终解决。村主任深有感触地说:"现在办事难,要办件好事更难呀!"

个人观念日益增强,集体观念正在进一步弱化。侗族社会经历了漫长的原始社会时期。原始氏族公社解体后,又跨越了奴隶制社会而进入封建社会。但是,仅在一些侗族与汉族邻近区域,才有比较发达的封建社会形态。在侗族聚居的广大区域之中,由于生产力水平极低,因而只有一定程度的封建社会经济形态,实际还保留着浓厚的古老的原始经济形态。这种经济形态孕育了侗族人民古雅淳朴、关心集体的伦理价值观,侗族人民一贯以团结互助为美德,以维护集体利益为光荣,鄙视那些自私自利、只顾一人一家利益的人。以集体、群集利益为最高利益的观念就成为人们追求的最高境界,成为稳定的伦理价值观。直到新中国成立,封建私有制虽已盛行,但在侗族聚居的大部分山寨,仍保留着诸多原始公社制的遗迹。诸如为全寨所公有的公田、公山、公塘、公房等,收获物除照顾孤寡老人外,剩余的则平均分配。侗歌唱道:一根棉纱难织布哟,一滴露水难起浪。抬木过梁要几根杠哟,建造新房要靠众人帮。你拉绳来我拉杆哟,你拿锤来我穿枋。咚空咚空响不停哟,大厦落成喜洋洋。① 然而,随着农村家庭联产承包责任制和市场经济的确立与发展,在电视、互联网、手机等新媒体的影响下,西方个人主义价值观不断地冲击着人们的集体价值观念。侗族村民的个人观念在不断增强,个人利益被摆到了首位,要想过上好的生活,要想赢得别人的尊重,首先必须是个人家里搞得好。笔者的报道人绥宁县乐安铺苗族侗族乡的YQ对此深有体会:"现在哪有什么集体的东西? 田分了,山也分了,自己干自己的活儿。记得原来我们逢年过节,每家杀头猪还要请院子的人吃饭,现在都免了。现在的孩子对自己的和别人的东西分得清楚得很,这样也好,各干各的,各显神通。"

开放意识进一步增强,老实本分的观念被视为落伍。新媒体时刻都在向侗族同胞们传递着都市的诱惑,吸引着广大的侗族同胞纷纷走出侗寨,步入打工者行列。年轻的侗族同胞都认为,守着一亩三分田从事传统的农业耕作是没有出息的,老实本分是落后的思想观念。过于老实就

---

① 杨通山等编:《侗乡风情录》,四川民族出版社1983年版,第312页。

是迂腐、没用，要想在社会上立足就必须学会精明，必须掌握现代社会的生存法则，不要过分地相信一个人，做人都要给自己留条后路。人生的价值必须在更大的空间才能实现，年轻人必须到外面去闯荡，去发展；必须到大城市才能挣大钱，有了钱才能受到人们的尊重，才能有个人的发展。调查问卷题目如下：如果您现在生活不错，挣的钱足够家里日常花费，您愿意迁往一个挣钱多但是不熟悉的地方去生活吗？结果显示，63.09%的受访者表示愿意迁往一个挣钱多但是不熟悉的地方去生活，这说明村民们有较强的现代性意识（见图3-10）。

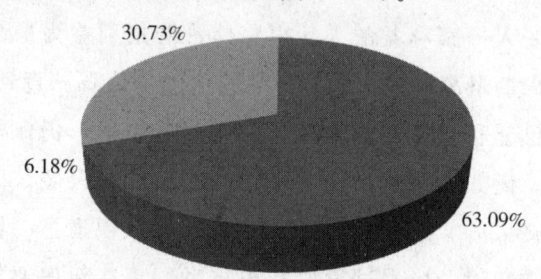

图3-10 如果您现在生活不错，是否愿意迁往一个挣钱多但是不熟悉的地方去生活

## 二 维权意识

长期以来，侗族地区靠传统习惯法维持社会的发展，村民法制观念较为欠缺，对各种矛盾、纠纷首先依照习惯法来处理。新中国成立后，政府相关法制部门通过一系列法制宣传，如发放宣传单，在报纸、电视、广播开设法制宣传栏目、专题，通过各种歌舞、小品等文艺形式宣传法制内容。特别是中央电视台的《今日说法》、《道德与法》等节目受到村民的欢迎，在观看其节目过程中，受到案件的启发，加强了对村民法制观念的教育，增强了村民的法律与维权意识。

手机作为一种新的传媒工具，以其方便快捷、费用低廉受到越来越多人的喜欢，手机短信、手机报成为新的信息传播渠道。近年来，芷江侗族自治县积极探索农村党员和村组干部教育的新途径，充分利用手机短信给广大党员和村干部发送学习内容。在用好远程教育网点、农村夜校等党员教育资源的基础上，芷江建立"短信党校"教育平台，把党课教育和科学发展观内容收集、整理、编写成 3 万余条精练简短、通俗易懂的民谣，发送给全县 1 万余名拥有手机的农村党员，同时还为他们发送了 2 万多条农业科技、务工技能、市场行情等信息。碧涌镇碧河村村主任对这种形式十分认同："我觉得，这种方法还真好，免费给我们发送这么多信息，比我们看电视、看报纸方便多了，电视不可能带在身边，报纸送的时间太慢，手机却是寸步不离的，天天带在身上，想看随时拿出来就是。"

新媒体不仅是思想宣传工具，更是被社会赋予了"社会公器"的职责。近年来，随着新媒体舆论监督功能的不断增强，许多难以解决的民生问题在新媒体的干预下得到解决。村民们逐渐意识到新媒体是村民保护自己利益、伸张正义的重要途径，村民们的维权意识有所增强。过去村民碰到一些不公正、不合理的事情，首先找村组干部解决，解决不了到乡政府投诉，实在不能解决的就只能忍气吞声，甘愿吃亏了。近年来，村民们通过电视、互联网论坛、博客、微博投诉、维权，一些不公的事情、不合理的事情得到曝光，得到解决，还给村民一个公道。特别是中央电视台《焦点访谈》节目给村民们很大的信心，村民们认为只要遭到新闻曝光的事情肯定可以得到解决。所以，村民们对笔者这个记者身份很感兴趣。"那很多人都怕你了，怕被你曝光。"在调研中，好几位村民向笔者问同样的问题。村民们都认为现在的政府部门很多人不作为或乱作为现象严重，新闻媒体有权利进行监督，希望新闻媒体能给村民们提供"告状"的渠道。碧涌镇碧河村村主任在与笔者的谈话中，多次说道："龙记者，我们碧河的事情就全靠你了。我们要是碰到什么不公的事情，你一定要帮我们打抱不平哦！只要你们新闻媒体出面，他们肯定就怕了的。"

2013 年 3 月 15 日，在海南省三亚市打工的 YZG 向芷江侗族自治县工商局"3·15"热线投诉，其母亲在芷江县城某手机店花 800 元购买的一台手机因质量问题要求商家退货，但屡屡遭拒。YZG 将情况投诉到县工商局网站，工商局派人到这家手机店行进行调解。经过反复协调，当事双方最终达成协议，商场为 YZG 母亲更换一台同品牌的手机。YZG 的母亲深有感触地说："我们土农民过去哪晓得到什么网上维权，只晓得出了问题找老板退货。可现在的老板奸得很，日日给你拖，拖到最后只得算了，连路费钱都还多花了去。现在好，打个电话、上下网就可以投诉了，还真是方便了。再碰到这种事情，就不会再跟他客气了。"

针对通道侗族自治县县内班车收费问题，网友在通道侗族自治县政府门户网站的互动栏目投诉："通道人民在通道县的交通费太高：（1）从通道至临口镇石壁村的路程是20公里，班车票价是6元，为什么从临口到石壁村只有5公里，车票却要收3元？（2）初中生、小学生也和成人一样收取全票，为什么没有半价？"

县物价局收到投诉后，立即在网上进行了答复。

来信人：你好！

感谢你对价格工作的关心与支持。现就你反映的问题答复如下。

1. 票价制定问题。农村客运票价的制定依据为《湖南省物价局、湖南省交通厅关于印发〈湖南省汽车客运价格监管办法〉的通知》（以下简称《办法》）（湘价商〔2009〕33号），《办法》规定：农村客运具体票价由县级以上政府、交通主管部门依照该办法制定，其基本计算公式：票价＝基准运价×乘车里程＋站务费。其中站务费为始发站计收，途中站不收。按文件规定，我局与交通局核定的通道至临口镇石壁村的票价为每人5.5元，临口镇至石壁村的票价为每人1元。你反映的"临口到石壁村只有5公里，车票收3元"的问题，经调查核实，属营运车主自行加价。目前，我局已联合县运管所对我县农村客运营运车辆下发提醒告诫函，提醒其严格遵守票价政策，不得擅自涨价，违者将依法从严查处；同时印制200张梯形票价表，要求各营运车辆在车内张贴，对票价进行公示，并标注价格举报电话12358，自觉接受群众监督。

2. 优惠票价问题。根据《办法》规定：成人及身高超过1.40米的儿童乘车购买全票。身高1.10—1.40米的儿童购买儿童票。儿童票按票价全额的50％计算。购买儿童票的旅客同等享受全票旅客待遇。即农村客运票价对于学生而言，身高1.10—1.40米的学生按半价购票，身高1.40米以上学生需购买全票。

今后，我局将加大对农村客运票价的检查，并督促通道汽车站及各农村班线营运车主做好票价公示，及时受理价格举报，切实维护群众利益。

通道侗族自治县物价局

2013年11月6日

随着微博、博客、微信、BBS、电子信箱等新媒体类型的不断丰富和发展，网络维权已经成为侗族同胞维护自身合法权益的重要途径。

### 三 闲暇生活

在大众传媒进入侗寨之前，村民闲暇生活方式多种多样，既可以唱歌，也可以跳舞，还可以讲故事、讲款，玩各种各样的游戏。然而，自电视、网络、手机等新媒体进入侗族地区后，新媒体便成为村民们精神文化最重要的载体，特别是电视成为村民们日常生活不可或缺的有机组成部分，并且主导了村民的闲暇生活，使村民闲暇生活呈现单一化趋势。

20世纪80年代末，电视开始进入湖南侗族家庭。买台电视机成为村民羡慕和向往的美事，拥有电视的家庭不仅在村民中拥有良好的口碑和崇高的威望，同时也拥有了更多的话语权。电视为村民提供了最大多数的精神享受，看电视成为村民必不可少的日常生活之一，有时村民甚至可以不吃饭、不干活而守在家里看电视。电视中播放的各种电视剧、文娱节目、新闻报道极大地影响了村民闲暇生活。大众传媒丰富的资讯成为引领村民精神生活的航标，村民们根据电视剧的喜乐而喜乐，根据电视剧的悲伤而悲伤；人们根据电视剧人物的穿戴而穿戴，人们热衷于使用电视小品创造的流行词汇。

每年的春节联欢晚会是侗族同胞必不可少的精神文化大餐。年三十下午，有电视的家庭早早就吃过晚饭，小孩子们守在电视机前，把电视声音调得大大的，大人则一边抓紧时间收拾各种家务，一边听着电视里节目主持人预报节目进展。一旦进入倒计时，小孩子们大声喊着："开始了，联欢晚会开始了！"这时，所有忙活着的人都丢下手中的活，齐刷刷地围到电视机前，瞪大眼，一起喊着："五、四、三、二、一，春节好！"随着晚会节目的开始，全家人完全听从了节目的导演，时不时爆发出笑声和掌声。没有电视的家庭，在吃完晚饭后，也会选择去一家跟自己关系最好的邻居家看电视。虽然有时觉得这样多有不便，但是春节联欢晚会的魅力实在太大，特别是不谙世事的孩子根本来不及吃年夜饭可能就守在人家的电视机前了。谈起那时看电视的情形，绥宁县朝仪侗族乡朝仪村的YWX说："冇晓得那时怎么这么爱看电视，稀奇得很，连饭都顾不上吃，特别是过年的时候，那时全家人都围着电视看，没得电视的跑到别人家去看，从早看到夜。我记得我爹催我们几个去弄点猪草都懒得动，觉得那时候的电视太迷人了。现在还记得有个台湾的电视剧《婉君》，看得我们又哭又笑。"

电视给侗族同胞的闲暇生活带来了全新的享受，以巨大的魔力吸引着广大侗族同胞，以不可争锋的势力控制和主导了村民的闲暇生活，将人们带入一个由电子符号建构的虚幻的影像世界。电视以华丽的外表掩藏在日常生活之中，慢慢侵蚀着村民们的精神肌体，影响着村落传统文化的变迁。传统的侗族社会是以礼治为基础的共同体社会，这个共同体社会具有共同的道德信仰、价值观念和礼仪制度，但现在传统礼仪文化和道德观念在乡村社会已经受到破坏，低俗、势利与实惠等正在一步步侵蚀着侗族传统社会文化的基石。从网络调查来看，许多人对侗族传统文化事项不是很了解。侗族传统文化的代表包括鼓楼、风雨桥和侗族大歌，只有30%左右的受访者认为大歌是侗族传统文化代表之一（图3-11）。

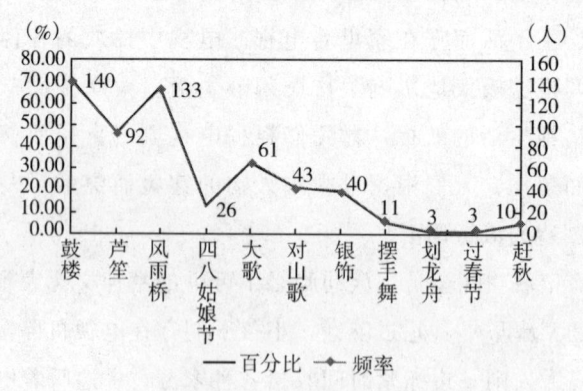

图3-11 您认为哪三种文化现象是侗族传统文化代表

## 四 审美意识

每个民族都有自己特定的审美情趣，并且不同时期，审美标准也会发生不同的变化。在大众传媒的影响下，年轻侗族同胞的审美情趣正在发生变化，他们的审美观念紧跟时代流行趋势，彰显个性，喜欢张扬，追求华丽，强调自由。

农历每月逢三、八日是芷江侗族自治县碧涌镇赶场的日子，每逢赶场，男女老少将长长的街道挤得水泄不通。在熙熙攘攘的人群中，我们不难发现富有个性的年轻人，不用细看，从他们的发型就可以很明白地看出他们是"80后"甚至"90后"的一代，男的做成金黄色爆炸式，女的则做成金黄色波浪式。男的喜欢穿流行的韩版休闲服或美式牛仔服，女的则大多喜欢穿低腰的牛仔裤或低胸的衬衫，将关键部位"恰到好处"地显露出来，"裸露之美"作为当下一种流行之风刮到了大湘西这个僻静的侗乡小镇。

侗族传统审美观念以善为美、以对称为美、以自然为美，并将传统审美观念融入建筑、雕刻、织锦等工艺之中。随着时代的发展，侗族传统的审美观念正在发生变迁。20世纪80年代以来的经济建设促进了社会文化的更新发展。"开放"扩展了人们的审美视野，"改革"拓展了审美活动的范围，使传统审美的阈限和创造方式发生了空前的位移。从20世纪90年代开始，一股"休闲之风"吹遍了大江南北，"休闲"几乎成了中国文化现实境况和人们日常生活最为惹眼的审美化景观。休闲之风在都市女性身体审美上得到了充分的展现。女性服饰尽显休闲款式，女性文学读物也是"休闲"作品，甚至连女性身体本身也成为休闲的对象。在侗族地区的车站、码头和机场等人员流动频繁之地，以"休闲"为名的拉客女让你猝不及防，明目张胆打出大幅广告的"休闲中心"更是成为都市"文明"的一块重要招牌。行走在大街上，我们随时随处都可以感受到休闲之风：休闲服装店、休闲美容店、休闲娱乐场所、休闲网吧等一应俱全。

追求时尚潮流是年轻女性审美的重要特点。高跟鞋、太阳帽等已经不是什么稀罕之物，身穿韩国款式的服饰、手拿 iPhone 6 成为女孩子的时尚首选，一些人恨不得把自己的身体全部用时尚的东西包裹起来。以现代传媒为载体的现代都市文化也在不断地劝说女性追求时尚之美。信息文化跨越时空限制，这也为人类的审美活动提供了普及性和可流行性的需要。同时，信息一体化和信息量的激增推动当代社会文化快速而频繁地更新，亦导致了包括审美文化在内的文化评价系统始终处于动态的不稳定的态势中，加之当代信息文化借助大众传播媒介以其普泛性、快捷性、时效性而影响并改变当代人的生活方式、思想方式和情感方式，成为制造社会文化时尚的高手。

## 五 宗教信仰

宗教信仰作为人类精神文化的重要组成部分，是当前各国普遍存在的社会现象，是社会结构中的一个重要子系统。宗教是随社会的发展、演变而发展、演变的。随着传统社会向现代社会的转型，宗教与社会的关系发生了变化，侗族同胞的宗教信仰也在发生变迁。

传统鬼神观念在淡化。碧河村民传统上有自然崇拜、鬼神崇拜、祖先崇拜等信仰，认为世间万事万物皆有灵魂，流行佛教、道教、基督教等宗教，乡村还流行各种巫术。新中国成立后，党和政府采取了一系列措施，以破除封建迷信为旗号打压各种信仰，提倡无神论，特别是"文化大革命"期间"破四旧"，各种宗教信仰和巫术被抑制。改革开放后，随着政策的放松，各种宗教活动有所抬头，特别是随着旅游的发展，芷江明山的宗教活动发展较快，境内很多信徒到明山进香信道。但是，从信教的群众来看，主要是年龄较大者，年轻人已经较少信教了，就是到一些宗教场所或参加宗教活动，主要也是旅游或参观，真正信教的人很少了。据一项不完全调查数据（表3-6）显示，芷江侗族自治县碧涌镇碧河村村民不同年龄组的宗教信仰情况不一样，年纪大的信教人数多，年纪小的信教人数少。老年人普遍参加过宗教活动，相信世界上有鬼怪和因果报应；而年轻人虽然很多人到过宗教场所，但是信教的人很少，相信世界上有鬼怪和因果报应的人也很少。

表3-6 芷江侗族自治县碧涌镇碧河村村民宗教信仰情况调查统计

（单位：%）

| 选项 | | 30岁以下 | | 30—40岁 | | 40—50岁 | | 50岁以上 | |
| --- | --- | --- | --- | --- | --- | --- | --- | --- | --- |
| | | 男 | 女 | 男 | 女 | 男 | 女 | 男 | 女 |
| 你信教吗 | | 1 | 1 | 4 | 4 | 12 | 15 | 18 | 18 |
| 你到过宗教场所吗 | | 54 | 60 | 56 | 65 | 76 | 78 | 86 | 88 |
| 你参加过宗教活动吗 | | 52 | 58 | 5 | 64 | 75 | 76 | 85 | 87 |
| 你认为人有来世吗 | 有 | 10 | 12 | 18 | 19 | 58 | 60 | 86 | 87 |
| | 无 | 90 | 88 | 82 | 81 | 42 | 40 | 14 | 13 |

续表

| 选项 | | 30岁以下 | | 30—40岁 | | 40—50岁 | | 50岁以上 | |
|---|---|---|---|---|---|---|---|---|---|
| | | 男 | 女 | 男 | 女 | 男 | 女 | 男 | 女 |
| 你认为世上有鬼吗 | 有 | 20 | 25 | 42 | 45 | 58 | 60 | 65 | 68 |
| | 无 | 80 | 75 | 58 | 55 | 42 | 40 | 35 | 32 |
| 你认为有因果报应吗 | 有 | 26 | 28 | 41 | 45 | 56 | 58 | 62 | 65 |
| | 无 | 74 | 72 | 59 | 55 | 44 | 42 | 38 | 35 |

转引自龙运荣《大众传媒与民族社会文化变迁：芷江碧河村的个案研究》，中南民族大学博士学位论文，2011年。

传媒崇拜成为一种新的宗教形式。20世纪80年代，随着电视、网络、手机等新媒体在农村的迅速发展，其强大的魔力吸引了广大侗族同胞，凭借充满诱惑力的电视剧、娱乐节目、新闻报道在侗族同胞的心目中创造了一种新形式的神——电视神、网络神，影响着侗族同胞的价值观念、信仰、日常生活和娱乐休闲。

20世纪末21世纪初，互联网以超过电视几百上千倍的魔力在青年人中再造了网络之神。网络聊天、网络游戏、网友交友成为成千上万年轻人竞相追逐的对象，许多人陷入网络不能自拔，甚至走上违法犯罪的道路。2010年7月，笔者在与芷江侗族自治县碧涌镇碧河村村民YXJ谈论起网络的影响时，YXJ坦言："虽然我们碧河只有一台能上网的电脑，但是村里的小屁股对上网并不陌生，他们都在碧涌镇上小学，碧涌街上有两家比较大的网吧，总是挤满了上网的小屁股。这里没有人管。我们院子的几个家伙，清早就到碧涌镇上去了，骗了父母的钱说学校要补课，早点去上学，其实都是到网吧上网去了。听他们说，他们有的同学，父母给了一个星期的生活费，全部用在网吧了，每天就是吃两包方便面过日子。你说这危险不危险？"

2013年7月，笔者在靖州苗族侗族自治县寨牙乡调研时了解到，寨牙乡不大的一条街上原来有3个网吧，后来因为整顿合成一个大的网吧，共有60台能上网的电脑。赶集日上网的人络绎不绝，上网的费用是每小时2.5元，上网的人绝大多数是中小学生，上网的内容大部分是玩游戏、看电影、聊QQ。笔者调研时，一个模样10岁左右的小学生称自己14岁了，上初三，平时学校不能上网，放假了就天天来上网，主要是玩游戏、打CF。网吧老板向笔者坦言："说实在的，我们的生意主要靠学生撑着，现在年轻人都外出打工了，老年人根本不会玩电脑。"

的确，人们对于电视与电脑网络的态度，就跟人们对神的态度一样，既爱又怕。既不能摆脱它的魔力，只要消停下来就会不由自主地打开电视和电脑，沉迷于电视和网络里的图片和声效而不能自拔；同时又十分害怕电视和网络会给孩子的学习带来不良的影响，害怕教给孩子不良的道德和作风，害怕孩子在网络上遭遇坏人的欺骗，害怕孩子沉迷于网络游戏而走火入魔。

## 六 民族认同

千百年来，侗族同胞们安静地生活在闭塞的武陵山区，过着"日出而作，日落而息"的世外桃源似的生活。大家的身份认同局限在家庭、家族、村寨范围之内。在现代社会中，电视、网络、手机等新媒体以不同的方式把各种资讯提供给广大侗族同胞，潜移默化地影响着大家，进而通过国家意识和文化的传播，影响大家的民族认同。

新媒体传播主流社会价值观，促进村民们形成与主流社会相融合的身份意识和观念。新媒体作为国家意识形态领域的重要组成部分，充分行使着对境内各民族群众宣传教育和引导的重要职能。通过传播主流社会价值观，使得村民们获得对国家政治、经济或日常社会生活方方面面的认知，并借助主流的舆论导向，促进村民们形成与主流社会相融合的身份意识和观念。比如说，"文化大革命"期间，在高音喇叭、大字报、革命标语的"轰炸"之下，村民们纷纷投入对"走资派"的批斗中，平日的邻居、族人、亲朋等身份认同在强大的"革命"中黯然淡去，"保卫无产阶级国家政权"、"保卫毛主席"、"保卫社会主义国家"成为村民一致的认同。当前，在电视、网络、手机等多媒体的宣传下，"科学发展观"、"十八届四中全会"、"反腐倡廉"等核心政治概念成为侗族同胞熟悉的政治词汇。

新媒体发挥语言文化的教育功能，促进村民与外界的跨文化交流和传承。语言文化是民族身份认同的基础，新媒体借助多样生动的形式，在传播知识信息的同时，推动汉语在全国的普及，促进村民与外界的跨文化交流，塑造村民的中华民族认同意识。此外，通过发展使用民族语言文字的新媒体，也促进了村民对外来文化的吸收以及对传统文化的传承，进而增强村民对国家的认同感。

2011年寒假，对于芷江侗族自治县碧涌镇碧河村年满7岁的YXY来说是个快乐的寒假。他跟妈妈一起南下，来到了他爸爸打工的南方大都市——深圳，与多年不见的爸爸团聚，过新年。YXY迎来的是全新的都市生活，各大超市里的各种玩具琳琅满目，游乐场、公园的各种游戏快乐无比，虽然对深圳的各个地名并不熟悉，但是对都市的生活方式丝毫没感到陌生。YXY跟其他来自全国各地农村的、他爸爸的同事的小孩一样，很快地投入对都市生活的享受中，他们之间并不像他们的父辈一样有初次交流时语言上的障碍，因为他们都讲普通话，虽然不是十分流利和标准，但是对他们的交流与沟通丝毫没有影响。他们共同谈论一样的动画片，讲一样的时髦语言，欣赏一样的娱乐明星，而这一切都要归功于电视。

新媒体传播社会经济信息，鼓励广大侗族同胞参与国家整体社会经济活动。当今是知识经济时代，信息技术对于社会成员的日常生活日益重要。村民们要参与国家、区域性的经济活动，就必须掌握更多、更新的信息、技术。而村民越是深入参与国家、地区的社会经济活动，其对主流社会、对国家的向心力也更强，身份认同意识更趋于融入主流社会中。在侗族传统生产方式的转变中，我们可以看到，在新媒体的影响下，越来越多的村民重视和运用市场信息和新技术，而对这些信息和技术的重视和运用的前提就是对国家宏观经济发展趋势的理解和把握，是对国家主流经济发展的认同。

新媒体通过媒介化仪式，比如电视直播、论坛详论、微博互动、微信点赞等，重塑民族认同感。仪式具有无形的规约力量，通过各种媒介化仪式来强化和引发民族认同感。比如，电视、网络直播香港回归、澳门回归、三峡工程、申办奥运会、汶川大地震、钓鱼岛事件等，已经超出了事件本身的意义，其目的在于，通过制造媒介事件来建构民族—国家认同。人们在共同分享国家强盛的象征性影像经验的时候，产生对民族、对国家的自豪感，从而激发一种具有凝聚力的全民力量。近年来，芷江侗族自治县凭借独特的抗日受降资源，打造和平文化节，来自世界各地的抗日老战士、老将军以及许多和平爱好人士齐聚芷江，开展各种纪念活动，庆祝抗日胜利和祈祷和平。芷江和平文化节通过中央、省、市、县各级媒体的广泛报道，已经深入广大人民心中，唤起了人们对中国人、中华民族的高度认同。所有这些活动都表现出了传媒对增强人们对民族国家认同感的重要作用。

## 第四节　风俗习惯的现代化变迁

风俗习惯是各民族千百年来在不断的生产与生活中发展起来的各种习惯和规约，一旦形成，一般具有规定性和固定性而不易发生变化。风俗习惯作为制度文化的重要补充部分，对于维系各民族社会稳定和发展具有十分重要的作用。然而，在新媒体的强烈冲击下，许多风俗习惯正在发生急剧的变迁。

### 一　饮食习俗变迁

1998年，笔者还在湖南怀化日报社从事新闻工作时，被下派到芷江侗族自治县碧涌镇碧河村从事建整扶贫工作。我们当时经常为到村民家里吃饭感到头痛，一是村民条件太差，缺食少粮；二是认为村民都喜欢喝酒，劝酒不够文明；三是觉得农民的餐具不够卫生，碗筷黑漆漆的。但是，这已经是过去的"老皇历"了，侗族的传统饮食习惯正在发生着巨大的变迁。村民们不但解决了温饱问题，还讲究饮食质量和健康。

侗族村民饮食结构由"量"的满足转向"质"的提高。村民的食品消费更加讲究营养及合理搭配，居民家庭餐桌日渐丰盛，一些营养丰富的主要副食品消费量呈逐年上升的趋势，如蛋类、水果、水产等增长较快，而粮食的消费量明显下降。村民YXG感叹现在的农村生活有了极大的改善："过去是吃不饱饭，来客人了，总是要喊吃饱饭，你看现在还有劝人吃饭的吗？都是说多吃菜少吃饭。过去我们是一家四口人吃饭，每年四亩粮的产量，总感觉吃不饱；现在一家六口人吃饭，每年粮食还总有剩的，主要用来喂猪、养鸡鸭了。"

从村民饮食口味来看，油盐的摄入量明显减少，食物变得越来越清淡。侗族地区多处高寒山区，劳动强度大，人们需要摄入高能量的食物来满足日常的劳作。随着农村条件的改善，村民们的劳动强度不断减小，更重要的是，近年来村民们对身体健康逐渐重视，认识到油腻食物以及大吃大喝饮食习惯对身体健康的危害，逐渐减少了对高能量、高脂肪食物的摄入，食物变得清淡了。

侗族喜欢饮酒，也喜欢敬酒、劝酒。虽然现在饮酒的人仍然不少，有客必须喝酒；但是敬酒和劝酒的力度较以前明显小得多，平时饮酒，除了老人仍兴敬酒、劝酒的礼俗外，年轻人已经改成了碰杯，如果客人实在因为某种原因不喝酒也不再勉强。笔者2013年暑假在通道侗族自治县坪坦乡坪坦村调研时在村主任家吃饭，村主任每次都很客气地劝我喝点酒，但是我说血脂偏高不能喝酒，他也就不再勉强。1998年，笔者在碧河扶贫时的调查，平均每户四口之家每年用于酿酒的粮食近100公斤，而现在用于酿酒的粮食总量明显减少，根据笔者的不完全调查，全年不到50公斤。

从酒的种类来讲，老一辈的侗族村民仍然钟情于自酿的米酒，而年轻人侗族村民则更喜欢喝白酒和啤酒。从白酒来看，年轻人对经常打广告的五粮液、茅台、泸州老窖、邵阳大曲、开口笑、酒鬼酒等印象深刻。许多村民都希望能有机会喝一回"国酒茅台"，尝尝高档白酒的味道。从啤酒来看，年轻人对啤酒品牌的选择都承认受到电视广告的影响。笔者曾跟芷江侗族自治县碧涌镇碧河村20位年轻村民谈起对啤酒的了解，大家坦诚最主要的了解途径便是媒体广告、影视剧和户外宣传等（表3-7）。

表3-7 芷江侗族自治县碧涌镇碧河村村民了解啤酒品牌的主要渠道

（单位：人，%）

| 你了解啤酒的主要渠道 | 人数 | 比例 |
| --- | --- | --- |
| 媒体广告 | 20 | 100 |
| 户外宣传 | 15 | 75 |
| 影视剧 | 16 | 80 |
| 新闻 | 10 | 50 |
| 朋友介绍 | 8 | 40 |
| 商店出售 | 14 | 70 |
| 吃饭时喝过 | 20 | 100 |

转引自龙运荣《大众传媒与民族社会文化变迁——芷江碧河村个案研究》，中南民族大学博士学位论文，2011年。

各种饮料也通常被侗族村民当作酒来饮用，特别受到妇女和小孩子的喜欢。从对芷江侗族自治县碧涌镇碧河村村民了解的饮料品牌的调查情况来看，村民对各大饮料品牌的知晓度比较高，经常在媒体上打广告的饮料几乎人人皆知（具体品牌见表3-8），但是，由于一般村民的真假鉴别能力较差，虽然村民根据电视上经常打的广告购买产品，认为在电视广告里出现过的品牌就是好的；但是从村民饮用的一些饮料来看，多为一些不法商贩用色素、糖精和酸梅素勾兑生产的"傍名牌"饮料。

表3-8　芷江侗族自治县碧涌镇碧河村村民知道的饮料品牌

（单位：人，%）

| 你知道的饮料品牌 | 频数 | 百分比 |
| --- | --- | --- |
| 娃哈哈 | 20 | 100 |
| 荔枝园 | 20 | 100 |
| 汇源果汁 | 20 | 100 |
| 康师傅 | 20 | 100 |
| 红牛 | 20 | 100 |
| 银鹭花生奶 | 20 | 100 |
| 统一鲜橙多 | 15 | 75 |
| 农夫果园 | 13 | 65 |
| 健力宝 | 17 | 85 |
| 雪碧 | 15 | 75 |
| 可口可乐 | 10 | 50 |
| 百事可乐 | 14 | 70 |

转引自龙运荣《大众传媒与民族社会文化变迁——芷江碧河村个案研究》，中南民族大学博士学位论文，2011年。

烟是"和气草"，侗族传统上有抽烟的习俗，接人待物，烟茶先行。在新媒体特别是电视媒体的影响下，侗族村民烟俗也在发生变化。老一辈抽叶子烟，中年人和青年人一般普遍抽纸烟或不抽烟。2011年7月，笔者在芷江侗族自治县碧涌镇调研时，正好碰上一个赶场日，看到卖烟丝的摊贩，笔者抽空跟他聊了会儿天。摊主感叹现在的烟丝生意越来越不好做，虽然价格很便宜，两块钱就可以买到一斤烟丝，但是现在年轻人都不抽烟丝烟了，只有一些上了年纪的人才买烟丝抽。过去一场可以卖到几十斤，现在几斤都难卖了，看来只能转行干别的买卖了。摊主的话的确不假，我陪摊主坐了两个多小时，没有一个人来买烟丝。摊主摇头说："社会变了，现在年轻人抽烟的越来越少了，要抽也是抽白沙、芙蓉王了。抽这种烟没面子。也只有一些老家伙还抽叶子烟了。"

依照笔者的民族学调研的经验，在外地调查时笔者都事先在口袋里准备一些香烟，以便在调研中打开话茬，拉近与被访者的距离，但是现在这种经验不太灵验了，因为抽烟的年轻人在不断减少。当然，这里的年轻人并不是一点爱好都没有，他们换成了另一种口味——嚼槟榔。湖南并不产槟榔，但是湖南人嚼槟榔之风近年来日盛，大街小巷，不分老幼，都喜欢嚼槟榔。湖南人嚼槟榔之风得益于湖南卫视的广告宣传。伴随着湖南卫视娱乐节目在全国的走红，在长沙流行的嚼槟榔开始在三湘大地变得时髦起来。胖哥、糊涂王、口味王等槟榔广告通过湖南卫视节目传遍了湖南城乡，变得家喻户晓、妇孺皆知了。笔者在调研中给村里的年轻人发烟，很多人表示不抽烟，但是随即从口袋里掏出一包槟榔来，递给笔者一个："抽烟对身体有害，还是槟榔有味。"

各种时尚食品也正在不断丰富村民们的饮食结构。在村中采访，笔者发现几乎所有有小孩的家庭都有电视里打广告的各种零食，包括薯片、糖果、饼干、饮料等。家长们都反映，这些广告的小食品很受孩子们的喜欢，虽然价格不菲，大家对其营养价值也不甚了解，但是为了孩子，大家还是愿意买。因为"看到电视里有的东西，他就喊着要"。

## 二 节庆习俗变化

首先，传统节庆习俗越来越淡了。随着村民生活条件的改善，村民的日常生活越来越好，过去只有过年才能享受的东西现在随时可以有了，过年的仪式也简化了很多。电视、网络使传统春节文化的生活方式由"群聚"变为现在的分散化、家庭化的活动趋势，从而使一些传统的年节文化内容及形式受到一定程度的冷落。侗族传统过年十分热闹，进入腊月人们便要准备过年的各种物资。过年要履行很多规定的礼仪，如祭祀祖先，祈求风调雨顺；开展各种娱乐活动，娱神娱人。现在大家感觉过年实在没有什么意思，无非就是大家吃一餐饭，许多程序能省则省，不能省的也改得面目全非。比如，绥宁县的侗族过去过年家家户户要贴对联，对联必须请有文化的先生来家里写，而现在街上到处都是卖对联的，很少有人自己写对联贴了，都是从集市上买了对联回去贴。过去过年有守岁的习惯，吃过年夜饭后，全家人围着火塘讲故事、聊天，守到半夜甚至天明。现在大家都围着电视看春节联欢晚会或电视剧，有的干脆打牌、打麻将。过去春节期间，喜欢打闹年锣、舞狮子龙灯，现在很多人喜欢上了看电视，嫌打闹年锣太吵，舞狮子龙灯太累，耽误睡觉，浪费钱，越来越不受人们的喜欢了。

其次，新兴节庆氛围浓厚。随着年节习俗的淡化，一些新的节日如元旦、圣诞、国庆、"五一"劳动节等传入了村寨，为广大村民所熟知、欢迎和重视。每到"五一"或"十一"长假，电视、报纸和网络长篇累牍关于过节的报道，让村民也感同身受节日的氛围。特别是关于节日乡村旅游的报道，引起村民的浓厚兴趣。一些人萌发了搞乡村旅游、搞农家乐的念头。芷江侗族自治县碧涌镇碧河村村支书和村主任多次跟笔者提起利用洪江托口电站水库蓄水搞水上乡村旅游的设想，准备搞特色养殖，办农家乐餐馆。他们还到湘西的凤凰、矮寨和贵州的郎德苗寨参观、学习。芷江本土的"和平文化节"受到村民的一致欢迎，每逢和平文化节召开，村民们没事的都喜欢跑到芷江城里看热闹，购物俨然成为一种新的民族节日。

与此同时，一些侗族传统节日借助新媒体的传播平台，走出侗寨，传向全国，甚至漂洋过海。

大雾梁歌会是湘、桂、黔三地侗族人民举办的歌会，每年四月间举行，一般在农历立夏前18天举行，为期3天。歌会期间，附近广西、贵州等省区的侗、苗、壮、瑶、汉各族人民也成群结队前往参加。少则数千，多则上万，人山人海，异常热闹。男女青年或坐而盘歌，或立而对歌。歌词题材广泛，歌声清脆悠扬。各族人民互通有无，竞相选购。夕阳西下，人们带着节日的喜悦和选购的物品渐渐散去。近年来，随着民族旅游和非物质文化遗产保护的实施，大雾梁歌会吸引了大量的文化旅游者和影视爱好者前往旅游和摄影创作，大雾梁歌会也经众多文化旅游者和影视爱好者的镜头传向全世界。在百度搜索可以找到840个搜索结果。

QQ、微信、微博等成为广大侗苗同胞了解参与"姑娘节"活动的重要方式。

### 三 人生仪礼变化

随着时代的发展变迁,许多外来文化形式逐渐侵入侗族传统文化之中,许多人生礼仪的传统习俗正在发生明显变迁。

庆生习俗逐渐融入了现代都市文化元素,过生日也流行吃蛋糕、点蜡烛、唱生日歌。虽然传统的庆生吃红鸡蛋、喝甜酒依然保持,但已经明显不是庆生的重要环节了。给小孩"打三朝"时,相比传统的送衣服、鞋帽,主家更看重的是给"红包"以及红包的大小。给老人过寿时,同样喜欢送"红包"为贺礼。随着经济的发展,人民生活水平的提高,同时受"消费主义"思想的影响,近年来湖南侗族地区的人情开支水涨船高,有个别地区出现了相互攀比、畸形送礼的现象。

结婚历来是各族同胞的人生大事,侗族同胞同样十分重视结婚仪礼。传统结婚需要经过严格的程序并遵循一定的习俗,而现代婚姻因为受到西式婚姻文化的影响,其程序发生了较大变化,其形式也发生了较明显的变化。如西式婚纱的流行便是典型案例。

受汉族文化影响,湖南侗族地区较早实行土葬。农村去世者一般按照传统习俗,实行土葬。在城市工作、具有一定身份者去世,有实行土葬者,也有实行火葬者。而从丧葬仪式来看,葬礼的悲情色彩逐渐淡化,人们更加注重生者的生活。在服丧期间,除了一些较为重要的报丧、祭祀、送葬、下葬等环节必不可少外,很多服丧期间的传统饮食、装饰、守丧等禁忌已经被逐渐废除。比如,为了打发晚上守丧时的无聊和睡意,很多人在晚上守丧时打麻将,玩纸牌,看电视,邀请红白喜事礼仪歌唱队唱歌奏乐,而所唱曲目不少即为流行歌曲。

### 四 社交习俗变迁

2011年元旦,怀化普降大雪,冰雪封山,天寒地冻。清早,笔者的QQ就收到了来自芷江侗族自治县碧涌镇碧河村YXJ的拜年留言。我们虽然相隔百里,却能通过现代化的方式进行交流和问候。正是随着手机、网络在侗族地区的不断发展,侗族同胞传统社交习俗发生了很大的变化,人们的社交目的变得越来越理性化,社交手段也越来越多样化。

在交往对象的选择上,长期以来,侗族村民们最为注重的是情感因素,但在电视影响下,村民社会交往从感性走向理性。电视影响着农村居民在选择交往对象上的理性程度,每天接触电视时间较长的受众所受影响也较深,他们接触并逐步内化了电视中展示的现代都市交友方式,除了感情因素外,他们最注重的就是交往对象能否为自己提供实际的帮助。他们在交往过程中注重"成本"与"效益"的分析,在充分考虑自己所要进行的交往是否可以获得利益最大化后才作出选择与决定。这就使他们倾向于同"有钱"和"社会地位高"的人交往,同时导致了农村社会交往中工具理性增强的趋势。调查发现,平时喜爱收看新闻节目的被调查者在发生人际冲突时有75.1%都会选择与他人"面对面协商解决";而不爱看新闻的村民中,只有41%的人采取协商解决的办法。因为电视新闻是村民们了解外界信息、社会知识的重要渠道,有着极强的"教化"功能,经常接触新闻的受众往往具有更强的理性和是非判断能力。在大众传播媒介不够发达的农村,这种作用尤为明显,特别是与日常生活非常贴近的"社会新闻"的日益增多,村民们从新闻节目的收看中增强了处理现实问题的能力,从而在社会交往中遇到同类问题时能够更好地采用理智的方法加以解决,也使得以单纯情感因素为特色的农村社会交往向更理性的方向发展。

"农村不像城里,邻居之间发生纠纷矛盾是经常的。谁敢保证你的鸡鸭不到我的园里去?谁敢保证你的牛过路不吃我家的禾?这是难免的。但是,关键是要怎么和气地解决,不能像过去一样以牙还牙,现在都是法治社会,电视里不是常说什么和谐社会,互相商量下就算了。他们修路占了我那么多菜地,我都没说什么。"YXJ就是喜欢平时上上网,看看新闻,对当前国家发展形势比较了解,视界比较开阔，处事比较理性。

随着电视、手机、网络的发展，信息传递变得越来越方便，侗族同胞的社交手段也变得多样化了。过去人们结婚办酒报喜、老人去世报丧等都要亲自登门拜访，要写专门的帖子，现在手续简便多了，一般的亲朋好友都不太讲究有没有帖子，只要打个电话报个信就可以。

受新媒体的影响，侗族同胞的称呼也在发生变化。过去妻子称丈夫为"当家的"、"孩子爹"，现在大多叫"老公"了；丈夫称妻子也由"屋里的"改称"老婆"、"爱人"；孩子称呼父母也大都喜欢在前面加个"老"字，儿子叫爸爸喜欢用"老爸"、"老爹"，叫妈妈喜欢用"老妈"、"老娘"；小孩子称姑姑也喜欢套用男性称呼，叫"满满"。

电视还教会村民们很多新词汇和用语。一些政治用词，如"和谐社会"、"三个代表"、"科学发展观"、"习大大"等，经常被挂在村民的嘴边。此外，更多的是一些社会生活的词汇，如"美女"、"小姐"、"Out"、"OK"、"Byebye"。

旧习俗受到现代娱乐方式冲击，渐渐衰落。除夕夜阖家聊天、长辈传家谱的惯例如今已被收看"春节联欢晚会"所代替，人们吃完年夜饭便坐在电视机前观看晚会，家族内文化传承活动变得很少。老者感慨："现在不讲传统礼节、家族传统，这些习惯也越来越淡了。"

在传媒的影响下，现代化节日对传统节日造成很大冲击，传统节日从形式到内容都发生着改变，并且影响着人们的生活方式。然而，传统休闲方式、生活方式的衰微和传统文化的变迁，并不必然意味着人们对现代生活的适应，越来越多的人沉迷于麻将、纸牌、"六合彩"等赌博活动。这不能不让我们重新思考传统节日的社会功能，以及传统文化变迁过程中产生的社会心理缺失。

## 五　医护习俗变迁

随着侗族同胞健康观念的增强，以及生活和医疗水平的提高，湖南侗族同胞的医护习俗也发生了很大的变化。

首先是村民更加注重自我身心健康，有病求医成为大家的共识。

过去由于农村医疗条件太差,有病不能求医,只能"小病拖成大病,大病挨成绝症"。随着农村经济条件的改善,在大众传媒健康保健宣传的影响下,村民们开始重视自我身心健康,有病求医成为大家的共识。1993—2005年,芷江侗族自治县农民用于医疗保健的支出占农民人均纯收入的比例逐渐上升,由1993年的2.1元上升至2005年的5.6元。(图3-13)

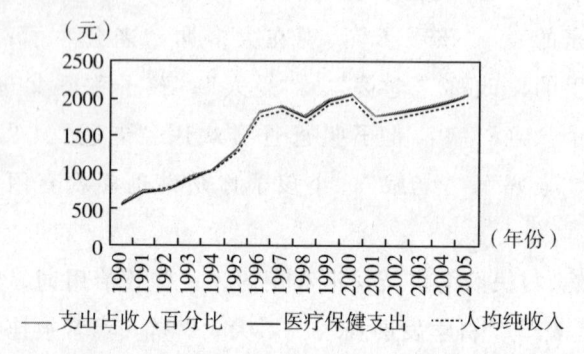

**图3-13 芷江侗族自治县农村住户收入和支出**(单位:元,%)

资料来源:《芷江县域经济发展十五年——1990—2005年主要统计资料》,转引自龙运荣《大众传媒与民族社会文化变迁——芷江碧河村的个案研究》,中南民族大学博士学位论文,2011年。

过去,限于科学技术和医疗手段的落后,侗族同胞对疾病的认识十分有限,多信鬼神,人生病被认为是鬼神在作祟。因此,一旦有人生病必请巫师驱鬼求神。随着社会的发展,医学知识不断普及,侗族同胞对疾病的认识更加科学和深刻,对幼儿疾病的防治更加相信医学和科学,生病打针吃药、上医院已是人们的共识。求神问卜、驱鬼还傩虽然在湖南侗族地区作为一种民俗依然流行,但是已经丧失了其原有的含义,其疾病治疗的功能正在不断弱化。电视广告词"小儿咳嗽,请认准可可牌"成为年轻侗族父母的日常医疗准则。"我不太相信什么鬼怪,我的孩子感冒、发烧,我会带他到卫生院去看病,打点针,吃些药。如果几天还不好,就得到城里医院去了,那里的医生医术和设备都要好些。要是重病就直接上怀化医院了。'非典'流行的那年,都是我抱孩子到卫生院打预防针。这几年,各种流行病很多,只要电视新闻上讲有什么传染病,我一般都会带孩子去打预防针。因为孩子抵抗力差，我们又不懂医，还是打预防针比较好。"田野调研数据表明，72.03%的受访者表示如果生病了，将会去医院看病（图3-14）。

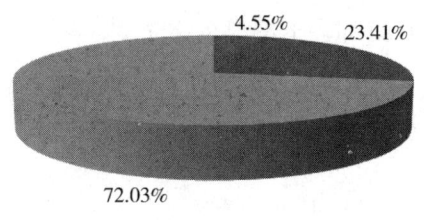

```
         4.55%  23.41%


         72.03%

   ■ 烧香拜佛  ■ 说不清  ■ 去医院看病
```

**图3-14　如果您生病了会怎么做**

过去，囿于经济条件和认识水平的限制，人们的卫生观念主要停留在看得见的物体方面，对看得见的泥巴、粪便、腐败之物，村民们认为是不干净的，而对看不见的东西则认为是干净的。在传媒的"劝说"下，村民们的卫生观念已经有了很大的增强，洗洁精、洗衣粉、香皂和洗发水等日常清洁用品进入了村民的家庭。饭前便后要洗手、勤换衣服、勤剪指甲、早晚刷牙洗脸等成为村民的生活习惯。芷江侗族自治县碧涌镇碧河村的YQ也开始用香皂和洗发水给孩子洗澡，她经常引用电视里的舒肤佳香皂广告来教育她的儿子要洗手："崽崽，电视里都讲了，不洗手会有很多小虫子钻进肚子里的，肚子就会痛的哦！"这一招的确很奏效，她儿子一般都会乖乖地跑来洗手。而YQ的婆婆那代人却很少有使用香皂的习惯，不经常刷牙，也不经常剪指甲。同时，随着农村改水改厕工程和当前新农村建设的实施，村民们对垃圾的处理也开始有所变化。过去村民们乱丢垃圾，搞得屋前屋后到处都是垃圾、果皮和纸屑，蚊蝇滋生。近年来，随着新农村建设的开展，侗族地区的村容村貌和环境卫生得到了很大的改观，村民的卫生观念有了很大增强。特别是媒体关于流行性疾病的报道，2003年的"非典"、近年来的禽流感、季节性的流感已经为广大侗族同胞所熟悉，让村民们的疾病防控意识得到加强。过去，大人给孩子把尿后，一般是叫狗来吃掉便完事，根本不会用拖把拖地，要是拉尿就任其自然蒸发掉。YQ给她孩子把屎把尿后，总要用拖把把地面拖干净。

YQ每天清早起来还要带孩子一起扫垃圾、拖地面。对垃圾的处理讲究多了，专门把垃圾倒在屋旁，定期焚烧。特别是沼气的发展，给村民的厕所改造带来了很好的机会。许多人将厕所改建成了洗澡与厕所兼用的现代城市型的厕所，干净卫生多了。

# 第四章　新媒体语境下湖南侗族传统文化现代性建构方式及特点

在不同的历史阶段和文化传统下，现代性建构的方式不尽相同，特点各异。在新媒体时代，湖南侗族传统文化的现代性建构方式多种多样，呈现出鲜明的时代特点。

## 第一节　新媒体语境下湖南侗族传统文化现代性建构方式

现代性建构是指一种文化或社会实现现代化发展，生成现代性内涵，获得现代性特征的过程或结果。现代性建构是社会系统整体的结构性变迁，而这种变迁的途径是多种多样的。也就是说，在不同的历史阶段和文化传统下，现代性建构的方式不尽相同。结合湖南侗族传统文化现代化发展的历程，我们发现，市场经济、民族自治政策、城镇化、人口流动、现代教育和大众传媒等都是促进湖南侗族传统文化现代性建构的重要方式。

### 一　市场经济的推进

市场经济是现代性发展的内在要求，也是现代化运动的重要体现。20世纪80年代后，市场经济体制在我国最终得以建立并蓬勃发展。随着市场经济体制的逐步建立和完善，湖南侗族地区的市场经济逐步活跃起来，各种经济类型蓬勃发展，传统的民族农特产品被开发利用、培育成为侗族地区的重要经济类型，广大侗族同胞的思想、行为、观念也发生了重要变化。

自元朝开始,芷江就有中秋节必吃鸭的传统食俗,同时也有将制好的鸭制品赠送亲朋好友的习俗。芷江鸭选用放养于稻田山涧小溪的纯种麻鸭为原料,经抹蜜、油炸,用芷江本地野生芷草等多种天然香料和多年循环老汤,加上侗乡传统工艺精细烹制而成,具有皮色鲜艳、肉嫩可口、滑爽不腻、回味悠久等独特风味和营养滋补之功效。喂鸡、养鸭,长期来被当地侗族同胞看作传统副业,如今变成了发展经济的主业。该县33万农村人口中有30%以上从事芷江鸭及相关行业,其中相关从业人员80%稳步致富,芷江鸭年产值已突破2亿元。湖南芷江和翔鸭业有限公司开发出了芷江酱板鸭、芷江鸭休闲产品等10多个系列品种,芷江鸭先后获湖南省农博会"金奖"、国家地理标志商标,畅销全国,甚至漂洋过海远销新加坡、韩国、俄罗斯等国家。

新晃侗族自治县黄牛养殖在市场经济的带动下,取得快速发展。关于新晃的黄牛,还有一个传说。相传在遥远的古代,新晃境内水岸边酒店塘有一个老婆婆,开一个小酒馆维持生计。一天,有个神仙路过,在酒馆喝酒吃饭,见老婆婆人很善良,但年老体衰,生活困难,觉得很可怜,有意给她点好处,便从葫芦里取出七粒米放在酒店后的水井里,又取出七粒米放在旁边的草地上。于是井水变成了美酒,草地上出现了七头黄牛;美酒舀也舀不完,牛杀了一头后第二天又补足七头。有了美酒和黄牛肉,老婆婆的生意一天天兴隆,家里一天天富裕起来。三年后,那神仙又经过那里,问老婆婆:"酒好吗?"老婆婆回答:"酒好是好,可惜没有酒糟喂猪。"神仙便在店门上题了四句诗:"天高不算高,人心才算高。凉水变成酒,还说酒无糟。"题罢飘然而去。从此井水仍是井水,再无一点酒味。老婆婆后悔不已,于是将七头黄牛分给了老百姓,之后发展了成千上万头。新晃黄牛养殖历史已有上千年。1825年(清道光十五年)编纂《晃州厅志·典礼》记载,用黄牛举行"迎春礼"和"黄牛式"。一般农户每家都养有黄牛,有钱人家养三四头,甚至更多,要请专人饲养。新中国成立后,新晃县委、县政府十分重视黄牛生产,群众养殖积极性空前高涨。1950年,县政府为保护黄牛,颁发"严肃滥杀耕牛"公告。1952年,开展耕牛保险，发放贷款，扶持养牛户，全县养牛达25211头，农户产均0.8头。20世纪70年代，还办起了两个规模较大的养牛场。改革开放以后，更提高了农民养牛积极性，1989年全县有黄牛46868头。1994年，新晃实施"畜牧兴县"的方针，调整畜牧业内部结构，秸秆氨化养牛和饲料青贮饲养取得成功，开始引进推广牛冷配技术，改变传统饲养模式，转向商品化养殖，养牛业快速发展。1995年，全县饲养量达8.17万头，出栏1.05万头。1997—1999年，新晃相继被列为"湖南省草食动物生产基地县"、"肉牛生产基地县"和"全国秸秆养牛示范县"。2008年，全县养殖黄牛18.63万头，出栏7.01万头，创产值2.45亿元，占全县畜牧业产值和农业总产值的比重达31%和18%。全县生产分割黄牛肉2000吨，黄牛肉加工制品3000吨，产值2.8亿元。2009年，全县养牛12.4万头，出栏4.6万头，存栏7.8万头，养牛业产值达3.21亿元，占畜牧业产值的56.6%，占农业总产值的38%。随着黄牛产业的发展，牛肉食品加工企业在新晃悄然兴起。2009年，全县加工牛肉8000吨，实现加工产值3.2亿元，位居湖南省首位。全县从事牛肉加工的产业技术工人达600余人，所开发生产的冷鲜牛肉、酒店牛肉、休闲牛肉、腊制牛肉四大系列的80多个品种，远销北京、中国香港、中国澳门及新加坡等地区和国家，产品供不应求。① 随着湖南侗族地区2014年进入"高铁"时代，新晃牛肉也进入快速发展轨道。2014年，全县养黄牛14.3万头，出栏5.24万头，产值4.56亿元。②

会同、绥宁、靖州等侗族聚居区是竹子之乡。过去，侗族同胞生活在竹海中，祖祖辈辈用竹子、吃竹笋、烧竹子，却不知道用竹子换钱。换句话说，市场经济的概念在广大侗族同胞的脑海中还没有形成。20世纪80年代后，会同县是南方重点林区县，又是全国100个商品竹基地县之一。该县立足这一特有的区域特色，大力发展楠竹"短、平、快"项

---

① 李丹：《湖南怀化新晃黄牛肉获国家地理标志保护》，载《新华网湖南频道》，http://www.hn.xinhuanet.com/newscenter/2010-09/16/content_20923365.htm，2010-09-16。

② 《新晃黄满山跑出好身价》，载《央视网》，http://sannong.cntv.cn/program/meirinj/20140730/101626.shtml，2014-07-30。

目。截至目前,全县从事竹业开发的农户达2万人,年创产值突破1.2亿元,占全县国民经济收入的32.3%。通过楠竹加工重点项目的引进和建立,不仅改变了原竹滞销卖难的现象,而且使原竹价值提高了3—4倍。竹木资源的开发大大增值,促进了广大林农的造林、育林积极性。近两年,该县楠竹造林抚育由原来的30万亩发展到50万亩,大大转化了农村剩余劳动力。同时带动了上万家竹木半成品加工企业的兴起,全县竹木加工产值近两亿元,年上缴财政税费2000多万元,成为财政创收的重要来源。目前,全县除了汇森公司、金裕公司、肖家乡竹胶板厂等龙头企业外,另有地灵、长寨、金龙、马鞍等21个乡镇192个村已发展私人加工企业685家,产品涉及竹地板、竹胶板、竹跳板、竹席、竹筷、牙签、竹工艺品、造纸等50多个品种。

  在市场经济的推动下,湖南侗族传统的自给自足的自然经济和小农经济逐渐瓦解,广大侗族同胞从传统的农业社会正在向现代化的工业社会过渡。处于转型社会中的侗族同胞,其生产生活方式经历着巨大的变迁。从人民公社时期的以集体经营为主,到改革开放以来以家庭经营为主的生产方式变化带来了农民生活方式的改变:以集体为本、毫无个人意志的集体生活正逐步淡出农民的视野,而在市场经济环境中催生出的个体本位、自主意识、自我精神正在悄然觉醒。

  随着农民生产方式和生活方式的变革,农民的社会心理也发生了巨大的转变:传统的集体主义精神在逐渐隐退,原有的传统心理如小农心理、功利心理、天命心理等正在被消解;农民从传统的小农意识中走出,现代性的与市场经济相联系的心理在逐渐生成。从整体上看,农民的社会心理呈现出以现代性为主的社会心理特征,即竞争心理、求富心理、开放意识及自我主体意识在增强。

  正如第三章所述,新晃侗族自治县的龙开炼、龙开权、龙景连、龙景云、龙文锡等人和靖州苗族侗族自治县的李昌发以及芷江侗族自治县的YMK、YXJ等人勇立时代发展潮头,积极参与市场经济发展,引领湖南侗族地区现代化发展。在市场经济大潮的洗礼中,他们与现代市场经济发展相适应的竞争意识、时间观念、创新意识等得到增强,现代性特征得到彰显。

## 二 民族政策的引导

在国家政策和法规的引导下，特别是在一系列民族政策的支持和帮助下，湖南侗族地区的政治、经济与社会获得快速发展，侗族民族主体意识和民族认同得到增强，民族事务处理实现自治，传统文化的现代性建构发展迅速。

（一）恢复民族成分，增强民族主体意识和民族认同感

在党的十一届三中全会精神指引下，为解决历史遗留问题，加强落实民族政策的基础性工作，从而改善和发展社会主义民族关系，湖南省人民政府办公厅于1982年6月16日转发了省民委等单位《关于恢复或改正民族成分几个具体问题的请示报告》。根据省民委关于恢复少数民族成分工作的文件精神，有关地方党委、政府结合本地实际，积极稳妥地开展了恢复少数民族成分工作，恢复了符合条件的部分群众的少数民族成分。靖州、芷江、新晃、会同、绥宁等县许多侗族同胞的民族成分得以恢复或更正。

1983年5月，中共靖县县委、县政府就寨牙乡等地群众要求恢复苗族、侗族成分的问题向怀化地委、行署和湖南省委、省政府提出报告。1984年6月，靖县县政府向怀化地区行署、地区民委及省政府、省民委呈报了《关于我县铺口、坳上等11个乡部分群众要求恢复苗侗族成分的报告》。湖南省民委于1984年6月29日以湘族字〔1984〕第20号文件向县政府发出了《关于靖县铺口等11个乡部分群众要求恢复为少数民族成分问题的函复》，同意上述乡恢复少数民族成分的要求。靖县县政府根据省委文件，恢复了部分群众的民族成分。至1988年，该县苗族人口达72900人，侗族人口达42341人。

1985年，会同县政府向湖南省政府及省民委上报《关于会同县部分群众更改侗族苗族成分的请示》。湖南省民委与怀化地区民委组成联合调查组，于1991年5月24日至30日前往会同县检查了民族成分遗留问题。联合调查组认为：应认定会同县部分汉族群众为侗族和苗族成分。会同县共有侗族和苗族群众176703名，占全县总人口的54%。湖南省民委于1991年10月6日向省政府呈报了《关于解决会同芷江两县少数民族成分

遗留问题的请示》，1991年10月31日，省民委发出了湘族字〔1991〕第46号文件《关于会同县少数民族成分的批复》，同意会同县恢复部分汉族群众的少数民族成分，其中侗族有133173人，苗族有23234人。

1981年12月，中共绥宁县委、县政府将部分群众要求将恢复少数民族成分问题的报告上交湖南省民委。1982年11月，湖南省民委派彭继宽、吴万源等人到绥宁鉴别民族成分。1984年5月，湖南省民委发出了湘族字〔1984〕第14号文件《关于绥宁县东山区等地群众要求恢复少数民族成分问题的复函》，批准绥宁县东山、朝仪、鹅公岭等地恢复58751人的苗族成分和39013人的侗族成分。1990年以后，绥宁县又恢复了34000多人的苗族、侗族成分。

1982年，经湖南省人民政府批准，全省24个民族公社改为民族乡，分布在怀化、零陵、邵阳、郴州地区的12个县。1984年12月，除全省24个民族公社改建为24个民族乡外，根据当时恢复民族成分、少数民族人口增长的情况，全省新建了一批民族乡。其中，绥宁县建立了东山侗族乡、朝仪侗族乡、鹅公岭侗族苗族乡、寨市侗族苗族乡、乐安铺苗族侗族乡、联丰苗族侗族乡、兰家侗族苗族乡；芷江建立了板山侗族苗族乡和梨溪口侗族乡。至1989年，湖南全省建立了79个民族乡，少数民族人口达382504人，分布在全省29个县（市），使散居少数民族实现了当家做主的平等权利。

对于侗族人口所占比例达到符合设立民族自治区域标准的地区，批准成立了侗族自治县。1954年5月7日，国务院决定撤销通道县，成立通道侗族自治县，为湖南省成立最早的自治县。长期以来，新晃一直为侗族等少数民族聚居地区。1953年人口普查，全县13.4104万人，少数民族5.165万人，占总人口的38.5%；其中侗族4.9808万人，占总人口的37.1%。1955年，一批居民恢复民族成分，少数民族人口上升到9.9821万人，占总人口15.518万人的64.25%；其中侗族9.6534万人，占总人口的62.2%。1956年1月，中共晃县县委、黔阳地委统战部联合向中共湖南省委、黔阳地委上报《关于撤销晃县建制，成立晃县侗族自治县的报告》。1956年6月14日，国务院第三十一次会议作出《关于撤销湖南省晃县，成立新晃侗族自治县的决定》，将"晃县"改名为"新晃",并将芷江县碧涌区的姑召、土鹿坪、碧李桥、米贝、竹坡、步头降,新店坪区的腿溪、天雷等乡划归新晃侗族自治县。9月12日,新晃侗族自治县筹备委员会成立。12月1—5日,新晃侗族自治县举行第二届人民代表大会第一次会议。大会通过《湖南省新晃侗族自治县人民代表大会和人民委员会组织条例(草案)》和《关于继续加强民族团结的决议》等。1985年1月,中共芷江县委和县人民政府成立恢复改正民族成分登记工作领导小组和办公机构,各乡镇确定专人负责,对民族成分进行重新登记,经过审核批准,全县共办理恢复少数民族成分41187户,162241人,占全县总人口的53.41%。其中侗族13.98万人,占总人口的46.01%。2月7日,根据《宪法》和《中华人民共和国民族区域自治法》之规定,县第九届人民代表大会常务委员会第七次会议作出《关于同意申报成立芷江侗族自治县的决议》。2月10日,县人民政府根据县人大常委会决议向怀化行署和湖南省人民政府呈送要求成立芷江侗族自治县的报告。1986年9月22日,国务院同意撤销芷江县,设立芷江侗族自治县。

通过民族成分的恢复或更正,广大侗族同胞的民族主体意识和民族认同感得到增强。田野调研情况表明,高达96.5%的受访者认为侗族跟汉族有区别(图4-1),其中56.75%的受访者表示侗族与汉族的区别主要是经济发展不一样,侗族经济发展明显落后于汉族。93.5%的受访者表示有必要保持侗族文化传统,其中53.5%的受访者表示很有必要保持侗族文化传统(图4-3)。

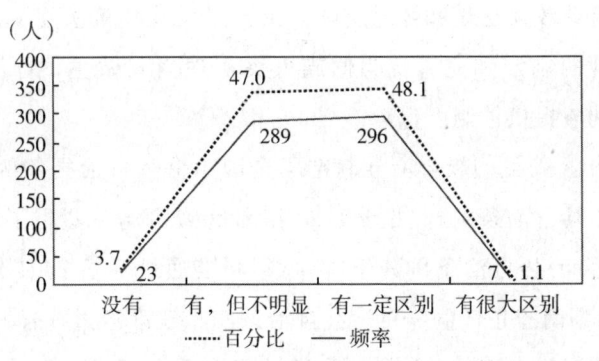

**图4-1 您认为侗族跟汉族有很大区别吗**

图中饼图数据：
- 生活习惯不一样 56.75%
- 语言不一样 22.93%
- 信仰不一样 4.55%
- 文化背景不一样 5.04%
- 教育方式不一样 4.72%
- 经济发展不一样 6.02%

图4-2 您认为侗族跟汉族的主要区别

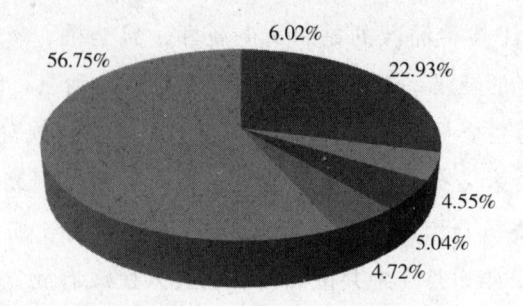

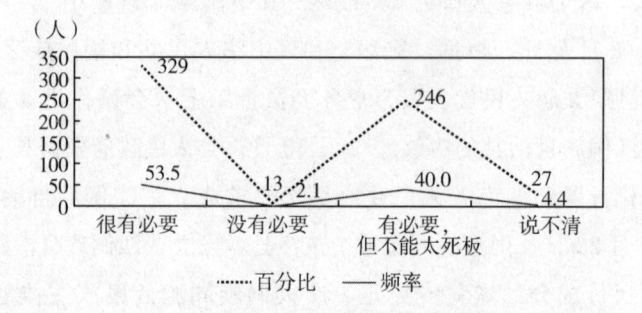

图4-3数据：
- 很有必要：53.5（百分比），329（频率）
- 没有必要：13（百分比），2.1（频率）
- 有必要，但不能太死板：40.0（百分比），246（频率）
- 说不清：27（百分比），4.4（频率）

图4-3 您认为现代社会是否有必要保留侗族传统文化

## （二）制定自治法规，为保护同胞权益提供了制度保障

依据宪法和民族区域自治法的规定，湖南侗族地区制定并完善了民族自治法律法规。从20世纪80年代以来，怀化市、县两级党委、人大和政府根据有关政策法规和怀化实际，出台了民族政策法规文件40个。这些法律法规的制定和完善，为侗族人民实现当家做主，行使自治权力，保护合法利益提供了制度保障。

1986年，新晃侗族自治县制定了全国第一个自治县条例《湖南省新晃侗族自治县自治条例》，并于1988年和2007年分别进行了修正。此后，《通道侗族自治县自治条例》于1988年获准通过，于2004年进行修正。1992年，《湖南省芷江侗族自治县自治条例》获准通过。1992年，《湖南省靖州苗族侗族自治县自治条例》通过，并于2007年修正。

与此同时，一些地方性单行条例的制定也为保护一些特定领域的侗族同胞利益提供了制度保障。如，《芷江侗族自治县普及义务教育若干规定》于 1996 年获准通过,《靖州苗族侗族自治县林业条例》于 2001 年获准通过,《通道侗族自治县万佛山侗寨风景名胜区条例》于 2011 年获准通过。

(三) 实施反贫困战略,扶持各民族经济社会现代化发展

20 世纪 70 年代国家实施反贫困战略,民族地方成为扶贫重点。通道、新晃、芷江等侗族自治县被列为湖南省贫困县,得到了相应的支持。1994 年以来实施的"八七"扶贫攻坚计划,国家支持力度加大,每个贫困县每年获 3000 多万元支持。进入 21 世纪,通道被列入"国扶县",进一步得到支持。在国家的帮助下,民族地区有近 100 万人口解决了温饱问题,5 个自治县农民的人均纯收入由 1979 年的 113 元增加到 2004 年的 1732 元。①

积极帮助、支持少数民族人口过半县争取比照自治县政策待遇。通过多方努力,使绥宁、会同等少数民族人口较多的非少数民族自治县在财政转移支付、扶贫开发、民族发展资金、重点项目建设等方面享受到了部分民族优惠政策,在省内基本上享受到了接近少数民族自治县的优惠政策待遇。比如,绥宁县通过积极争取"比照少数民族自治县经济待遇"、"比照省扶贫开发重点县待遇"和"纳入中部地区比照西部大开发政策实施范围"三项国家优惠政策,获得了一条国家资金支持的"绿色通道",享有国家在交通、建设、扶贫开发、教育、民族、文化、卫生、科技、财政转移支付等诸多方面的资金扶持。如果纳入西部大开发政策实施范围,仅教育扶持一项,每年就将获得 2300 万元的政策扶持;凭扶贫开发重点县政策,仅农村公路建设通畅工程一项,国家每公里的补助标准由 10 万元提高到 12 万元。②

充分利用优惠政策帮助民族乡加快发展。怀化市将民族乡逢十庆典由"县管"提升为"市管",在全省民族乡的乡庆史上实现了"三个首次",即"市人民政府首次直管乡庆活动"、"省财政首次直接支持乡庆活动"、"省里首次组团参加乡庆活动"。通过乡庆活动,使民族乡的基础设施得到加强,社会事业、特色产业快速发展,民族政策法规得到更加广

---

① 邓元武:《民族区域自治的巨大成就》,载《中国民族报》2005 年 5 月 26 日第 10 版。
② 数据来自伍备战 2007 年 1 月 24 日在县委经济工作会议上的讲话材料。载绥宁政府网, http://www.hnsn.gov.cn/display.asp?id=1907。

泛深入的宣传贯彻落实，少数民族群众感恩党、感恩政府的心情更加强烈。同时，以21个民族乡每乡每年省里安排的5万元、市里安排的2万元散居少数民族发展资金为引导，整合其他资金，较好地解决民族乡的道路维修、人畜饮水、电力、文化、教育、卫生等基础设施建设，使21个民族乡贫困面貌逐步改善。①

（四）着力人才培养，增强对地区现代化发展的引领作用

民族和国家的现代化最终是人的现代化。因为个人的心理、态度、价值观、思想的现代化改变是现代化机构和制度产生实质性后果和作用的最基本的先决条件之一。个人的心理态度、价值观朝现代化改变，同时会伴随着行为方面朝现代化转变。这些行为的改变，能给导致国家现代化的政治、经济制度赋予真正的意义和生命，并持久地支持国家朝现代化方面的转变。②民族干部的培养，就是要培养适合现代化发展需要的各少数民族个体，通过这些富有现代性特征的符合现代化发展需要的少数民族个体的带动和引领作用，促进更广泛的其他少数民族同胞获得现代性特征，实现现代化发展需要，成为现代化的人。

一方面，随着民族政策和《自治法》的贯彻落实，加大民族干部培养力度，为少数民族当家做主提供人才保障，特别是民族地区自治机关干部的民族化。以怀化市为例，怀化建市12年来，特别是自2005年全国、全省培养选拔少数民族干部工作座谈会召开以后，怀化市委、市政府积极贯彻中央精神和省委要求，专门下发了《关于加强少数民族干部培养选拔工作的意见》，制定了《2005—2010年怀化市培养选拔少数民族干部工作规划》；在加强培养锻炼上下工夫，不断提高少数民族干部人才的综合素质。狠抓教育培训，不断提高少数民族干部人才的文化理论素养。强化实践锻炼，不断增强少数民族干部人才的领导能力和工作水平。在选拔使用上下工夫，不断将优秀少

---

① 张太龙等：《少数民族合法权益保障研究——以怀化市为例》，载湖南省民族事务委员会网站，http://www.hunanmw.gov.cn/? study/Article52/4436.html，2014-01-20。
② 殷陆君编译：《人的现代化——心理、思想、态度和行为》，四川人民出版社1985年版，第273页。

数民族干部人才推上领导岗位。近年来，在配备民族地区班子中，坚持在同等条件下优先选拔少数民族干部人才等；在建章立制上下工夫，推动少数民族干部人才培养选拔的规范化、制度化。建立了党委研究培养选拔少数民族干部工作的制度、目标管理制度、督促检查制度以及部门配合机制。① 自2003年来，怀化市民委坚持每年与市委党校联合开办一期少数民族干部培训班，至今已联合开办12期，共720多名少数民族干部受训；与此同时，还积极推荐少数民族干部到国家民委、省民委挂职轮训；选派20多名优秀少数民族干部到中央民族干部学院培训；推荐120多名少数民族干部就读湖南省委党校研究生。② 在党的培养下，怀化市少数民族干部队伍逐渐成长壮大，至2004年年底，全市少数民族干部已达3万多人，占全市干部总数的31%，比1984年增加了一倍，其中少数民族专业人员达2000余人，具有中高级职称的少数民族干部有350人，两项均占全市总数的32.4%。一大批少数民族干部走上领导岗位，其中处级以上少数民族干部有298人，占同级干部的11%；市级四大班子中有少数民族干部11人，占30%；民族自治县县长和民族乡乡长均由自治民族和建乡民族的公民担任。5个自治县四大班子中的少数民族干部占48%。2004年，怀化市少数民族干部总数比例已由1990年的17.2%增加到31%。到2008年，全市少数民族干部增加到3.9万人，占全市干部总数的34%；处级干部总数已由1990年以前的147人增加到298人；5个自治县本届四大班子中的少数民族干部配备比例已由上届的48.3%上升到52.6%，少数民族散居县市区的领导班子中也按规定配备了少数民族领导干部；22个民族乡的乡长均由建乡的少数民族公民担任。市委、市人大、市政府、市政协领导班子中，少数民族干部占30.7%。③ 据不完全统计，怀化市侗族在职正处级女干部有4人。一批优秀的专业人才获

---

① 孙叶根：《怀化：加强民族干部人才队伍建设》，载《中国民族》2013年第11期。
② 湖南省怀化市民委：《湖南省怀化市民宗委加大少数民族干部培训工作力度》，载中华人民共和国民族事务委员会网站，http://www.seac.gov.cn/art/2014/3/19/art_36_201229.html，2014-03-19。
③ 中共湖南省怀化市委、怀化市人民政府：《落实民族政策法规 促进共同繁荣发展》，载《中国民族报》2005年5月26日第10版。

得国务院专家特殊津贴,其中湖南省的有湖南人民广播电台高级编辑杨长源、怀化市委宣传部副部长杨宏森高级编辑。中国作家协会侗族会员23人,其中湖南籍就有10人。

另一方面,加强对少数民族科学技术人才的培养,促进民族地区科学技术的发展。2001—2010年的十年间,芷江侗族自治县共完成农村实用技术和务工培训10.2万人次,有4000余名农民从实用技术培训总校结业,2900多名农民取得农业院校的结业证书,1.3万多名农民还获得了大中专函授学历,掌握了2—3门实用致富技术,有8万名农民掌握了1门以上实用致富技术。① 2002—2007年,新晃侗族自治县举办培训班30期,累计培训各类农村实用人才9000余人次,选派参加省学习的50余人次,全县绝大部分农村实用人才都掌握了2门以上实用技术,294名村会计领到了会计员、助理会计师资格证书,980名青年农民"土专家"领到了农技员、助农师资格证书,全县农民"土专家"有1560人。② 近五年来,通道侗族自治县举办各类农民素质教育培训班1783期,培训农民123975人次,累计转移农村劳动力227877人次,农民整体素质得到较大提升,取得了良好的经济效益和社会效益。该县连续四年被市人民政府评为"农民素质教育工作先进县",2010—2012年又先后获得全省和全国农民素质教育工作先进集体称号。③

### 三　农村城镇化带动

农村城镇化是指各种要素不断在农村城镇中集聚,农村城镇人口不断增多,城镇数量、规模不断增大,质量不断提高的过程。它是以工业为主体的非农产业集聚发展的必然结果,是农村社会演进并通往现代化的一个重要过程,是传统农村向现代都市文明的一种变迁。正是在这种变迁中,各种传播媒介、教育机构、文化艺术、时尚流行和现代通信技

---

①　刘麟、唐伟、田鸿:《湖南芷江:决战贫困 脱贫致富》,载中国经济网,http://district.ce.cn/zg/201004/13/t20100413_21266976.shtml,2010-04-13。

②　王行水:《培育新农民　建设新农村　新晃培训农民九种模式》,载《怀化日报》2007年4月25日第三版。

③　佚名:《湖南通道县:农民素质教育迈入快车道》,载《中华人民共和国农业部网站》,http://www.moa.gov.cn/fwllm/qgxxlb/hunan/201307/t20130703_3511067.htm,2013-07-03。

术应用等潜移默化地改变着人们的生活方式和思维方式。"新的城镇，也会体现出同社会组织中的现代观念有关的原则，如合理性、秩序和效率等。在某种意义上，这个城镇本身就是现代性的一个学校。"①

农村城镇化建设极大地带动了湖南侗族地区的现代化发展进程，这些地区也不断获得现代性特征。2005年以来，怀化市民族地区城镇新增绿化覆盖面积730公顷，新建公园6座，新增公园绿地面积500公顷，新增环卫机械185辆，新建公厕80余座。此外，各民族地区还相继建成了一批商业步行街、居民广场、街心花园、沿河风光带、雕塑与小品以及其他软硬质景观，造型美观、立面丰富的民族建筑大量涌现，城镇建设的品位在逐步提升。至2012年年底，全市民族地区有39个乡镇被评为国家或省级"生态乡镇"②。

在农村城镇化发展过程中，湖南侗族地区出现了一批发展迅速的中心集镇。其中最大的城市是怀化市府所在地——鹤城，其次是芷江侗族自治县的芷江镇、碧涌镇、新店坪镇，新晃侗族自治县的新晃镇，通道侗族自治县的双江镇、隆城镇、临口镇，会同县的林城镇，靖州苗族侗族自治县的渠阳镇，绥宁县的长铺镇、在市镇、东山镇等。这些集镇聚集了从农村而来的大量进城务工人员，他们从事与城市相关的各种工作，过着城市人的生活，追随着城市生活的节奏，同样饱受城市病的煎熬，忙碌而焦虑地被迫按点上下班，不得不在上班时间抽出时间接送小孩上学放学，不得不蜗居在钢筋混凝土的公寓里，不得不忍受汽车尾气的毒害。

## 四 人口流动的促进

流动人口是在中国户籍制度条件下的一个概念，目前尚无明确、准确和统一的定义，总体是指离开了户籍所在地到其他地方居住的人口。国际上，类似的群体被称为"国内移民"（internal migration）。2012年，

---

① ［英］克尔斯、阿列克斯、戴维·H. 史密斯：《从传统人到现代人——六个发展中国家中的个人变化》，顾昕译，中国人民大学出版社1992年版，第319页。
② 湖南省民委：《湖南省怀化市民族地区城镇化发展初见成效》，载中国民族宗教网，http://www.mzb.com.cn/html/Home/report/140314726-1.htm，2014-03-27。

我国流动人口数量达 2.361 亿人，相当于每 6 个人中就有一个是流动人口。① 人口流动是现代社会的典型标志，也是现代性的本质要求。同时，流动人口不仅仅是人作为单独个体的移动，流动人口还可以引起社会政治、经济和文化的一系列变化。人口流出和人口流入对湖南侗族传统文化现代性建构，都起到了极大的促进作用。

对于流入湖南侗族地区的外来人口来说，他们带来了先进的资金、技术和思想观念，促进了湖南侗族地区的现代化发展。改革开放的大潮波及湖南侗乡，芷江、新晃、通道、会同、绥宁等民族大县在资源开发、招商引资、经济协作、对外交流、引进人才等方面提供了许多优惠政策，吸引着国内外的资金、技术和人才汇集，带动地方经济、技术和科技的发展。以芷江为例，芷江确立了"诚信为本"的"亲商、安商、富商"理念，创新招商引资的工作思路，制定了《招商引资责任管理考核办法》，编制了《芷江投资指南》、《中国湖南芷江招商项目册》等资料，建立完备的招商引资"项目储备库"。通过"网行芷江"，开辟招商引资专栏，发布招商信息。通过节会招商，积极参加各级经贸活动，进行"上门招商"、"敲门招商"、"以商招商"、"友情招商"，创造了招商引资新模式。芷江吸引了前来考察、洽谈和投资的八方客商，外来企业年创产值1.6 亿元以上。

对于流出湖南侗族地区的侗族人口来说，他们主要是外出打工，融入现代都市生活中，获得了极大的现代性体验。他们逐步接受城市现代文明的熏陶，开阔了视野，学到了技术，增长了才干，增强了政治参与意识，强化了商品观念和市场观念，从外表到心灵深处都在经历由传统到现代的蜕变，客观上加速了农民现代素质的积累，从而极大地提高了农民的整体素质。从农民个体层面看，首先，流动可以促进农民增加对变迁社会的适应性和谋生的能力。其次，流动可以增加农民对新事物的接受性，尤其是对异己的宽容性。最后，流动可以扩大农民的生活半径，建立超越地缘和血缘限制的各种新型关系。最后，流动克服了农民长期具有的乏力感，使

---

① 代丽丽：《2012 年我国流动人口数量达 2.36 亿人 6 个人中就有 1 个》，载新华网，http://news.xinhuanet.com/fortune/2013-09/10/c_125360248.html，2013-09-10。

其获得了自信①。因而，流动人口在流动中提高了自身的各项素质。

在流动的过程中，流动人口通过对城市中现代文化的接触和体验，打破了封闭保守的传统观念，降低了行为的保守性和心理的封闭性，加速了自身传统性的解体，在个体人格、生存技能、情感体验和社会心理层面获得了现代性的体验，加速了从传统人向现代人的转变。周晓虹在《流动与城市体验对中国农民现代性的影响》一文中指出："近代以来，中国农民传统性的减弱，现代性的生长，是一个与他们逐渐走出土地、摆脱乡土关系的束缚相伴随的过程。在这个过程中，农村人口的外流及其进入城市生活，为他们接触现代文明提供了较为快捷的途径。"流动人口从农村进入城市，改变了生活环境，长期在城市中工作和生活使他们受到现代城市文明的辐射。在思维模式上，城市文明引导农民抛弃旧有的价值观和生活方式，克服在自给自足小农经济环境中养成的墨守成规、不思进取的特性；在生存方式上，城市文明增强了农民的竞争性和对新事物的接受性，人们知道的新生事物越多，他们接受新生活模式的可能性就越大。因而，流动和城市体验总体上对流动农民的思想观念、心理、行为等方面都产生了积极的影响，潜移默化中提升了农民的现代性，使他们逐渐从传统走向现代。由此可见，流动有助于个人现代性的培养，流动人口在流动中获得的是一种现代性的体验。

在流动中，流动人口通过现代性体验，改变和更新着已有的文化观念，同时也不断进行着传统文化与现代化调适。例如：受流动人口的影响，湖南侗族地区由传统向现代转型的进程中，出现了一系列新情况、新问题，而如何对其社会文化变迁过程进行调适与重构，使之适应现代化的需要，是我们正面临的一个无法回避且亟待解决的现实问题。流动人口促进了当地的现代化进程，其成效是明显的。打工群体返乡时带回来的一系列的价值观，如平等、自由的观念，成就取向世俗化，等等，这些观念及体现这些观念的制度规范和生活方式，与侗族传统的价值观念、宗教信仰、生活方式、行为方式等存在着明显的不和谐。而传统观念与现代化的调适，就是要正视并深入挖掘乡土观念的文化传统，以改

---

① 周晓虹：《流动与城市体验对中国农民现代性的影响》，载《社会学研究》1998年第5期。

造既有文化模式为基础,来构建新的文化形态。地方社会经济的发展要以改造本土社会现有文化模式为起点,反对背离乡土传统的文化替代;同时,文化发展要充分考虑到本区域内经济社会的不平衡性,要自觉与区域内经济社会的阶段性相适应。这种建构应该包括适应现代化需要的生活及生产方式、行为及心理结构、认知及思维模式、信仰及价值体系,等等①。

同时,人口流动也对侗族文化传统产生了冲击和影响,这正是文化的现代性建构过程中不可避免的客观现实。流动人口进城的经历会使他们与原来农村中的家庭生活、村庄文化产生距离感。29岁的芷江侗族自治县碧涌镇碧河村青年YXM在广州打工两年了,他的回乡感受直接说明了这种文化差距和冲突。YXM虽然在城市中没有归属感,但是春节回到农村的家中也已经很不适应这里的生活了。他觉得乡村生活非常无趣,经常习惯提起"城市人啦,就是这样的",在家的日子很怀念城市生活,而在城市中又感觉家很亲切。这种现象不只发生在YXM身上,大多经历过城市生活方式的流动人口都会有这样的矛盾,他们在生活习惯、卫生习惯、行事方式等生活细节上已经与农村有点格格不入了,却无法真正融入城市生活,处在一种心灵的"异化"状态之中,这种"异化"是他们沿用习惯的生活方式却遭遇生活环境变迁造成的。②

## 五 现代教育的示范

许多现代化研究的学者根据他们的考察提出,教育是决定一个人现代性达到何种程度的重要因素,学校教育同现代性的关系十分密切。那些受过比较完整的现代教育的人,其行为更具现代性,亦即具有肯定人的价值与尊严的人本主义,具有民主、科学与理性的精神,具有持续进步的时间观念,具有法治意识。这些现代性特征是个人立足社会的资本,成为别人羡慕的对象,是本民族本社区的榜样。通过现代教育的示范作用,特别是在新媒体的放大效应下,接受现代教育成为各少数民族同胞

---

① 戴庆中:《文化视野中的贫困与发展:贫困地区发展的非经济因素研究》,贵州人民出版社2001年版,第119—122页。
② 文张:《聚焦中国农民工:逐渐成为城市与农村的双边缘人》,载《国际先驱导报》2005年7月5日第19版。

现代化发展的重要方式。

在现代教育的宣传中,新媒体发挥了重要作用。新媒体不仅营造了良好的教育发展氛围,也增强了广大家长对孩子教育的重视。广大家长普遍关心孩子的教育问题,尽可能地送孩子上学,为孩子选择好的学校、好的老师,为孩子提供好的学习环境,为孩子选择好的专业。家长们普遍认为,现代的人必须是接受了良好教育的人,现代社会的竞争就是人才的竞争。无论是在家务农还是外出经商、打工,都必须有知识、有文化,掌握一门现代技术是找到好工作的重要条件。在调查中,村民YXG向笔者谈道:"经常从电视里看到有文凭、有技术的年轻人外出打工好找工作,能挣钱。像我们过去读书少,没什么文化,就只好待在家里了。现在是讲文化的时代,没有文化、没有知识是不行的,外面打工都没人要,只能天天守在家里干农活。就是干农活没有点文化也不行,连个农药说明书都不会看,怎么种得好田呢?"

## 六 大众媒介的宣传

大众传媒既是现代性发展的结果,也是现代性的标志。在中东地区从事现代化研究的丹尼尔·勒纳以个人同大众传播媒介的关系,来作为区分传统的、过渡阶段的或现代化的基本因素之一。勒纳认为,如果没有已经发展的大众传播工具和通信系统,现代社会就不可能有效地进行活动。其他研究现代化的学者如伊锡尔·普尔和卡尔·杜茨也都特别强调,大众传播工具和通信系统是现代化过程中的一个重要因素。

大众传媒在我国现代性发展中曾起到巨大的推进作用。翻开中国近现代革命史,我们会发现一个值得关注的现象:革命领袖都创办过报刊或参与过报刊的编辑工作。清末改良运动中,梁启超认为,中国受辱数十年,就是因为上下不通、内外不通,而报纸是国家的耳目喉舌,能够去塞求通[①];康有

---

① 梁启超说:"上下不通,故无宣德达情之效,而舞文之吏因缘为奸;内外不通,故无知己知彼之能,而守旧之儒反鼓其舌。""无耳目,无喉舌,是曰废疾。今夫万国并立,犹比邻也。齐州以内,犹同室也。比邻之事而吾不知,甚乃同室所不相闻也,则有耳目而无耳目;上有所措置不能谕之民,下有所愿不能告之君,则有喉舌而无喉舌。其有助耳目喉舌之用而起天下之废疾者,则报馆之谓也。"转引自吴廷俊《中国新闻业历史纲要》,华中理工大学出版社1990年版,第71页。

为创办了《万国公报》、《中外纪闻》、《强学报》等；梁启超主编《中外纪闻》、《清议报》、《新民从报》；严复、夏曾佑等人在天津创办《国闻报》、《国闻汇编》，等等。在资产阶级革命中，陈天华撰写了《猛回头》、《警世钟》两本小册子；孙中山创办了《中国日报》、《民报》等。社会主义革命中，毛泽东创办了《湘江评论》，并曾任湖南《大公报》馆外特约撰述员；周恩来创办了《天津学生联合会报》，主持《党务》杂志，等等。

  从第三章的论述，我们可以看出，电视、网络、手机等新媒体在侗族地区农村普及，使得各种科技信息通过电视方便快捷、图文声并茂地传播给广大观众，极大地推进了侗族地区农村的科技信息普及和传播，提高了广大侗族地区农民的现代科技水平，特别是现代农业种植、养殖技术。

  新媒体对村民的教育观念起到了促进作用，使村民认识到教育的重要性。大众传播媒介拥有现代化的传播技术，信息覆盖面广，在普及义务教育方面发挥着重要作用，不仅营造了良好的教育发展氛围，也增强了广大家长对孩子教育的重视。

  新媒体不但向侗族农民朋友灌输着现代都市生活理念、城市人的观念，而且不断地强化着现代大众消费社会与市民标准，从而刺激了村民们的消费欲望，改变了村民的消费观念。许多原本只在城里看得见的消费品、奢侈品、时尚品，受到了村民的普遍青睐。同时，大众传媒还影响着村民的传统居住方式、出行方式、生产方式，增加了侗寨的城市特质，村民们越来越具有城市人的"品位"。

  新媒体发挥语言文化的教育功能，促进村民与外界的跨文化交流和传承。语言文化是民族身份认同的基础，大众媒体借助多样生动的形式，在传播知识信息的同时，推动汉语在全国的普及，促进村民与外界的跨文化交流，塑造村民的中华民族认同意识。此外，通过发展使用民族语言文字的大众媒体，也促进了村民对外来文化的吸收以及对传统文化的传承，进而增强村民对国家的认同感。

  因此，手机、电视、互联网等新媒体作为现代物质文明的符号，顶着耀眼的光环，对侗族村民有着巨大的诱惑力。在这种力量的吸引下，村民纷纷购买手机、电视机、互联网等,民族社会文化首先从物质层面开始悄然发生变迁。

收录机、电视、电话、手机、互联网等传媒工具刚刚问世时,其昂贵的价格,购买时的各种身份限制,以及使用时对使用者知识水平的要求等一系列的条件无形中将人们划开了界限。原本看起来没有任何区别的村民因为一台收录机、一部电话或一台电视机,突然之间出现了一条身份的鸿沟。拥有者代表着有钱、有文化、有权力,而缺乏者只能将贫穷、没文化、没权力的耻辱深埋在心底。但是追求文明进步是人类原始的冲动,每人都会为了享受现代文明成果想方设法购买手机、电视等。一是为了面子,二是为了实在地享受。所以,我们从村民们的行为中发现了有趣的现象:电视成为村民们最重要的家电。平日里最为重要的主人房间被设置为电视房,房里唯一的书桌被摆放了电视,而小孩做作业则只能到一边的小凳子或吃饭用的布满油垢的餐桌上去。

电视广告还极大地刺激了侗族同胞的消费欲望,村民们购买了许多过去看来并不需要的东西。"人们不仅成为消费的奴隶,也成为大众传媒的奴隶。大众传媒还是消费符号的直接生产者,任何信息借助大众传媒的功能都可以被转化为符号,都可以蜕变为消费的物品。"①新媒体通过传媒符号建构各种意义,引导着侗族同胞们"有意义地"生活,改变人们的思想观念,从而引起社会文化的变迁。因为有了电视,村民们放弃或淡忘了许多传统的东西。看电视挤占了村民们的休闲时间,看电视取代了很多传统的娱乐方式。年轻一代侗族同胞过年过节时不再打闹年锣,不再舞龙灯耍狮子。正如一位侗族青年所说的那样:"因为那是过去落后的东西,没有意义,我们要享受现代文明。"英国社会学家约翰·B.汤普森说:"今天难以想象生活在一个没有书刊报纸、没有收音机和电视、没有无数把象征形式常规地和不断地传给我们的其他传媒的世界里会是怎样的。一日复一日,一周复一周,报纸、收音机和电视持续不断地传给我们发生在我们所处的社会环境以外的事件的有关形象、信息和思想,电影和电视节目中放映的人物成为千百万人的共同关注点,

---

① 黄波:《鲍德里亚符号消费理论述评》,载《青海师范大学学报》2007年第3期。

他们之间可能从无交往,但由于他们参与传媒文化而具有了一种共同经历和集体的记忆。"①

在民族政策法规的普及中,新媒体起到了不可或缺的重要作用。以怀化市为例,该市把学习宣传《民族区域自治法》等政策法规纳入了普法教育和依法治市范畴,市委宣传部、市委党校把民族政策法规学习作为培训内容,开设相关专门课程,把每年9月定为民族团结进步宣传教育月,对民族政策法规进行集中宣传,对民族团结进步成果进行集中展示。通过《怀化日报》、怀化新闻网、怀化手机报、《怀化发展论坛》、《怀化经济》、《五溪》、《鼓楼》等市内刊物对民族政策、民族理论进行全方位、常态化的宣传活动,做到"广播有声音、电视有影像、报刊有文章、网络有信息、墙上有标语",实现民族政策法规宣传进入千家万户。

## 第二节　新媒体语境下湖南侗族传统文化现代性建构制约因素

湖南侗族地区现代化虽然取得了可喜的发展,但是由于地处偏僻,受传统的经济运行模式、社会结构以及文化习俗的影响,加之国家政策的缺位和宣传的乏力,在诸多不利因素的制约下,湖南侗族传统文化的现代性建构显得"底气不足",现代化发展较为缓慢。

### 一　偏僻的区位交通

从现代化发展的经验来看,交通区位对现代化发展具有十分重要的作用。交通区位优越的沿海地区、重要的政治文化中心、交通枢纽城市、商贸流通中心等地区的现代化发展程度往往要比区位偏僻的中西部地区、边陲民族地区与农村地区高,前者的现代化特征明显优于后者。

湖南侗族主要聚居在湘西、湘西南山区,属于云贵高原向江南丘陵的过渡地带,是武陵山脉、雪峰山脉与南岭山脉的接驳地区,这些地区

---

① [英]约翰·B.汤普森:《意识形态与现代文化》,高铦等译,译林出版社2005年版,第180页。

区位偏僻，交通不便，经济欠发达，信息流通不畅，侗族同胞长期偏安一隅。这严重影响了这些地区现代化发展进程，严重制约了传统文化现代性建构。

以通道侗族自治县为例。该县位于湖南边陲的怀化地区最南端，位于湘、桂、黔三省（区）的交界处，是通往祖国大西南的要道，在历史上为楚越分界的走廊地带，素有"南楚极地"、"百越襟喉"之称，距离长沙、贵阳、南宁、广州等省会城市 500—1000 公里不等，距离最近的中等城市怀化、柳州、桂林、邵阳也在 200—300 公里。在未开通高速公路之前，从通道到达长沙至少需要 12 小时，到怀化至少也需要 5 小时。这里地处偏僻，虽山清水秀，但人多田少，经济基础薄弱。交通不便、信息不灵、高素质劳动力缺乏，一直制约着全县经济的发展。全县既没有大型现代化企业，也没有现代化都市设施，侗族同胞的经济发展水平依然较低，现代文明素质较差，现代性特征不明显。

绥宁县的苗侗同胞同样经受着偏僻区位带来的不良影响。绥宁县目前只有两条公路与外界相连，一条是省道 221 线，另一条是刚刚修通的过境国道 209 上瑞高速。绥宁县境内高山耸立，道路崎岖，交通十分不便。从绥宁县城到省会长沙过去需要 12 个小时，目前仍需要 7 个小时以上。这种落后的交通面貌直接制约和影响着绥宁县的经济社会发展。外面的物资运不进来，本县的物资卖不出去，形成"经济欠发达、物价过高"的畸形发展状况。广大苗侗同胞只能"靠山吃山"，长期以来，以卖木材为重要的经济来源。如今林木资源变得越来越稀缺，如果再靠卖木材来维持发展，将是竭泽而渔，自毁生路。

## 二 缺位的政策扶持

改革开放以来，中央的优惠政策促进了沿海先行开放区特别是经济特区工业经济的高速发展。虽然国家曾先后实施了"西部开发"、"中部崛起"、"武陵山片区区域发展与扶贫攻坚"等一系列发展措施来帮助中西部地区发展，但是由于特殊的历史背景和薄弱的基础条件，以及不合理的政策配套，使得湖南侗族地区并没能像其他地区一样真正受到国家的优惠扶持政策，发展仍然存在诸多困难。

一是有关民族法律法规和政策规定在实际中得不到很好的贯彻执行。按照《民族区域自治法》第二条"各少数民族聚居的地方实行区域自治"，以及第十二条"少数民族聚居的地方，根据当地民族关系、经济发展等条件，并参酌历史情况，可以建立以一个或者几个少数民族聚居区为基础的自治地方"的规定，作为少数民族聚居区的怀化完全可以依法成立少数民族自治州，作为苗族侗族聚居的绥宁县、会同县完全可以依法成立自治县，却一直被视为少数民族散居区。经省、市、县多次核查，绥宁县、会同县的少数民族人口的确超过半数，两县的少数民族强烈要求成立自治县，绥宁县委、县人大、县政府、县政协领导以及绥宁县的各级人大代表、政协委员通过各种合法途径，积极向上级要求建立绥宁苗族侗族自治县。省、市、县先后行文18次，市、县领导进京请示26次，向来绥的省部级领导汇报25次，绥宁县的全国人大代表、省人大代表、市人大代表以及省市政协委员提案14次，市县领导专程进京或利用各种机会向中央专题汇报12次。① 1991年，湖南省人民政府确认绥宁、会同、江永三县少数民族人口超过50%；1992年5月6日，决定撤销三县，建立绥宁苗族侗族自治县、会同侗族苗族自治县、永明瑶族自治县。但1998年4月28日，国务院委托国家民政部办公厅以厅办函〔1998〕318号文件的形式答复绥宁县全国人大代表李友妹在九届全国人大一次会议上的提案："全国建立民族自治地方的工作，1989年已进入扫尾阶段，除个别遗留问题外，建立民族自治地方的任务已基本结束。"两县所提建立自治县的要求未获批准。此后，绥宁、会同两县的苗族侗族同胞长期没有享受到自治民族的待遇。而从历史沿革来看，绥宁县从明朝开始便隶属于靖州府，后分别隶湘西行政公署会同专署、芷江专署、黔阳专署，直到1958年7月才改隶邵阳专署。在田野调研中，笔者也发现，无论从交通距离还是情感归属来看，大家认同的更倾向于现在的怀化市，而非邵阳市。当地广大苗侗同胞无

---

① 刘宗平、蒋运强、袁公湘主编：《绥宁民族志》，中央民族大学出版社2010年版，第381页。

论购物、就医、出行也多选择怀化市。随着怀化市进入一系列国家优惠政策扶持范围，大家的这种愿望更加强烈。

如《民族区域自治法》第二章第17条规定："自治区主席、自治州州长、自治县县长由实行区域自治的民族的公民担任。"而怀化市几个自治县的县长虽是由实行自治的民族的公民担任，但都不是当地的，只是"民族自治"，而非"民族区域自治"。各自治县制定出台的自治条例，由于种种因素的限制，根本就发挥不了多大的作用。①

比如《民族区域自治法》第6章第60条规定："上级国家机关根据国家的民族贸易政策和民族自治地方的需要，对民族自治地方的商业、供销和医药企业，从投资、金融、税收等方面给予扶持。"民族贸易政策是我国政府为解决民族地区和少数民族生产生活方面的特殊需要而设立的一项优惠政策，新中国成立初期就有，至今已执行60多年了，按理所有的民族自治地方都应该享受这项优惠政策。然而，怀化市的芷江、靖州和麻阳三个民族自治县则因为成立的时间较晚，一直未获批准增列为民族贸易县。

二是湖南侗族地区长期处于政策扶持的边缘。在国家层面上，由于不是自治地区，怀化市，邵阳市的绥宁县、城步县，武冈市等地少数民族同胞享受不了国家的西部大开发优惠政策，而相邻的铜仁、黔东南等地少数民族同胞却凭借国家优惠政策的扶持后来居上，发展迅猛，形成倒逼态势。在省级层面上，由于上述侗族地区地处省际边区，远离政治、经济与文化中心，长期得不到决策重视和政策照顾。全省的14个市州，长、株、潭等"3＋5"城市群是"两型社会建设"的全国试点，湘西自治州是全省扶贫攻坚的主战场，张家界比照享受自治州政策待遇，郴州和永州是全省对外开放、产业承接的引领区和先导区，邵阳则纳入了全国老工业基地调整改造规划范围，只剩下怀化独处在政策扶持的边缘。②几经当地领导奔走，绥宁县、会同县才争取到比较少数民族自治县待遇、享受省扶贫开发重点县待遇，以及比照

---

① 张太龙等：《少数民族合法权益保障研究——以怀化市为例》，载湖南省民族事务委员会网站，http://www.hunanmw.gov.cn/? study/Article52/4436.html, 2014-01-20。

② 同上。

西部大开发政策实施范围县的待遇。

三是不合理的政策配套使得湖南侗族地区无法真正享受政策优惠。《民族区域自治法》第6章第56条第2款规定:"国家在民族自治地方安排基础设施建设,需要民族自治地方配套资金的,根据不同情况给予减少或者免除配套资金的照顾。"这是一条含金量非常高的优惠政策,深受民族自治地方的欢迎,也正是这条规定有力地推动了民族自治地方的基础设施建设。但在实际工作中,对这一规定不执行或者打折扣执行的现象还比较普遍,为了能够争取和实施这些民生项目,怀化市的民族自治县每年都必须拿出大量的资金来进行配套,这极大地增加了当地的财政压力。为了能够早日改变严重落后的生产生活条件,少数民族群众不得不筹集高额的配套资金来修路架桥,不少人因此而返贫。由于拿不出更多的配套资金,很多事关民生的项目实施不了,有的项目因为承诺的配套资金兑现不了,因而出现了半拉子工程,一拖就是几年,甚至十几年,导致湖南侗族地区的经济发展长期滞后于发达地区。而经济发展的滞后,不仅使自治县民族自治权的实现受到严重制约和影响,而且使广大少数民族群众生产生活水平的改善比较缓慢,直接或间接地影响了少数民族其他合法权益的实现与保障。[1] 以通道侗族自治县为例,该县是"国家级扶贫县",按规定"国扶县"每年可以享用国家5000万元左右的扶贫贷款,但是扶贫贷款要求由企业法人作承贷主体,由项目作支撑,贷款额须在2000万元以上。由于过去的基础太过薄弱,全县企业规模和项目资金与扶贫贷款的条件存在较大差距,根本没有企业能达到这个标准,难以获得扶贫贷款的资金支持。因此,国家的许多民族扶持政策看似很好,但是在当地群众看来多少有点"画饼充饥"的味道,不能从根本上解决当地侗族群众脱贫致富的问题。

因此,相关部门在制定有关民族发展政策时应该更加充分地考虑到各民族地区的实际困难,拿出切实可行的政策,实实在在地帮助少数民族同胞实现发展。

---

[1] 张太龙等:《少数民族合法权益保障研究——以怀化市为例》,载湖南省民族事务委员会网站,http://www.hunanmw.gov.cn/?study/Article52/4436.html,2014-01-20。

## 三 滞后的经济发展

湖南侗族地区经济社会发展明显滞后于湖南省整体发展步伐，同时也滞后于全国的发展水平。目前，湖南侗族地区整体上仍基本处于传统农业向市场经济过渡阶段，普遍缺乏兴办企业、发展商贸的人力资源和经济基础，产业结构比较单一，粮食作物种植仍为湖南侗族的最基本生计模式，收入来源主要是打工经济，林业、养殖业、副业等自然优势没有得到充分发挥。这些地区偏低的市场经济发展水平直接影响其文化现代性建构水平，侗族群众的市场观念、竞争观念、品牌意识、时间观念等都较为欠缺。

在调研过程中，笔者了解到，湖南侗族地区村民大多还是依靠农业、手工业、农副产品加工业以及外出打工获得主要的收入，农民收入主要来自第一产业，占总收入的近四成，市场经济发展水平不高，文化现代性建构还不够。怀化市统计局的相关调查显示，根据测算，怀化农副产品加工产值只占农业总产值的36.6%，明显低于全国的平均值83.69%、全省的平均值46.23%，与沿海发达地区差距更大。而发达国家农副产品加工与制造业总产值都是农业产值的2—4倍。从怀化农业内部行业看，占整个种植业产值比重42.08%的粮食，虽然有金珠米业、五溪米业等龙头企业带动，但原材料相当一部分来自外省外地，对本地农户的带动不够；占牧业比重达71%的生猪，绝大部分以自然原态形式流通和消费，加工率不到1%，仅有极少量的猪肉进行简单冷冻分割和腊味品初级加工；占水果产值54.63%的柑橘目前加工产值仅4516万元，占整个柑橘产值的比重不到8%。①

侗族同族绝大多数处在深山，基础设施落后，交通相当闭塞。受山地条件和生产技能影响，农业产业规模小，还是较为粗放管理，农民增收渠道少。同时，由于缺乏基础和必要的积累，集体经济薄弱，而且有不少村集体经济空白。侗族村民生产目的仍然是满足生活需要；产品相

---

① 郑光恒、曾军：《怀化现代农业进程研究与实证分析》，载湖南省统计信息网，http://www.hntj.gov.cn/sxfx/hhfx/200910300046.htm，2009-10-30。

对缺乏剩余，即使有也主要是到集镇进行简单的交换，来满足日常生活的需要；有时是自发地进行某些农产品加工或者手工产品的制作，尚不属于市场经济所主导的基于满足市场需求，以供求关系为杠杆的市场行为。《怀化地区志》载："区内农村长期是自给半自给型的自然经济，农业产品商品率很低。……1978年以后，随着农村经济体制改革的不断深入，农业产品商品率逐步提高。1980年达到29.5%，比1978年提高7.3个百分点；1990年上升到40.7%，又比1980年提高11.2个百分点。"① 到目前为止，该地区的农业产品商品率还处在较低水平。

## 四 封闭的文化模式

一般来说，建立在山地农耕型自然经济基础之上的传统社会有下述重要特征：第一，固守土地，只要没有威胁到生存的灾荒或战乱，一般很少有流动迁徙的动力。第二，每个家庭或家族就是一个自给自足的经济单位和社会单位，维系家族成员的关系显得尤为重要。第三，传统山地农耕生产技术的传承，主要凭借长辈的口传身教，具有丰富生产经验的家长自然成为一家的权威。第四，在血缘（家族血亲）、地缘（农村乡社）、业缘（农耕经济）的共同作用下，同一家支、家族的成员长期生活、劳作在共同地区，世代繁衍，以家长制为核心、以血缘关系为纽带。② 湖南侗族也具有类似特点，并成为近代社会的牢固基础之一，成为制约其社会发展的阻力。

改革开放以来，湖南侗族地区经济已经有了很大发展。但是，传统的自给自足式经济运作模式在很大程度上依然存在。大多数情况下农产品生产和消费是为了满足自身需要而不是为了进行资本积累并扩大再生产，只有在农产品过剩的情况下才会将产品拿到市场上交换，是典型的"喂猪为过年，卖鸡卖鸭为换油盐钱"。LLD告诉笔者："我们农村吃的用的基本都是自己种的养的，自产自销，不值什么钱。"自给自足的自

---

① 湖南省怀化地区地方志编纂委员会编：《怀化地区志》（中卷），生活·读书·新知三联书店1999年版，第799页。
② 王真慧：《市场经济背景下畲族文化现代性建构研究》，中南民族大学博士学位论文，2012年。

然经济是侗族传统文化保存的基本条件，自耕自种自销的封闭式的生产，较少与外地交流，商品交换意识淡薄，对现代市场经济的发展有较大的阻碍作用。

传统的安土重迁、以土地为命根子的思想仍然制约着湖南侗族地区现代农业的发展。对农民来说，耕地首先是最基本的"生存资源"。绝大部分农民认为土地是自己的命根子，虽然相当部分农户长期在外务工经商而导致土地抛荒，但是他们宁可荒着也不愿放弃土地。据第二次农业普查资料显示，怀化农户租出、包出过耕地的5.27万户，仅占总户数的5.87%；租入、包入、转入过耕地的9.04万户，仅占总户数的10.08%；租入或租出过耕地的户数有共4.25万户，占总户数的15.87%。[①] 分散的土地妨碍了现代化集约农业的发展，也制约着经济发展方式的转变。

传统山地农耕生产技术依然凭借长辈的口传身教，具有丰富生产经验的家长自然成为一家的权威。在血缘、地缘和业缘共同作用下，依然存在传统社会结构，这构成了制约侗族社会现代发展的阻力。如在某些传统农业仍然占据主导地位的山村，人们对于改变其原有生活环境的事物往往持抵触的态度，传统"稳定"的意识依然十分强烈。在这种意识下，人们不愿意对自己的生计方式和生存环境作出些许改变，也不愿承受任何的风险，"得过且过"的思想比较浓厚。在谈到侗族的发展时，一些村民无意中透露着一些畏难情绪。YZZ跟笔者谈到他的想法时，很是无奈，既想发财，又害怕承担风险："我们农民本来家里就没钱，要是去借钱做生意，太没把握，大家不愿意干。要是生意做亏了，别说赚钱，可能要把老本都赔进去，好多年都不能翻身。"因为害怕承担失败的风险，新的生产方式和新的生产技术很难在这些地区实行，现代高效农业生产方式只能是小打小闹，不成气候，难以产生规模效应。

## 五 落后的文化教育

王艳超通过对1978—2004年数据的分析，对中国教育与经济增长的关

---

① 郑光恒、曾军：《怀化现代农业进程研究与实证分析》，载湖南省统计信息网，http://www.hntj.gov.cn/sxfx/hhfx/200910300046.htm，2009-10-30。

系进行了实证研究。结果表明,表征教育总量水平的财政教育支出对经济增长具有显著的正向作用,特别是中等教育与高等教育对经济增长的作用十分显著。①崔日明通过对东亚经济发展中人力资源所起作用的研究发现,"人力资本在东亚经济高速增长中发挥着重要作用,各个层次的教育对于经济增长都起着作用"②。巴萨尼和斯卡皮特(Bassanini & Scarpetta,2001)以经济合作组织国家 1971—1998 年数据进行实证分析发现,"成年人口平均教育年数,每提高 1%,人均 GDP 会增长 0.57%"③。申屠利芬根据正规教育和职业教育教学对经济增长的关系进行调研,发现两者对浙江省经济增长都有着显著的正向作用。④ 由此可知,一个民族接受教育水平的高低对社会整体进步有着十分重大的影响。落后的教育状况极大地制约了湖南侗族地区发展,成为影响湖南侗族传统文化现代性建构的重要因素。

首先,湖南侗族地区人民群众整体受教育程度较低,劳动力素质较差。从第六次人口普查数据看,怀化市 15 岁以上人口平均受教育年限少数民族人口比重较大的几个县排名靠后,文盲率偏高,高中以上文化程度占 6 岁以上人口比重偏低,文化教育事业仍待加强。从表 4-1 的统计情况来看,15 岁以上人口平均受教育年限(年)中,通道侗族自治县仅为 7.77 年,新晃侗族自治县为 8.06 年,芷江侗族自治县为 8.34 年,会同县为 8.49 年,靖州苗族侗族自治县为 8.64 年。6 岁以上人口粗文盲率,通道侗族自治县为 7.74%,新晃侗族自治县为 6.85%。高中以上学历人口占 6 岁以上人口比重,通道侗族自治县仅为 12.42%,新晃侗族自治县为 13.37%,会同县为 13.9%,靖州苗族侗族自治县为 14.74%,芷江侗族自治县为 15.02%(表 4-1)。

---

① 王艳超:《中国教育与经济增长关系的实证分析》,载《经济研究导刊》2007 年第 8 期。

② 崔日明等:《技术引进模式与东亚经济的发展》,载《国际贸易问题》2007 年第 2 期。

③ Bassanini, A. and Scarpetta, S. Does Human Capital Matter for Growth in OECD Countries? Evidence from Pooled Mean Group Estimates. OECD Economics working paper, 2001, No. 282.

④ 申屠利芬:《职业教育与经济增长的关系分析——基于浙江省的一个实证分析》,载《现代商业》2009 年第 15 期。

表4-1　　　　　怀化市县（市、区）受教育、文化情况　　（单位：年，%）

| 区域名称 | 15岁以上人口平均受教育年限 | 6岁以上人口粗文盲率 | 高中以上学历人口占6岁以上人口比重 |
|---|---|---|---|
| 鹤城区 | 10.55 | 2.83 | 43.07 |
| 中方县 | 7.84 | 7.87 | 11.4 |
| 沅陵县 | 8.48 | 4.19 | 16.59 |
| 辰溪县 | 8.15 | 8.08 | 16.18 |
| 溆浦县 | 8.14 | 5.74 | 14.91 |
| 会同县 | 8.49 | 3.27 | 13.9 |
| 麻阳苗族自治县 | 8.21 | 7.08 | 14.5 |
| 新晃侗族自治县 | 8.06 | 6.85 | 13.37 |
| 芷江侗族自治县 | 8.34 | 3.65 | 15.02 |
| 靖州苗族侗族自治县 | 8.64 | 3.37 | 14.74 |
| 通道侗族自治县 | 7.77 | 7.74 | 12.42 |
| 洪江市（合） | 8.72 | 4.35 | 20.77 |
| 洪江区 | 9.47 | 3.62 | 30.00 |

资料来源：怀化市统计信息网，http://www.hhtj.gov.cn/article/2012/1126/articles_7390.html。

其次，教育资源配置不合理，加剧了湖南侗族地区教育落后状况。近年来，全社会形成了重视优质教育资源的共识，城市吸引了大量的优质教育资源，而广大农村特别是民族地区农村却面临着没有师资的窘境。以邵阳市绥宁县为例，目前共有在编在岗教师2946人（不含局二级机构、民办学校和幼儿教师），年龄超过50岁的有940人（其中高中54人，初中170人，小学716人），占整个教师队伍的32%；尤其是小学，在编1684人，50岁以上教师有716人，占小学教师的42.5%，各村小、片小教师中90%在50岁以上，"爷爷奶奶教小学"的现象十分突出[①]。同时，因为民族地区条件较差，待遇较低，优秀师资大量流失，民族地区的师资矛盾不断加剧，一些学生和家长对本地教育逐渐丧失信心，导致优秀生源大量外流。以通道侗族自治县为例，近年来，共有72人申请调离，其中教师16人，医卫6人，公检法22人，有52人更是自动辞职到外地

---

① 省民委语文教育处：《民族教育发展滞后，差距拉大状况堪忧——我省民族教育问题之探析及对策思考》，载湖南省民族宗教事务委员会网站，http://www.Hunanmw.gov.cn/?study/Article52/4437.html，2014-01-20。

就业。几个自治县几乎是年年招录,年年缺人用。①

最后,教育投入严重不足,广大侗族同胞受教育权益受到严重影响。由于大量人口外流,导致民族地区常住人口减少,适龄儿童入学人数锐减。考虑到节约教育成本,很多民族地区实行了集中寄宿制教育形式,基本形成一个乡镇一所完全小学的局面。根据国务院调整学校布局的决定,农村小学和教学点"要在方便学生就近入学的前提下适当合并,在交通不便的地区仍需保留必要的教学点,防止因布局调整造成学生辍学"。然而,在政策执行的过程中,一些地方存在急功近利的思想和行为,片面追求"撤并率"、规模化和"面子工程"。以绥宁县寨市苗族侗族乡为例,因为撤乡并镇,原来兰家苗族侗族乡并入寨市镇(后改为寨市苗族侗族乡),很多原来在家门口可以上学的孩子被迫跋涉20多里山路到寨市集中寄宿。同时,由于投入较少,寄宿制学校的硬件设施得不到很好的完善,人手短缺,现在的寄宿制学校几乎没有配备专职的生活老师,均由教学老师兼任,教学老师的工作量过大;由于编制的限制,食堂、澡堂等生活设施的工作人员一般都是聘用人员,学生的安全很难得到保障。

以上这种教育相对落后的情况,严重影响和制约了整个湖南侗族地区现代化发展,影响了侗族传统文化的现代性建构。

一是劳动力素质不高,经济增收能力不强,影响了侗族传统文化现代性建构的能力和动力。由于湖南侗族教育水平偏低的实际情况,导致广大侗族同胞发展现代市场经济、脱贫致富遇到了较大障碍。据怀化市统计局的相关调研报告称,到2007年年末,怀化市在整个农业现代化评价指标体系的18个分项中,有16个项落后于湖南,14项落后于全国。其中农业科技贡献率低于湖南6个百分点,低于全国10个百分点;科技化水平指数低于湖南9.2个百分点,低于全国15.38个百分点。怀化每千个农村劳动力中科技人员的比例由1996年的1.09‰下降到2007年的1.06‰,相应指数由10.9%下降到10.6%。②

---

① 张太龙等:《少数民族合法权益保障研究——以怀化市为例》,载湖南民族事务委员会网站,http://www.hunanmw.gov.cn/? study/Article52/4436.html,2014-01-20。
② 曾军:《怀化现代农业进程研究与实证分析》,载怀化市统计信息网,http://www.hhtj.gov.cn/article/2009/1028/articles_4020.html,2009-10-28。

二是人们学习现代文化和科学技术能力较低，欲望下降，并逐渐形成恶性循环。虽然很多人也认识到现代科技技术的重要性，但是由于受教育水平较低，学习能力较弱，人们认为科学技术也是远水解不了近渴。近年来，随着大学毕业生逐年增多以及就业形势日益严峻，读书无用论开始在一些父母中重现，很多父母鼓励孩子初中毕业后去读技校或直接外出打工，尽管有些孩子是可以升入高中考大学的。

三是现代文化和科学技术的传播困难，广大侗族同胞的知识更新较慢，观念较为陈旧。怀化市政协委员、通道侗族自治县农业局副局长杨秀高表示，通道农技推广队伍同样难以满足现实的需要。近十年来，县、乡两级农技推广机构基本没有引进学农专业的大中专毕业生，95％的乡镇农技人员基本没参加过累计三个月以上的技术进修或培训。①

### 六　乏力的传媒引导

大众传媒是现代化的推进器，在现代化发展过程中起到积极的推动作用。然而，由于大众传媒特殊的社会属性，在湖南侗族地区现代化发展过程中，乏力的传媒引导成为制约侗族传统文化现代性建构的重要因素。

大众传媒对西方现代性的"过度传播"弱化了传统文化的价值，西方现代化模式成为我国现代化发展的唯一标准。大众传媒对西方文化的过度传播在一定程度上导致了广大侗族同胞对自身文化的认识偏移，传统文化的价值被进一步弱化。曾经在乡村社会影响深远的民俗事象、节庆活动、民间艺术与传统技艺传承等都出现不同程度的衰弱，民众对乡里能人的判断标准发生变化，他们以经济能力的强弱为唯一标准来判断乡里能人和文化精英，乡村社会中曾经的文化精英失去了往日的风采。与此同时，人们的价值判断也出现了误差，一切向"钱"看，只要能挣钱的行当就是好行当，在"发展经济"的强大车轮驱动下，自然环境惨遭破坏，传统文化受到侵蚀，社会结构受到解构。笔者2014年7月在通道侗族自治县调研时发现，由于修建怀通高速公路需要砂石，许多人看到采石是一条挣钱的好门路，纷纷在道路两旁开采石头。2009年以前，

---

① 杨嵩岳：《县乡农技站十年没进新人》，载《湘声报》2012年3月2日第9版。

该县仅有小型露天采石场6家,至2010年上半年,小型露天采石场猛增到38家。原本生态优美的209国道两旁的山林遭受大面积的开挖,森林植被遭受破坏,为争夺采石资源的矛盾也不断增加,还带来了交通安全、社会治安等各方面的安全隐患。

媒体娱乐化改变了人们的传统生活方式,却未能建构起新的现代化生活方式。现代信息传播手段的日新月异,一定意义上拉近了少数民族同胞的空间距离,媒介娱乐化的传播方式却拉远了少数民族同胞的心理距离,改变了乡村民众的休闲方式和日常交往,"乡土性"生活方式发生了改变。例如传统习俗中的拜年、串亲戚、舞龙灯等形式被电话、短信拜年及电子贺年卡、看电视、赌博等取代,电视可以使人足不出户便尽览世界风光。有些人宁愿坐在电视机前,在虚拟画面里度过时光,也不愿走出家门与人交流。这使得广大少数民族同胞特别是青少年一代对人际交流与乡村公共文化活动不再感兴趣,集体荣誉感和社会互助观念进一步弱化。在调研中,好几位老人感叹:"现在要做点众事,太难了,没有人愿意参加!"的确,绥宁县龙姓、杨姓侗族过去都有"挂众青"①的习俗,20世纪80年代,绥宁县东山侗族乡龙姓宗祠曾经有过几万人集体祭祀扫墓盛况。但如今这种习俗已经很难看到了,取而代之的是以家庭为单位的祭祀扫墓活动。

媒介"客里空"现象隔离了广大少数民族同胞对媒体的信任。"客里空"是一个人的名字。苏联卫国战争时一位作家创作了一个话剧叫《前线》,《前线》里有一个军事特派记者,名字翻译过来叫"客里空"。客里空在采访的时候,不是深入战士中间去了解情况,而是整天待在指挥部里,捕风捉影,编造新闻,后来新闻界就把新闻失实现象称为"客里空"现象。虽然我国新闻史上曾经进行过许多次的反客里空运动,也取得了很好的效果;但是受各种因素的影响,虚假新闻总是如雨后春笋般生长,特别是新媒体虚假新闻传播速度快、影响力大,对广大受众的影响至深。有人曾经总结,2013年的虚假新闻呈现出如下一些特征:"第一,数量大、种类多。第二,涉及的媒体类型广泛。第三,虚假新闻体现出鲜明

---

① 当地方言,即清明节一个家族集体扫墓。

的媒体融合特征。第四，追究查处的力度有限。第五，虚假新闻背后的社会情绪值得关注。第六，图片、视频引发大量虚假新闻。"① 俗话说，有图有真相。连图片和视频都是假的，这极大地伤害了广大网民对媒体的信任，经历多次虚假新闻的侵扰后，人们对媒体特别是新媒体的信任度降低，信任度的降低直接影响到了媒介宣传与引导效果。田野调研统计表明，46.0%的受访者认为媒体反映的侗族生活是不真实的，51.4%的受访者表示说不清。而网络调查统计表明，77.7%的受访者表示媒体反映的侗族生活基本是真实的（图4-4）。42.1%的受访者对媒体关于侗族文化的报道感到不满意，43.6%的受访者表示说不清。而网络调查数据表示，只有13.7%的受访者表示对媒体关于侗族文化的报道感到不满意，58.9%的受访者表示说不清（图4-5）。对于媒体真实度和满意度的调查出现明显的区别，可能与受访者的身份有较大关系，田野调查中的受访者绝大多数是农民，了解信息较为闭塞，媒介素养较差；而网络受访者大多为公务员、企事业单位员工、学生，受教育程度较高，接触网络较多，了解信息比较全面。

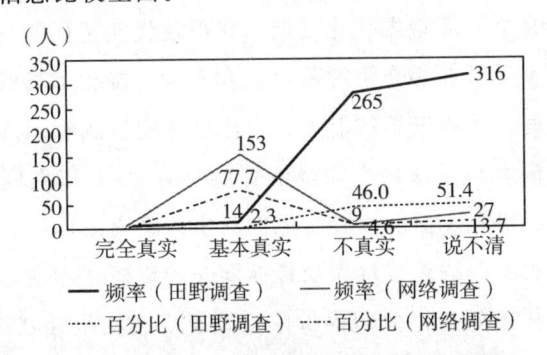

图4-4 您认为媒体反映的侗族生活是否真实

较低的媒介素养妨碍了广大侗族同胞利用媒体。媒体素养是指在各类处境中取用、理解及制造媒体信息的能力，从而能够充分利用媒介资源完善自我，参与社会进步。现代社会中，传媒的形态日益呈现出多元化的格局，人们获得的信息越来越多地来自传媒，通过媒介来发布信息或表达意见比以往任何时候都方便，媒介已经成为人们生活中不可或缺的一部分。

---

① 年度虚假新闻研究课题组：《2013年十大假新闻》，载《新闻记者》2014年第1期。

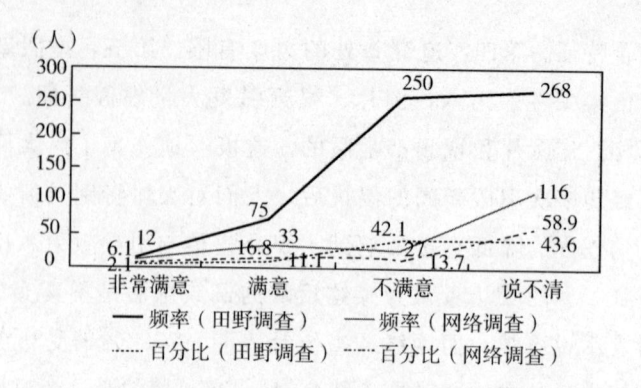

图 4-5 你对媒体关于侗族文化的报道是否感到满意

传统社会在全球信息化浪潮的推动下加速了向媒介化社会嬗变的进程。然而，媒介在带给我们海量信息的同时，也在我们与客观世界之间竖起了一个巨大的"滤镜"，并带来一些消极影响。所以，只有对媒介及其内容作出明智的选择和判断，才能使自己的主观认识最大限度地接近于客观世界。只有对传媒有必要的了解，才能进行充分有效的利用。勒纳、英尼斯等现代化研究专家认为，良好的媒介素养是个人现代化的标志，利用媒体提供个人媒介素养是个人实现现代化发展、获得现代性特征的重要途径。陈崇山先生曾就城乡受众在媒介资源的享受和利用、接收工具的拥有量、享受媒介消费的时间、接收信息的能力、表达意见的自我意识五个方面进行过数据分析，得出农村受众均不如城市受众的结论①。广大侗族同胞劳动繁重、收入低微、媒介传播的内容与他们的生活距离太远，缺乏现代意义上的积极的传播观念，缺乏接近大众传播媒介的积极性和主动性，对媒介的使用往往限于休闲娱乐，他们很少体验到媒介改变生存状态的巨大效应，对媒介作为利益诉求工具的特性和媒介传播的社会影响力缺乏认知。田野调研情况表明，50.1%的受访者认为媒体对自己没有帮助（图 4-6），91.9%的受访者表示没有从媒体获得过帮助或没试过（图 4-7），62.2%的受访者表示根本没想过要找媒体帮忙（图 4-8）。因此，应该充分利用新媒体促进少数民族同胞的媒介素养，提升其认识媒介、理解媒介和利用媒介的能力，帮助其实现现代化发展。

---

① 陈崇山：《谁为农民说话？——农村受众地位分析》，载《现代传播》2003 年第 3 期。

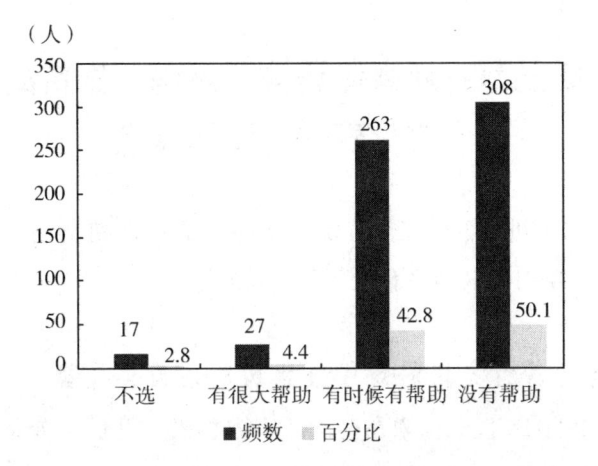

图 4-6 您认为媒体对您有帮助吗

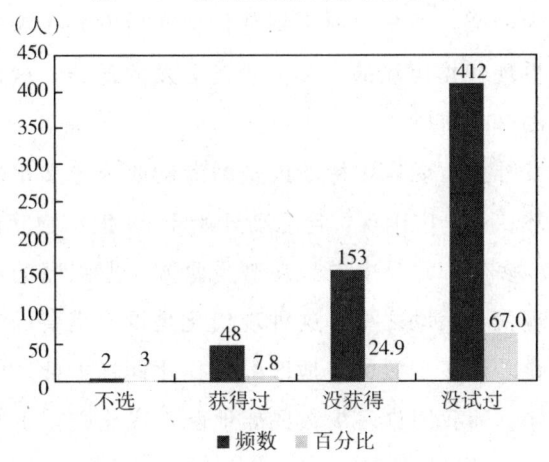

图 4-7 您是否从媒体获得过帮助

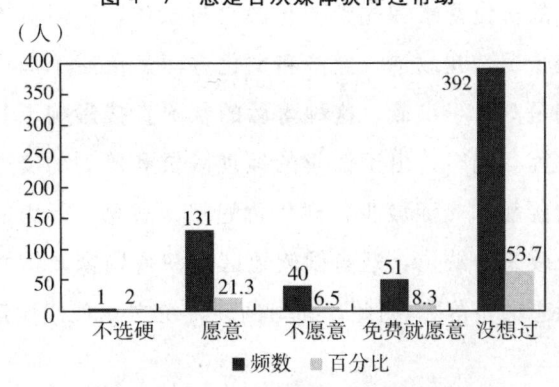

图 4-8 您是否愿意找媒体帮忙

# 第三节　新媒体语境下湖南侗族传统
文化现代性建构特点

因特殊的历史背景和文化传统,新媒体语境下湖南侗族传统文化的现代性建构呈现出与其他文化所不同的特点。

## 一　侗族传统文化的现代性建构属后发外生型

现代化是自16世纪以来在全球范围内梯次展开的大变革过程。根据一个国家现代化起始的时间以及现代化的最初启动因素的来源,可以将现代化国家分为两类,即早发内生型现代化和后发外生型现代化。中国的现代化是世界现代化运动的一部分,是后发的部分,这是我们研究中国现代化问题的基本前提。[①]

中国的后发外生型现代化特征也是湖南侗族传统文化现代性建构的特征之一。一般认为,中国现代化运动开始于19世纪中叶,这在时间上比欧洲晚了100多年。并且中国是在遭受西方工业强国的枪炮入侵之下才被动地卷入现代化运动之中。这种现代化是没有准备的现代化,是先天缺钙的现代化。许多少数民族地区的现代化同样如此。中国的现代化落后于西方百年,而我国许多少数民族地区现代化则至少落后中国其他地区半个世纪。

因为特殊的历史背景和先天不足的自身条件,湖南侗族地区长期以来处在欠发展状况。在政治、经济和文化方面都落后于周边的其他民族或地区,特别是落后于汉族。这种落后的状况直接影响了其传统文化的现代性建构进程。同时,由于偏僻的地理区位和落后的交通,湖南侗族人民与外界的接触和交流较少,现代化思想、观念、行为的传播比较缓慢。加之国家政策的缺位,湖南侗族地区在获得国家政策性扶持方面经常成为"被遗忘的角落"。因此,湖南侗族传统文化现代性建构的步骤明

---

① 于维栋:《中国现代化的战略思考》,载中国网,http://www.china.com.cn/chinese/op-c/381054.htm,2003-08-07。

显落后于沿海地区和本省的长株潭等区域性中心城市。

湖南侗族的现代化历程最早可以追溯到20世纪初，特别是20世纪三四十年代，湘西地区因为抗战的需要迁入了大量的现代工厂、设备和工人，以及大量的战时机关和人员，作为生活、学习和工作需要而配套的现代生活设备、生活方式也随之涌入了湘西地区。比如，芷江城里开始有电灯、电报、电影院、报社、银行、邮局等现代化的设施。但是这些现代化的工厂、设施、机构和人员随着抗战胜利又退出了湘西地区，湘西地区的现代化进程被迫中断，直到新中国成立后的十一届三中全会才又重新开启了真正的现代化大门。因此，湖南侗族地区的现代化是被动的现代化，侗族传统文化的现代性建构也是被动的。

因为在起点上，中国的现代性是后发现代性，中国的现代化之路是外发型而非内生型的现代化之路。与西方发达国家相比，中国的现代性发展还很不充分，中国的后现代性也不是继现代性充分发展之后浮出水面的，而是扮演"早产儿"的角色与现代性并存。正如王建民所言，"神舟家族"昭示中国现代性出现一个高潮，"大话西游"、"木子美"、"超女"等现象则敲响了后现代性之钟，而广大农村还在通往现代性之路的起点上艰难地蹒跚。①

## 二 侗族传统文化的现代性建构呈现失衡状态

湖南侗族传统文化的现代性建构呈现不平衡性特征。从外部来看，主要表现为湖南侗族文化跟湖南和全国其他民族同胞的差距，这种差距体现在经济、政治、文化等各个方面。从内部来看，主要表现为物质文化和制度文化的现代性发展较为充分，而精神文化现代性和人的现代性建构方面仍然十分欠缺。比如说，随着经济的发展和家庭收入的增加，调查点的许多侗族同胞跟其他兄弟民族一样拥有了冰箱、彩电、摩托车甚至小汽车等现代化的物质文明，享受着现代物质文化的成果。然而，在思想观念、科学文化知识、现代化技能等方面，与其他兄弟民族相比，还有较大的差距。

---

① 王建民：《现代性在中国：建构与反思》，载《光明日报》2006年9月25日第8版。

造成湖南侗族文化现代化发展不平衡的原因是多方面的：既有历史的背景，也有现实的因素；既有外部的环境，也有内部的认识。要促进湖南侗族文化现代性建构，就必须从各方面入手，制定科学合理的发展政策，采取切实可行的发展措施，只有这样才能快速协调地促进湖南侗族文化的现代化发展。

## 三　侗族传统文化的现代性建构方式复杂多元

世界各民族、各地区现代化发展经验表明，由于各自的历史背景和文化传统迥异，所走的现代化发展道路也不尽相同。现代性是多元现代性，其建构的方式和途径也是多样的。从宏观上看，各民族各地区有自己独特的发展道路；从微观上看，现代性建构的动力也是复杂多元的。

横向来看，湖南侗族传统文化的现代性建构是一个复杂的系统工程，其现代性建构既受到其所处的特定发展环境的影响，比如国家整体的政治、经济和文化发展政策、法律法规及其体制的制约与影响。从前面的论述来看，湖南侗族地区现代化是在改革开放后才得以快速发展的。同时，又受到其社会文化系统内部各因素的制约。湖南侗族传统文化现代化发展的动力来自许多方面，市场经济、民族自治政策、城镇化、人口流动、现代教育和大众传媒等都从不同程度上促进了侗族传统文化的现代性建构。并且各个要素之间是相互影响的，市场经济的发展可以带动城镇化和人口流动，反之，人口流动也可以促进城镇化从而带动市场经济发展。至于在现代性建构过程中，何种力量起到多大程度的作用，目前很难用某种有效的模式或数值来表示。

纵向来看，湖南侗族传统文化的现代性建构是一个长期的历史过程，在不同的历史阶段，受不同技术、文化等各种因素的影响，其发展速度和发展方式具有不同特点。比如，在芷江侗族自治县现代化发展中，战争曾经是很重要的影响因素。20世纪30—40年代，因抗战需要，许多大城市的现代化工厂、企业、团体、机构和人员都涌入芷江，芷江城曾出现了短暂的战时繁荣。而抗战结束后，随着工厂、企业、团体、机构和人员的回迁，芷江城又陷入战前的落后状态。20世纪80年代改革开放后，芷江才真正迎来了快速现代化发展的时期。

因此，在考察湖南侗族传统文化现代性建构时，不能将某一方面因素单独剥离出来，给予过高或过低评价；也不能站在某一特定历史时期，来审视整个现代性发展过程。而应采取系统的、整体的、历史的观点，统筹、协调各方面因素，全面促进侗族文化现代性建构，协调促进侗族现代化发展。

### 四　侗族传统文化的现代性建构是项未竟事业

"现代性是一项未竟的事业。"这是著名的社会学家哈贝马斯特别喜欢的一句话。在这位被誉为"欧洲最后的理性主义者"的知名学者看来，现代性的动力远没有像主张后现代性、碎片化、不分虚幻与现实的学者认为的那样，已经走向枯竭，而是仍然相信，理性的魅力依旧，只是人们偏重于工具理性，忽视了沟通理性。

中国正处在现代化建设快速发展阶段，但是跟西方发达国家相比，中国的现代化还是欠发达状态，中国社会文化的现代性特征还不是很充分。湖南侗族地区的现代化建设同样还处在欠发达状态，无论是物质的、精神的还是制度层面的现代化都还很不发达，现代性特征还表现得很不充分。从调研中可以看出，侗族传统文化的物质、精神、制度等方面表现出部分的现代性特征，但这些特征还不是很充分，有些表现明显，有些表现隐蔽。因此，湖南侗族地区要真正实现现代化还有很长一段路要走。

# 第五章 新媒体影响少数民族传统文化现代性建构的机制与特点

新媒体作为文化生态系统的重要组成部分,对社会发展变迁有其特殊的影响方式。通过探索新媒体对少数民族传统文化的影响机制、方式和特点,将有助于进一步认清新媒体的性质和特点以及其与社会文化发展的关系。

## 第一节 文化生态学视野中的新媒体与民族文化生态

### 一 文化与传播研究的生态系统观

系统论作为20世纪40年代诞生的一门学科,以其整体、动态、立体、联系的精神,改变着人们的思维方式和行为方式,渗透到了哲学、自然科学、工程技术等各个领域,极大地推进了人类发展的历史进程。文化生态学和媒介生态学也应运而生。

20世纪50年代,文化生态学(cultural ecology)首先兴起于美国,是一门将生态学的方法运用于文化学研究的新兴交叉学科,是研究文化的存在和发展的资源、环境、状态及规律的科学。1955年,美国学者J. H. 斯图尔德最早提出了文化生态学的概念,主张从人、自然、社会、文化的各种变量的交互作用中研究文化产生、发展的规律,用以寻求不同民族文化发展的特殊形貌和模式。

文化生态学除研究文化对于自然环境的适应外,更主要的是研究影响文化发展的各种复杂变量间的关系,特别是科学技术、经济体制、社会组织及社会价值观念对人的影响。从文化生态系统的结构模式来看,与自然环境最近、最直接的是科学技术，它与自然环境强相关；其次是经济体制和社会组织；最远的是价值观念，与自然环境的关系显示出弱相关，它是通过经济体制、社会组织等中间变量来实现的。反过来看，对人的社会化影响最直接的是价值观念，即风俗、道德、宗教、哲学、艺术等观念形态的文化，二者表现出强相关；其次是社会组织、经济体制及科学技术；最远的是自然环境，它对人类的影响主要通过科学技术、经济体制、社会组织一类中间变量来实现。

国内文化生态学研究主要是介绍国外文化生态学的定义、特点、研究方法以及起源等，如R. MCC. 内亨、张雪慧的《文化生态学与生态人类学》[①] 主要介绍了文化生态学与生态人类学的关系问题，斯图尔德与王庆仁共同署名的《文化生态学的概念和方法》[②]，黄育馥的《20世纪兴起的跨学科研究领域——文化生态学》[③]，戢斗勇的《文化生态学论纲》[④]、潘艳、陈洪波翻译的斯图尔德的《文化生态学》[⑤]，崔明昆的《文化生态学的理论方法与研究》[⑥]，邓辉的《卡尔·苏尔的文化生态学理论与实践》[⑦]，陈淳的《考古学文化与文化生态》[⑧]。梁渭雄与叶金宝的《文化生态与先进文化的发展》提出"文化生态学是研究文化与环境的互动关系的理论"[⑨]，司马云杰在《文化社会学》中指出：文化生态"是从整个自然环境和社会环境中的各种因素交互作用研究文化产生、发展、变异规律的一种学说"[⑩]，孙兆刚[⑪]对文化生态系统进行了论述，柴毅龙[⑫]、王玉

---

① [美] R. MCC. 内亨、张雪慧：《文化生态学与生态人类学》，载《民族译丛》1985年第3期。
② [美] J. H. 斯图尔德、王庆仁：《文化生态学的概念和方法》，载《民族译丛》1983年第6期。
③ 黄育馥：《20世纪兴起的跨学科研究领域——文化生态学》，载《国外社会科学》1999年第6期。
④ 戢斗勇：《文化生态学论纲》，载《佛山科学技术学院学报》2004年第9期。
⑤ [美] 朱利安·H. 斯图尔特：《文化生态学》，潘艳、陈洪波译，载《南方文物》2007年第2期。
⑥ 崔明昆：《文化生态学的理论方法与研究》，载《云南师范大学学报》2012年第5期。
⑦ 邓辉：《卡尔·苏尔的文化生态学理论与实践》，载《地理研究》2003年第5期。
⑧ 陈淳：《考古学文化与文化生态》，载《文物季刊》1997年第4期。
⑨ 梁渭雄、叶金宝：《文化生态与先进文化的发展》，载《学术研究》2000年第11期。
⑩ 司马云杰：《文化社会学》，山东人民出版社1990年版，第199页。
⑪ 孙兆刚：《论文化生态系统》，载《系统辩证学学报》2003年第7期。
⑫ 柴毅龙：《生态文化与文化生态》，载《昆明师范高等专科学校学报》2003年第2期。

德[1]、李学江[2]则对生态文化与文化生态进行了辨析，邓先瑞[3]、魏美仙[4]、余谋昌[5]等对文化生态及其研究意义进行了阐述，黄云霞[6]、杨亭[7]、王尔敏[8]对文化生态的发展与演变进行了论述，刘魁立[9]则对文化生态保护区进行了论述，周绍斌[10]、陈宇飞[11]、周全德[12]对城市文化生态进行了思考，潘鲁生[13]对农村文化生态与农村文化产业进行了论述，方李莉[14]和高丙中[15]提出文化生态失衡的问题，另外，还有许多论文则是以文化生态学的视野来研究非物质文化遗产保护、环境与文化的关系、历史文化名城保护、文学研究、文化生态旅游，等等。

戢斗勇的《文化生态学——珠江三角洲现代化的文化生态研究》[16]是国内第一部关于文化生态学的专著，以珠江三角洲现代化进程中文化生态的变化为线索，对文化生态学的基本理论、概念、规律进行了研究，对文化生态系统、文化生态资源、文化生态环境、文化生态态势、文化

---

[1] 王玉德：《生态文化与文化生态辨析》，载《生态文化》2003年第1期。
[2] 李学江：《生态文化与文化生态论析》，载《理论学刊》2004年第10期。
[3] 邓先瑞：《试论文化生态及其研究意义》，载《华中师范大学学报》（人文社会科学版）2003年第1期。
[4] 魏美仙：《文化生态：民族文化传承研究的一个视角》，载《学术探索》2002年第4期。
[5] 余谋昌：《环境哲学的使命：为生态文化提供哲学基础》，载《深圳大学学报》（人文社会科学版）2007年第3期。
[6] 黄云霞：《论文化生态的可持续发展》，载《南京林业大学学报》（人文社会科学版）2004年第3期。
[7] 杨亭：《中国文化生态化演进的历史透察》，载《理论月刊》2007年第3期。
[8] 王尔敏：《近代文化生态及其变迁》，百花洲文艺出版社2002年版，第21页。
[9] 刘魁立：《文化生态保护区问题刍议》，载《浙江师范大学学报》（社会科学版）2007年第3期。
[10] 周绍斌：《城市建设与文化生态问题》，载《文艺争鸣》2008年第4期。
[11] 陈宇飞：《我国城市化进程中的新文化生态建构问题》，载《科学社会主义》2006年第5期。
[12] 周全德：《中原城市群发展中的文化生态思考》，载《城市发展研究》2004年第5期。
[13] 潘鲁生：《保护农村文化生态 发展农村文化产业》，载《山东社会科学》2006年第5期。
[14] 方李莉：《文化生态失衡问题的提出》，载《北京大学学报》（哲学社会科学版）2001年第3期。
[15] 高丙中：《关于文化生态失衡与文化生态建设的思考》，载《云南师范大学学报》2012年第1期。
[16] 戢斗勇：《文化生态学——珠江三角洲现代化的文化生态研究》，甘肃人民出版社2006年版。

生态规律等几个方面进行了深入阐述。罗康隆的《文化适应与文化制衡》① 以文化生态学的理论讨论了文化系统与生态系统、生境与民族文化适应、调适、互动、制衡等关系问题，对于理解人类文化与自然环境的关系、族际关系、民族文化发展提供了一种全新的视野。也有一些专著从不同的角度对文化生态学进行了相关的研究，如董欣宾、郑奇的《人类文化生态学》② 曾先后出版三个版本，主要是用文化生态的理论来研究中国绘画艺术；庄鸿雁、张碧波的《中国文化生态学史论》③ 是以文化生态的视角来关注中国社会历史的发展；侯鑫的《基于文化生态学的城市空间理论：以天津、青岛、大连研究为例》④，周膺、吴晶的《城市文化生态学》⑤ 是运用文化生态学视角研究城市建设问题；张涛的《中国少数民族传统体育文化生态学研究》⑥ 是用文化生态学视野对少数民族传统文化进行研究；隋丽娜的《关中非物质文化遗产研究：文化生态学视角》⑦ 以文化生态学视角总结关中非物质文化遗产的特点，从文化生态学角度对文化生态系统与遗产本体结构失衡表现与原因进行分析，以动态的眼光、系统化的方法、定量化的研究为基础，探索关中非物质文化遗产的保护与利用。

民族文化生态是民族文化赖以生存、发展的土壤和背景，是文化与环境的耦合。一直以来，该论题都是民族学、人类学、文化学和社会学等学科研究的一个焦点问题。从20世纪80年代末至今，不同学者对之做了大量卓有成效的研究，其成果归纳起来大致表现在四个方面：一是对民族文化生态的概念及其内容的阐述；二是对民族文化生态与旅游开发及其经济发展的探讨；三是论述了民族文化生态的建设

---

① 罗康隆：《文化适应与文化制衡》，民族出版社2007年版。
② 三个版本分别为：《太阳的魔女——人类文化生态学》，海南国际新闻出版中心1998年版；《魔语——人类文化生态学导论》，文化艺术出版社2001年版；《人类文化生态学·导论（修订本）》，天津人民美术出版社2005年版。
③ 庄鸿雁、张碧波：《中国文化生态学史论》，中国文史出版社2013年版。
④ 侯鑫：《基于文化生态学的城市空间理论：以天津、青岛、大连研究为例》，东南大学出版社2006年版。
⑤ 周膺、吴晶：《城市文化生态学》，浙江工商大学出版社2013年版。
⑥ 张涛：《中国少数民族传统体育文化生态学研究》，中央民族大学出版社2008年版。
⑦ 隋丽娜：《关中非物质文化遗产研究：文化生态学视角》，南开大学出版社2014年版。

与保护问题;四是进行了如发展与民族文化生态、藏彝走廊与民族文化生态、少数民族文化生态的个案研究等专题性的研究。① 总体来看,仍然存在以下几个方面的问题:其一,研究内容偏重整体性和宏观性,具体实证性研究较少。就当下学术界对民族文化生态的研究而言,大多数成果是从整体性和全局性的视野对宽泛的主题进行论述,有一种高屋建瓴的宏观之势。对民族文化生态微观具体的个案和专题性研究较少,例如对具体某一区域的民族文化生态研究和对单一民族文化生态的个案研究等。其二,对理论的建构与研究还有待加强。虽然学者们在研究民族文化生态时,提出了一些如构建"民族文化生态经济模式"和"民族文化生态可持续发展"等较为新颖的观点和对策,但是对其理论的具体深入探讨仍须进一步加强。我们应该在吸取传统和现代、中方和西方以及各个学科相关理论的基础上,继续深入研究和不断创新,总结出民族文化生态研究的特色理论。其三,研究成果仍然偏少且极不均衡。在知网数据库中输入题名或关键词"民族文化生态",显示出与之匹配的论文仅60余篇,其中硕士论文3篇,无博士论文。另外,与之相关的研究专著也极少,目前能检索到的只有李锦的《民族文化生态与经济协调发展》对泸沽湖周边及香格里拉的研究和尹绍亭的《一个充满争议的文化生态体系——云南刀耕火种研究》两部著作较有代表性。其四,田野调查不够深入。学界对民族文化生态的研究,虽然也有田野调查,但许多成果仍停留在理论分析、现象表述层面,缺乏深入实际的田野调查论著。对此,我们应当学习20世纪上半叶,我国老一辈民族学家对田野调查的那种"鄙夷名利,断绝仕进,奔走于荒郊僻壤,努力于田野工作"的学术精神和态度。其五,研究方法还比较单一,跨学科研究还需加强。在研究方法上,田野调查是最基本的技术方法,但同时也要考虑新技术、新方法的运用,如数据库和信息系统的建设等。目前,民族文化生态的研究涉及民族学、人类学、文化学、旅游学、社会学、经济学等学科,因此逐步加大学科的交叉研究和综合性研究的力度很

---

① 详见龙运荣、李技文《近二十年来我国民族文化生态研究综述》,载《贵州民族学院学报》2010年第1期。

有必要。①

20世纪90年代，随着文化问题的突出和人们对电视、网络等现代媒体生态关系的重视，国外的文化生态学研究把目光投向了新旧媒体的文化生态关系，出现了一个研究"媒体环境"（包括电视、数字广播、个人计算机、因特网和移动通信等）的新热点。1999年，在芬兰坦佩雷召开的国际传播研究会年会上，芬兰总统M.阿赫蒂萨里在致辞中首次用"文化生态"来表现由于信息传播技术的飞速发展造成的严重问题。此后，在美国、日本、印度等许多国家开展"文化生态学"的多国家和地区、多学科合作，除人类学家和生态学家外，来自工程学、社会学、教育学、信息和传播学、经济学等学科的学者也纷纷加入了文化生态学研究行列。②

与文化生态学有异曲同工之妙的是媒介生态学。全球范围内的媒介生态学研究主要起源于北美，并分为加拿大的多伦多学派和美国的纽约学派。美国学者认为"媒介生态"的第一部著述是美国学者尼斯卓姆（Nystrom）的《面对媒介生态理论：人类传播系统研究理论范式集锦》。纽约学派的尼尔·波兹曼（Neil Postman）最早正式提出"媒介生态"概念并将其建设成一门大学课程。媒介生态学最初主要研究科学技术对传播的影响。20世纪80年代，美国学者乔亚舒·梅洛维茨（Meyrowitz）开始关注大众媒介内容及其反应，重视媒介与环境的关系。认为媒介是社会环境的一部分，受众选择媒介受社会环境制约的同时，媒介对社会具有强大影响力。此外，他将受众纳入情境概念，认为传播行为受受众制约，必须根据受众类型选择合适的传播方式与信息。因此，其媒介理论"把媒介研究纳入社会环境分析之中，从而开辟了一种社会学视角"③。近年来，美国的媒介生态学主要研究各种媒介符号和信息本质以及传送特性，考察传播符号和传播学的物理结构如何影响文化。兰斯·斯瑞特（Lance Strate）和凯萨·曼孔卢姆（Casey Man Kong Lum）是其代表人

---

① 详见龙运荣、李技文《近二十年来我国民族文化生态研究综述》，载《贵州民族学院学报》2010年第1期。
② 戢斗勇：《文化生态学论纲》，载《佛山科学技术学院学报》2004年第9期。
③ 宋林飞：《社会传播学》，上海人民出版社1994年版，第121页。

物，曾于 2002 在《新泽西传播学》杂志上主编了关于媒介生态学学术渊源的专辑。大卫·阿什德的《传播生态学——控制的文化范式》① 则是关于媒介生态学的最新著作，立足于信息技术和传播对社会活动的渗透与控制，关注信息技术和传播对受众的影响。

国内关于媒介生态学的研究，起始于由清华大学的尹鸿教授提出的"媒介生态"概念，但真正开始引发国内关于媒介生态学大探讨的应属邵培仁教授。2001 年，邵培仁发表了两篇关于媒介生态学研究的文章——《传播生态规律与媒介生存策略》② 和《论媒介生态的五大观念》③，2008 年他又提出媒介生态城堡的构想④、媒介生态学研究的基本原则⑤以及媒介生态系统的构成、规划与管理⑥。崔保国提出"媒介是条鱼"的概念，对当前国内外媒介生态学的研究与发展现状进行了全面系统的回顾⑦；陈兵提出传播生态的失衡与重建⑧；单波介绍了西方媒介生态理论的发展及其理论价值与问题⑨；叶芳对当时中国大陆媒介生态理论研究进行了述评⑩；而童兵教授在论及中国传媒市场格局的文章中也使用了媒介生态的概念。张国良教授关于上海市民媒介接触情况的调查研究、张立伟等的"'入世'一年的四川传媒生存环境变化"，则表明媒介实务研究者开始涉足媒介生态研究。随后，媒介生态研究逐渐成为热门话题，很多学者从媒介生态视角出发对当时的新闻大事加以评论，如王敏芝、南长森的《从媒介生态看政治生态——孙志刚案件引发的思考》与《从公共舆论看媒介生态——"宝马肇事案"传播学分析》等文。张健康的博士论文《媒介生态的失衡与调适》⑪ 对媒介生态学进行了全面、系统、集中研究；

---

① 阿什德：《传播生态学：控制的文化范式》，华夏出版社 2003 年版。
② 邵培仁：《传播生态规律与媒介生存策略》，载《新闻界》2001 年第 5 期。
③ 邵培仁：《论媒介生态的五大观念》，载《新闻大学》2001 年冬季刊。
④ 邵培仁：《媒介生态城堡的构想与建设》，载《当代传播》2008 年第 2 期。
⑤ 邵培仁：《媒介生态学研究的基本原则》，载《新闻与写作》2008 年第 1 期。
⑥ 邵培仁：《论媒介生态系统的构成、规划与管理》，载《浙江师范大学学报》2008 年第 2 期。
⑦ 崔保国：《媒介是条鱼——理解媒介生态学》，载《中国传媒报告》2003 年第 2 期。
⑧ 陈兵：《拯救传播：论传播生态的失衡与重建》，载《中国传媒报告》2004 年第 2 期。
⑨ 单波：《西方媒介生态理论的发展及其理论价值与问题》，载《新闻与传播研究》2006 年第 2 期。
⑩ 叶芳：《中国大陆媒介生态理论研究述评》，载《新闻知识》2006 年第 7 期。
⑪ 张健康：《媒介生态的失衡与调适》，浙江大学传播研究所博士学位论文，2006 年。

支庭荣的《大众传播生态学》[1]、徐国源的《当代传媒生态学》[2]、沈正赋的《解读传媒：传媒生态与新闻生态研究》[3]、刘忻的《生态电视论》[4]、林文刚与何道宽编译的《媒介环境学》[5]等一批著作，将媒介生态学研究提升到一个新的水平。

## 二 新媒体是全球文化生态系统的重要组成部分

通过对媒介生态学研究的梳理，我们不难发现，我国传媒生态的研究范畴基本都是围绕媒介本身来展开的。正如邵培仁教授所指出的那样："目前中国大陆关于媒介生态的研究主题，或是直接将生态学理论应用于媒介问题的研究；或是从不同角度研究媒介生态的个案或宏观研究；或是以媒介生态为研究视角或作为研究框架，探讨其他媒介问题。我们可以看出，我国的媒介生态研究更多地侧重在媒介内源性生态的研究上，重点讨论的是媒介业务、媒介经营管理。这种以媒介为中心的、偏向微观层次的研究，与以人类为中心的、偏向宏观层次的西方媒介生态研究，有着显著的差异。"[6]崔保国教授则更加自信地认为："国外的（包括日本等）媒介生态研究以文化研究和人类学研究方法为主，内容丰富多彩，范围广阔庞杂，是一种媒介环境的研究；中国的媒介生态研究主要从媒介发展的生存环境方面着手研究，涉及媒介的生存策略、经营管理等，内容集中，范围明确，是真正的媒介生态研究。"[7]

从目前我国媒介生态学的研究来看，其研究视野主要集中于国内媒介生态，而没有将媒介置于更广阔的全球视野和全媒体类型来看待。而事实却是，随着新媒体的发展，新媒体正在逐渐抹平国界、业界、学界、

---

[1] 支庭荣：《大众传播生态学》，浙江大学出版社2004年版。
[2] 徐国源：《当代传媒生态学》，上海三联书店2006年版。
[3] 沈正赋：《解读传媒：传媒生态与新闻生态研究》，西南师范大学出版社2006年版。
[4] 刘忻：《生态电视论》，中国广播电视出版社2005年版。
[5] 林文刚：《媒介环境学》，何道宽译，北京大学出版社2007年版。
[6] 邵培仁等：《媒介生态学：媒介作为绿色生态的研究》，中国传媒大学出版社2008年版，第61页。
[7] 崔保国：《媒介是条鱼：理解媒介生态学》，载《中国传媒报告》2003年第2期。

地界的界限,全球真正进入了一个"地球村"的时代,每个人都受到数字化生存的影响。而从目前我国文化生态学的研究来看,主要是介绍国外文化生态学的理论和方法,或者从文化生态的视野来分析国内的各种文化现象、民族问题与民族文化、文化遗产保护、城市建设、文化旅游等问题,媒介生态没有纳入文化生态的视野。

其实,媒介生态一直是中国文化建设的重要领域。"一方面,媒体所具有的强大传播功效正日益主宰着人们的生活,电视、网络成为人们不可或缺的存在空间。……另一方面,由电视、网络等媒体滋生出来的种种问题,不断挑战着国人的道德底线,低俗化、拜金主义、收视率造假等问题愈演愈烈,不仅成为文化治理部门、学者、公众讨论的热点,而且吸引了《人民日报》、美国《华盛顿邮报》和《时代周刊》等海内外媒体的关注。一时间,国内道德观念的下滑与重建成为焦点。媒介生态已经成为当下我国一个重要的文化新问题。"① 如果按照媒介生态学的观点,"大众传媒作为社会大系统中的一个子系统,它的运作或媒介规律一般既受传媒外部(社会)生态因子的影响,又受传媒内部生态因子的制约。每当政治昌明,媒介运作就显得轻松自如;每当经济繁荣,广告经营就是一派莺歌燕舞的气象;一旦政治不稳、社会动荡,媒介立即就会躁动不安。因此,如果撇开传媒的外部环境因素,单纯地孤立地观察各个具体媒介,那么观察再细致,也无法理解当今社会大众媒介系统的整体及其运作规律"②。

新媒体是近年来快速发展起来的一种新兴大众传媒,其对媒介生态系统、对传媒外部生态的影响远远超出了既有的电视、广播和报纸。虽然已经有为数众多的研究围绕新媒体与文化及传媒生态进行了探讨,如《视听新媒体的崛起对我国电视群落的影响——基于媒介生态视角的分析》③、《新媒介生态下的香港报业转型研究》④、《新媒体时代武陵山片区

---

① 运冬:《媒介生态是一个文化新问题》,载《人民政协报》2010年8月23日。
② 邵培仁等:《媒介生态学:媒介作为绿色生态的研究》,中国传媒大学出版社2008年版,第63页。
③ 韩建中:《视听新媒体的崛起对我国电视群落的影响——基于媒介生态视角的分析》,载《现代传播》(中国传媒大学学报)2011年第11期。
④ 刘晓燕:《新媒介生态下的香港报业转型研究》,载《国际新闻界》2011年第5期。

乡村民族文化嬗变及问题对策——基于大众传媒对武陵山区民族文化生态影响的田野调查》①等，但总体仍然跳不出"媒介中心论"或"国家中心论"的俗套。因此，笔者认为，我们当前的文化与传播研究应该将我们的研究视野扩大到全球范围、全媒体类型。正如美国匹兹堡大学社会学教授罗兰·罗迫逊（Roland Robertson）所认为的那样：以往的以民族国家为基本研究单位现在已经不能成为分析和理解世界的出发点了，应该抛弃"国家中心论"，把"民族国家社会"视为分析全球人类状况的总参照点。②赵月枝教授明确提出我们的传播研究应坚持"去媒介中心论"的"整体论"观点③。2011年7月18日，在上海交通大学开班的第二届中国传媒领袖大讲堂上，赵月枝指出：我们应重新定义主题，克服传播研究的城市—沿海—中产阶级倾向，重视劳工和农民作为传播的主体地位。超越城乡割裂，走向新乡土主义，将学术视野从沿海和城市转到农村和内地。……要通过传播学术重新解放思想，走传播政治研究与文化研究相结合的当代批判研究之路。④

因此，我们应将文化与传播研究置于全球化、新媒体语境中，以文化生态学的基本理论来审视自然环境、传统文化、媒介与人的关系。

## 三 新媒体影响下的民族文化生态及变迁

纵观人类传媒发展历史，我们可以看出媒介生态与自然生态一样，时刻处在运动变化之中。在口语传媒时代，信息传播的主要方式是口语传播，传播范围局限在很短距离之内，传者与受者进行面对面交流。此时，信息的传播成功如否取决于传者的口语表达能力和受者的接受理解能力。在文字印刷传媒时代，信息随着书籍和报纸的发行可以通行全国，

---

① 金军：《新媒体时代武陵山片区乡村民族文化嬗变及问题对策——基于大众传媒对武陵山区民族文化生态影响的田野调查》，中南民族大学传播学硕士论文，2013年。
② 文军：《90年代以来西方社会学视域中的全球化理论评析》，中国社会学网，http://e-sociology.cass.cn/pub/shxw/shll/t20040719_2282.htm，2012-02-14。
③ 韩素梅：《传播研究的整体观、方法论及政治观：评赵月枝的〈传播与社会：政治经济与文化〉》，载《国际新闻界》2012年第10期。
④ 宋国强：《赵月枝：传播研究不应只盯着欧美和城市》，载人民网传媒频道，http://media.people.com.cn/GB/40606/15297508.html，2011-08-01。

传播范围得到了进一步扩大。书籍和报刊的传播决定了传者和受者必须具有相当的文字阅读能力。限于当时的条件，拥有文字阅读能力的人往往局限于统治者和部分社会精英。书籍和报刊往往成为政令发布的工具和社会精英舞文弄墨、表达闲情逸致的道具。并且由于不同国家的政治意识形态和民族文化之间的差异，书籍和报纸很难在国际范围内进行广泛流动。在电子媒介时代，民族国家为了实现特殊的政治目的，通过建立广播电台、电视台向对象国进行信息输出，信息在两个国家之间传递。此时，信息传播的范围拓展到了民族国家之外。在数字网络新媒体时代，卫星通信技术、跨国广播电视、计算机通信网络的发展，使得信息传播已经完全超越了民族国家的界限，信息能够自由地在全球范围内传播，人类进入了全球网络化传播的新媒体时代。

与前三个阶段相比，新媒体时代的媒介生态具有以下几个方面的特征。

（一）信息传播遍布全球

随着卫星通信技术、跨国广播电视、计算机通信网络的发展，人类在全球范围构建了方便快捷的信息传播系统。依赖卫星通信技术，我们可以通过手机在全球任何一个角落进行即时的沟通；也可以通过跨国广播电视系统，对全球任何一个地点进行新闻现场直播。过去南极是人类生命的"禁区"，除了一些科考人员能够目睹其神秘之外，普通大众根本无法想象其冰天雪地的情景。随着卫星通信技术的发展，我们的新闻记者也踏上了南极大地，进行现场直播，让全球的电视观众目睹了南极壮观的冰雪世界。同时，我们还可以通过互联网发送消息，并且可以决定这个消息是点对点传播给某一个人，还是点对面传播给全球大众。

随着全球传播技术的实现，跨国媒介集团也在全球范围内配置人力、物力等各种资源，实现了信息的全球性发布。比如 CNN 在全球建立了三个站点，每个站点所在时间都间隔 8 小时，成为真正的 24 小时新闻台。[①] 此外，CNN 的新闻直播已经成为常态，全球任何一个地点发生的新闻 CNN 都能在第一时间进行现场直播，实现了信息的全球发布。虽然目前

---

① 见 CNN 网站 www.cnn.com.

类似 CNN 的电视台不多,但是越来越多的媒介力图在全球建立自己的记者站,以求在事件发生的第一时间现场发布第一手信息。

(二)受众遍布全球

无论是口语传媒时代还是文字印刷传媒时代,其受众都局限在一定的范围内。全球网络化信息传播系统的形成,将全球所有拥有数字网络传播媒介的个体卷入了全球信息传播系统之中,受众遍布全球。无论人们身在民族国家地理空间之内还是之外,都能够像同一个村庄的村民一样直接获取信息,人类从此进入新的部落时代。面对全球网络媒体的纷纷崛起,新华网、人民网、央视国际网站等中央重点新闻网站逐渐探索出一条属于自己的发展道路。目前,人民网的网民已遍布世界 200 多个国家和地区。①

(三)人人都可以成为传者

无论是在口语传媒时代、文字印刷传媒时代还是电子传媒时代,信息的发布必须通过专门机构。信息的传播有专门的传者,信息的来源有专门的渠道。而随着全球信息传播系统的形成,全球所有拥有数字网络传播媒介的个体都能够成为传者,成为信源。随着网络技术的发展,只要通过一台可以上网的计算机,人人都可以从网络上找到自己需要的信息,同时也可以随意发布和传播自己所拥有的各类信息。

(四)全球范围的即时传播

即时传播即信息传播无时间差异,即时传递,即时接收,即时反馈。即时传播需经历从即时传递到即时接收,再到即时反馈三个阶段。即时传播一直受到空间和传播技术的制约。如果距离太远,人们就无法实现信息的即时传递。传播技术落后,也不可能实现远距离的传播。卫星通信技术、跨国广播电视、计算机通信网络的发展和普及,全球范围的即时传播得以完全实现。通过卫星电话,全球任何一个角落的人们都可以进行即时信息传播;通过跨国广播电视系统,我们的新闻记者可以在全球进行现场直播;在互联网上,人们不但可以随时刷新网页,接收最新

---

① 隋笑飞:《中央重点新闻网站:无边风景,无限生机》,载新华网,http://news.xinhuanet.com/newscenter/2008-01/18/content_7449367.htm,2008-01-18。

的信息，也能即时将自己的意见反馈出去。

（五）海量的信息传播

网络容量之大，任何其他媒介都无可企及。对于网络新闻而言，其在空间能力上最突出的特征就是信息储存与转运的能力。互联网的超链接方式使信息的内容在理论上具有无限的扩展性与丰富性。在1998年克林顿绯闻案的新闻事件中，斯塔尔报告厚达445页，牵涉内容广泛而复杂，作为传统的印刷媒体很难承载如此浩繁的内容。正因为如此，在互联网上首先全文刊载有关克林顿丑闻的斯塔尔报告，引发了新旧媒体竞争的热潮。这是网络新闻发展史中一次里程碑式的事件，充分体现了互联网承载超量信息的优越性。一般报纸日发新闻量一个版最多30条，24个版发稿量在200—300条，而一个普通新闻网站的每日发稿量可达几千上万条。

（六）信息的良莠不齐

伴随互联网海量信息传播的同时，网络信息的质量成为人们关注的一大焦点。由于互联网的开放性，任何人只要能上网就可以在上面发布信息，而信息的真假无从考证。许多人出于各种目的在互联网上发布各种虚假、淫秽、有害信息，有的人甚至利用互联网从事窃取各种机密、分离民族和国家、宣扬邪教的勾当。信息的良莠不齐是全球传播时代不可避免的现象，只有加强对各类信息的甄别和取舍，才能为我所用。

因为媒介在生存与发展的过程中，不可避免地要与社会周围的环境发生作用和联系。"媒介与人之间的关系构成受众环境；媒介与媒介之间，构成了行业的竞争环境；媒介与经济界、企业界的互动关系，构成了媒介的资源环境；媒介与通信技术构成技术环境。"① 一个个不同的环境、生态圈形成了媒介赖以生存发展的环境。媒介与媒介、媒介与社会、媒介与受众之间的任何一对关系发生改变，都会直接导致其他关系和作用的变化，即媒介生态系统变化会导致社会生态系统的变化，包括对民族文化的影响。在新媒体建构的媒介生态影响下，民族文化生态呈现以下几个鲜明特性。②

---

① 崔保国：《媒介的生态环境》，载《媒介二十五讲》，清华大学出版社2004年版，第259—266页。

② 龙运荣：《全球网络时代的民族文化发展与保护：以媒介生态为视角》，载《大连民族学院学报》2010年第4期。

1. 文化全球化

文化全球化是经济全球化的结果或副产品，同经济全球化一样，是一种世界发展的趋势。经济全球化是指世界经济活动超越国界，通过对外贸易、资本流动、技术转移、提供服务、相互依存、相互联系而形成的全球范围的有机经济整体。经济全球化是当代世界经济的重要特征之一，也是世界经济发展的重要趋势。自 20 世纪 90 年代以来，以信息技术革命为中心的高新技术迅猛发展，不仅冲破了国界，而且缩小了各国和各地的距离，使世界经济越来越融为一个整体。目前，经济全球化已显示出强大的生命力，并对世界各国经济、政治、军事、社会、文化等所有方面，甚至包括思维方式等，都造成了巨大的冲击，文化的全球化传播也是大势所趋。为了掌握未来发展的主动权，为其经济全球化扩展铺路，世界各国纷纷不遗余力地向全球传播其文化，特别是以美国为首的发达国家凭借其强大的信息传播系统无时无刻不在向发展中国家进行文化的传播和渗透。"美国的文化产业更发达，如新闻传媒、好莱坞、迪士尼等，规模巨大，其中文化娱乐业年产值达 4000 亿美元，视听产品出口额仅次于航空航天等少数行业，在国际上占据了 40% 以上的市场份额。资料显示，美国的文化产业增加值占 GDP 的比重超过 20%，美国的 400 家最富有公司中，有 72 家是文化企业，美国音像业的出口额已超过航天工业的出口额，是美国创造利润最多的行业之一。"[①]

全球性信息传播系统的发展使文化输出和文化传播的比重越来越大。但是，文化传播的扩大所带来的并不仅仅是文化之间的沟通与理解，同时也伴随着文化的激烈摩擦和冲突，因为以美国为主导的西方国家在向全球输出其价值观和意识形态时，其他国家和民族也在为维护和发扬其本国本民族的文化而努力。

2. 文化"同质化"

文化"同质化"现象是近年来争论很激烈的一个话题。全球化语境下的文化"同质化"，针对的是全球文化趋同的现象和趋势：普世的文化价值取代文化个性，削弱文化的自主能力，使主流文化失去其赖以发

---

① 邓永汉：《全球化背景下的文化产业》，载《贵州民族报》2005 年 11 月 29 日第 3 版。

挥作用的社会心理认同，逐步形成对各种地方文化和民族文化进行整合化一的、依赖于西方现代性的"全球文化"，影响全面、广泛而深刻，影响到后发展国家的社会稳定、社会制度的发展演变以及民族文化特征的传承与发展，进一步，就会导致"经济上的依赖、社会意义上的归顺和文化上的替代"。① 西方模式和价值观到处传播，尤其是20世纪90年代后美国文化对外大量渗透，文化的"同质化"现象日趋明显。在2009年10月举行的中国上海国际艺术节高峰论坛上，新当选国际演艺协会（IS-PA）主席的本森认为，随着世界各国不断走向现代化，文化趋同的趋势愈演愈烈。"行走在世界各地，我发觉如今城市不论是布局还是生活标准，都越来越相似。""在每个地方都能发现源自西方的摩天大楼、音乐厅、夜生活。而各国传统文化也在这个过程中趋于同质。"②

3. 文化美国化

文化"同质化"实际上就是文化美国化。全球网络化传播实现了传者遍布全球、信源遍布全球、受众遍布全球，实现了人际传播和大众传播两个领域内的即时传播，因而信息得以在全球范围内自由流动。这是一种不可阻挡的力量。任何一个人或是国家，都无法阻挡这种力量。随着完全超越国界、超越时间的全球网络化传播系统的形成，与之相关的秩序、认同、主权与能力的问题不但不会消失反而会一直存在。这种现象的产生主要是由于经济发展的不平衡造成的。世界的传播模式是与世界力量结构密切相关的，经济的不平衡就导致了传播模式的倾斜，也就是发达国家在传播中的主导性与发展中国家的被动性，发展中国家对发达国家的经济依赖必然导致文化在不同程度上的依赖。

改革开放以来，我们既引进了西方先进的生产技术设备，同时也引进了大批的文化产品。可口可乐、麦当劳、好莱坞等具有象征意义的美国文化，一方面改变了我们的生活方式和生活观念；而另一方面极大地

---

① ［英］大卫·麦克奎恩：《理解电视》，苗棣等译，华夏出版社2003年版，第232页。

② 邹瑞玥：《国际演艺协会主席忧虑——世界文化趋于同质化》，载《新民晚报》2009年10月20日，http://xmwb.news365.com.cn/wy/200910/t20091020_2497233.htm。

冲击了我国的文化工业。① 20世纪80年代末，以美国为首的西方对中国的文化传播力度加大，甚至出现文化帝国主义现象，美国有意或无意地通过消费文化的输入和渗透，逐步实现了物质文化的趋同，并且政治文化和心理文化的趋同在不同程度和不同范围内也在加紧进行。在强大的以美国为首的西方发达国家的传媒攻击下，许多民族国家的文化正遭受前所未有的冲击，发生巨大的变迁，西方文化正在一步一步侵蚀各民族文化。越来越多的贴着美国商标的商品，如电影大片、各类碟片、乡村音乐、摇滚乐、唐老鸭、米老鼠、变形金刚等一系列反映大国文化和价值观的东西冲击着中国市场，即使意识形态相对淡薄的纯粹娱乐性节目也因有意无意间展示、倡导了西方社会的生活方式，而对发展中国家的人们尤其是年轻人产生了重大影响。尤其是近年来互联网的迅速发展，使各类信息的传播更快，一些研究学者指出：信息不同于工业化产品，信息高速公路流通的大量信息，必然会带有明显的政治、文化色彩。② 由于美国及西方发达国家控制了大部分资料传播所依赖的软硬件（据有关组织估计，美国目前拥有的数据库占全球的70％以上）③，加上美国一直在把它的有关法律、人权、技术的标准贴上国际化的标签，通过互联网强加给别的国家，互联网潜在的"美国化"影响已对一些国家的社会、政治、法律等文化价值观构成严重威胁。2010年1月25日上午，在张家界袁家界管委会的操作下，"南天一柱"更名为"哈利路亚山"。"南天一柱"的更名引来了国内外众多媒体的关注，许多人指责"这就是没内涵的炒作"④。"哈利路亚山"是2010年1月上演的美国电影《阿凡达》中的经典场景。"南天一柱"的更名也许可以作为民族文化美国化的最好注脚。

---

① 郭英剑：《文化帝国主义抑或全球化》，载汤林森《文化帝国主义》，上海人民出版社1999年版。
② 林燕：《国际互联网：信息控制与舆论引导》，载《现代传播》1998年第3期，转引自徐如镜《发展信息产业事关国家命运》，《信息论坛论文集》，计算机世界报社1995年版。
③ 陈绚：《国际新技术媒体传播体系的形成及负面影响》，载《国际新闻界》1998年第3期。
④ 郎清湘：《张家界"南天一柱"更名"哈利路亚山"》，载《重庆晨报》2010年1月26日第12版。

4. 文化动态化

文化动态化是相对的概念，因为文化时刻处在变迁之中，完全静止的文化是不存在的。文化动态化是相对于较短时间而言的。在传统农业社会，以家庭为基本生产单位、以手工为主要生产方式的自给自足的小农经济在社会中占主导地位，生产的目的主要是满足家庭生活需要而不是交换。所以，信息的传播不是很快，传播范围也十分有限。社会分工不发达，社会分化程度低下，因此人员流动性也不强，社会关系以血缘和地缘关系为主；同时，竞争机制不健全，生活节奏缓慢，社会的变革和进步也非常迟缓。总之，整个社会呈现一种静态的发展缓慢的态势。

而进入工业社会特别是信息社会以后，整个社会发展态势发生了急剧的变化。人员和资金流动频繁，信息传播异常迅速，社会竞争急剧加强，生活节奏日益快速，整个社会处在一种动态的、不安的变化中，人类文化也处在一种动态变化中。许多传统的民族文化因为其生态环境遭受破坏而消亡，新的文化形式日新月异，新词汇、新现象、流行语层出不穷。

5. 文化大众化

作为与官方主流文化、精英文化相对应的一个概念，大众文化从实质上说是在现代工业社会产生、与市场经济发展相适应的一种市民文化。大众文化的最基本特征便是商品性和传媒依赖性，即它通过文化产品的大量生产和销售而进行，大众文化活动属于一种伴随商品买卖关系的消费行为，同时大众文化的大量生产和销售依赖传媒的宣传与推广，没有传媒的宣传与推广也就没有大众文化产品的生产和销售。在这个意义上说，大众文化也是一种传媒文化。美国现代传媒业的快速发展也极大地催生了美国大众文化。

大众文化的商品性使得文化可以作为一种商品进行生产和消费，美国的文化工业就是一套标准化的文化生产和消费模式。与资本主义其他工业一样，受控于批量复制和大宗经销的模式，大众文化必须提供批量复制的、标准化的产品，才有可能满足市场的需求，在批量复制的模式中，生产规模和产品标准化都是创造利润的最佳条件，借助技术进步和工业化生产，今天的大众文化更大限度地体现了"标准化"的特征。特别是20世纪90年代以来，技术发展使大众文化获得新水平的标准化、模式化，凭借建立在技术和资本优势基础上的稳定产品类型和高度垄断性，美国文化工业建立了大众文化的一种重要的"标准"。也就是说，美国大众文化代表了当代大众文化的"最高水平"或是一种"示范性样本"。在此基础上，美国大众文化得以垄断了当代大众文化的意义，并客观上代表着大众文化的"标准"和发展的"主流方向"。

新媒体是人类媒介发展史上的崭新阶段，是媒介发展的必然趋势，其对民族文化传承、传播与发展产生了巨大影响。随着新媒体的不断发展，其对社会各方面的影响也会越来越广泛而深刻，新媒体对民族传统文化变迁的影响将是不可回避的话题。

## 第二节　新媒体影响少数民族传统文化现代性建构的机制

### 一　众说纷纭的传媒影响机制

关于大众传媒的影响机制研究，西方大体上经历了"魔弹论"、有限效果论、适度效果论和强大效果论四个发展阶段。而国内的传媒效果研究，虽然也取得了一些可喜的成果，但是尚处起步阶段。

流行于20世纪20—40年代的"魔弹论"，又称"靶子论"、"枪弹论"，认为，大众社会中的个人，在心理上陷于孤立，对媒介的依赖性很强，因而导致媒介对社会的影响力很大。在新闻传播过程中，传播者是主动的，而受众则是被动的。传播者把"信息子弹"发射出去，受传者必被击中，应声倒下，传播效果直接而明显。其代表人物有哈罗德·拉斯维尔、西多尼·罗杰森。

20世纪40—60年代，以拉扎斯菲尔德、霍夫兰、卡兹和克拉帕为代表的"有限效果论"认为，大众传播没有力量直接改变受传者对事物的态度,在人们作出某种决定之际,许多其他因素起着重要的作用,其中包括个人的政治、经济、文化、心理的既有倾向以及受传者对信息的需求和选择性接触机制。

适度效果论盛行于20世纪60—80年代。该理论认为:大众传播对于受众虽然没有"魔弹论"所认为的那样直接的、立竿见影的效果,但是也不像"有限效果论"说的那么不堪,它仍然是具有一定影响的,这种影响应该从受众这个角度来衡量,并且从长期效果来衡量。在媒介高度发达的现代社会,我们对大众传播效果的探讨不应仅仅停留在微观的个人层面上,还必须扩展到宏观的社会层面上来,搞清楚大众传播在整个社会中到底扮演着什么样的角色,它对社会的发展到底起到了什么样的作用。代表性研究有:创新与扩散理论、教养理论、知识沟假说、议程设置理论、使用与满足理论等。

20世纪80年代后兴起了强大效果理论,强调大众传播有巨大的效果。但是与"魔弹论"不同,强大效果论强调的效果不是简单的、直接的,而是复杂的、间接的;不是短期的、立竿见影的,而是长期的、潜移默化的;不是微观的、个体的,而是宏观的、社会的。其代表性研究有诺埃勒·诺依曼的"沉默的螺旋"假说等。该假说指出,如果一个人感觉到他的意见是少数的,他比较不会表达出来,因为害怕被多数的一方报复或孤立,大多数个人会力图避免由于单独持有某些态度和信念而产生的孤立。

20世纪80年代以后,随着西方传播学成果逐渐进入中国传播研究的视野,效果研究在中国开始受到重视,并在90年代中后期以来出现了加速发展之势。首先,翻译并引进了一批国外媒介效果研究的著作,比如洛厄里与德弗勒合著的《大众传播研究的里程碑:媒介效果》[①]、斯帕克斯的《媒介效果研究概论》[②]、齐尔曼等人编著的《媒介效果:理论与研

---

[①] [美]洛厄里、德弗勒:《大众传播效果研究的里程碑:媒介效果》(第三版),刘海龙译,中国人民大学出版社2009年版。
[②] [美]格兰·斯帕克斯:《媒介效果研究概论》(第2版),何朝阳、王希华译,北京大学出版社2008年版。

究前沿》①，以及詹宁斯·布赖恩特和苏姗·汤普森的《传媒效果概论》②等。其次，一些机构和研究者开始尝试传播效果的实证研究方法。1982年，由中国社会科学院新闻研究所和首都新闻学会共同发起了北京地区读者、观众、听众调查，这是我国进行的第一次大规模的受众调查，规模大。此后，卜卫、孙五三、郭建斌、龙耕、柯惠新、丁未等就媒介与儿童、媒介与现代化、媒介与暴力、媒介与奥运等方面的主题进行了实证研究。同时，一些学者也提出了一些本土的富有创见性的观点，其中以黄星民提出的"风草论"和李希光提出的"妖魔化中国"理论最为典型。③

虽然以上研究对媒体的影响机制进行了深入探讨，提出了许多真知灼见；但是任何理论和学说都是一定历史阶段的产物，随着社会的不断发展，媒介类型和特点在不断变化，其影响机制必将产生变化。因此，必须将媒介影响机制的研究着眼于当下，着眼于新媒体，只有这样才有可能更加深入地认识媒体与社会发展的关系及其影响机制。

## 二 新媒体：社会引信调控下的"深水炸弹"

深水炸弹又称深弹（depth charge），系用于攻击潜艇的水中武器，装有定深引信，在投入水中后下沉到一定深度或接近目标时，定深引信受到水的压力而引爆。新媒体就如一颗"深水炸弹"，它以其华丽的外表隐藏在人们的日常生活中，一旦遇到恰当的"引爆水深"就会"爆炸"，其"爆炸"的威力是巨大的，影响是深远的。但是这种威力和影响同时受到"社会引信"的调控，这种"社会引信"就是隐藏在其背后的各种社会关系。④

首先，新媒体传播效果受到其所处历史时期的经济发展和科学技术

---

① ［美］简宁斯·布莱恩特、道尔夫·兹尔曼：《媒介效果：理论与研究前沿》（第2版），石义彬、彭彪译，华夏出版社2009年版。
② ［美］詹宁斯·布赖恩特、苏姗·汤普森：《传媒效果概论》，陆剑南等译，中国传媒大学出版社2006年版。
③ 参见刘琼《当代中国传播效果研究得失述评》，载《青年记者》2010年第24期。
④ 龙运荣：《大众传媒与民族社会文化变迁——芷江碧河村的个案研究》，中南民族大学博士学位论文，2011年。

水平的制约。从传媒发展史来看,不同历史时期会出现不同的传媒类型,不同的经济发展和科学技术水平决定了不同媒介类型的产生。湖南侗族地区的新媒体是 20 世纪 90 年代以后开始快速发展的,并且其发展受到当地经济发展和科学技术的制约,呈现明显的不平衡状态。经济发达的城市,新媒体发展较快,影响较大;经济落后的农村,新媒体发展较慢,影响较小。同时,同一媒介,不同的使用者,其发挥的作用也是不同的。如第三章所述,有的侗族同胞把电视当成看新闻、了解世界的窗口,有的侗族同胞把电视当成娱乐休闲的工具,有的侗族同胞把电视当成消遣寂寞、打发时间的伴侣。因此,并非像哈罗德·拉斯韦尔所称的,每个人只要读了报纸、听了广播、看了电视就会百分百地被击中而倒下。每个人都有自主选择媒介类型、媒介内容的权利。湖南侗族地区广大侗族村民的媒介实践充分说明,村民们选择不同的媒介都有自己的特殊情况,收看电视都有自己的理由和想法,对于电视的传播内容也有自己特有的理解方式。因此,新媒体的传播效果受到其所处的特定历史时期的经济发展和科学技术水平的制约。

其次,新媒体传播效果还受到其所处的社会制度的调整。湖南侗族地区的媒介生态呈现明显的失衡状态,其中以电视、手机为最主要的传播媒介,而广大侗族同胞对电视和手机的使用又呈现出明显的娱乐化特点。而报刊、广播、互联网受到诸多因素的影响,发展缓慢。报刊的发行主要是党报党刊,并且绝大多数是由上级部门摊派订阅的,内容也并不符合村民阅读需要,没有村民愿意自费订阅各种党报。因此,新媒体对湖南侗族地区的影响是有限的,是不明显的。

同时,新媒体传播效果还受到受众所处的社会文化背景的制约。湖南侗族地区的广大侗族同胞整体受教育水平较低,媒介素养较差,媒介传播能力较弱,因此在理解媒介传播内容时往往会出现各种"误读",从而影响新媒体传播效果。

与其他因素相比,新媒体对湖南侗族地区社会文化变迁的影响是渐进式的。作为全球社会文化生态系统的重要组成部分,新媒体在影响社会子系统的同时,也受到各种社会子系统的影响。正如美国纽约州立大学终身教授洪浚浩指出:"新媒体对社会的影响,取决于这个社会的政治体系和机构,以及这个社会当时所处的阶段,它们可以决定新媒体对社会的影响程度、范围、内容等。"① 因此,我们必须正确认识新媒体在社会发展和文化变迁中的作用,辩证估计其社会功能:既不能对其期盼太高,又不能贬得一无是处。只有正确认识新媒体的传播效果,才能更好地发挥其在社会发展和文化传承中的作用。

### 三 新媒体影响少数民族文化现代性建构的方式

新媒体对民族社会文化的影响是渐进式的、隐蔽性的,那么它到底是以什么方式影响着民族社会文化的现代性建构呢?下面将从五个方面进行阐述。

(一)改变物质基础,影响民族生活方式

媒体有着物质和社会的双重属性。就物质属性来说,任何媒体必须借助一定的物质载体来实现其信息传递的功能。比如说,报纸媒体必须借助纸张来印刷文字和图片以传递信息,电视要凭借电视机来接收和播放音频和视频信息,互联网必须借助电脑和网络来实现多媒体信息的传播。媒体的物质属性往往构成人们生活的物质基础,成为社会文化变迁的重要组成部分。而作为现代文明的产物,作为物质基础的新媒体本身就是现代化的重要标志,是影响人们生活的重要部分。新媒体通过改变人们的物质基础,进而影响人们生活方式的变迁。

电视作为现代文明的符号,从一开始在湖南侗族地区出现便受到广大侗族同胞好奇的围观和热切的向往,拥有一台电视曾经是许多侗族同胞的梦想。近年来,电视成为侗族同胞日常生活中不可或缺的组成部分。村民们的日常生活因为电视而发生了改变:村民们根据电视时间调节自己的作息,村民们根据电视广告购买自己需要的用品,村民们根据电视信息来寻找工作机会。而当下能拥有一台电脑又成为许多侗族村民的想法,他们都觉得电脑能带给大家一个神奇而丰富的新世界。广播、电话、电视机、电脑等现代传媒工具作为现代物质文明的符号,顶着耀眼的光

---

① 刘锐等:《新媒体视域下的社会发展与媒介生态——第三届新媒体与社会发展全球论坛暨中美新媒体与社会发展双边研讨会综述》,载《现代传播》2013年第9期。

环，对村民们有着巨大的诱惑力。在这种力量的吸引下，侗族同胞纷纷购买手机、电视机和电脑等，人们的社会文化生活首先从物质层面开始悄然发生变迁。

在侗族村民们家里，我们几乎都可以看到同样一个现象：因为电视的介入，村民们购进了许多新的器物和用具，大到摩托车、汽车，小到香皂、洗衣粉、牙膏，很多都是依据电视的广告来选择的。我们发现一个令人匪夷所思的现象：虽然广大村民并没有承认自己的购物行为受到电视的影响，但是村民们所使用的日常用品的品牌绝大多数是电视广告里出现过的。

（二）改变发展方式，影响民族经济生活

经济基础决定上层建筑，经济基础的改变必然会引起上层建筑的变迁。经济生活是民族文化的重要组成部分，经济结构的变化必将引起民族社会文化的变迁。新媒体不仅催生了许多新的文化产业类型，改变人们的生产发展方式，为经济发展提供技术升级，促进了经济结构的整合、重构与升级，也极大地改变了人们的经济消费结构。

新媒体催生了许多新的文化产业类型，极大地丰富了侗族地区少数民族同胞的经济生活。在我国2004年出台的《文化及相关产业分类》列出的24个种类里就有"音像及电子出版物出版发行"、"互联网信息服务"、"广播、电视、电影服务"、"文化用品设备生产、销售和制造"等类型与新媒体紧密相关。美国、英国、日本、澳大利亚等国家也都将新媒体相关产业纳入了文化产业的范畴。20世纪90年代以来，与新媒体紧密相关的互联网信息服务、音像及电子出版物发行等文化产业在侗族取得较快发展，并成为湖南侗族地区少数民族同胞经济生活的重要组成部分。据不完全统计，通道侗族自治县登记办证的网吧有28家，从事计算机相关行业者近万人。

新媒体成为湖南侗族地区经济发展所需技术升级、传播手段更新的重要载体和手段。如新媒体在广告、旅游、电影、新闻出版、智能生活、新能源、汽车制造等多种经济类型中都具有十分重要的作用。新媒体旅游宣传篇成为湖南侗族地区推广旅游资源的重要手段，侗族旅游网站、旅游微博、微信以及旅游微电影等新媒体传播方式受到广大旅游机构和游客的关注。比如，在百度搜索输入"通道旅游"就可以搜索到与通道侗族自治县旅游相关的信息225000条，其中"2014通道旅游攻略"、"通道旅游景点"、"通道旅游官网"、"通道旅游信息网"等网页十分全面地介绍了通道旅游资源、路线、著名景点、侗族风土人情等。跟传统的召开旅游发布会、推介会，发布旅游宣传单等传统宣传形式相比，新媒体更加便捷、快速和廉价，并且图文并茂、视频体验，效果更好。新媒体为经济发展提供技术升级、传播手段更新的重要载体和手段，科学技术在经济发展中所占比例越来越高。越来越多的侗族同胞认识到知识的重要性，认识到科学技术的重要作用。为了发展经济，越来越多的侗族青年学习现代科学技术，成为新一代有知识、有文化的侗族青年。

新媒体还在悄悄地改变湖南侗族地区传统的消费结构。在手机、互联网、电子消费品等新媒体的影响下，广大侗族同胞的电子产品消费比重越来越大，传统的食物、粮食、生活用品消费比重在不断降低。特别是年轻的侗族同胞用于通信、交通、旅游、服饰、教育等生活类消费大增。同时，大家购买习惯也在发生变化，网络购物正在成为时尚。

（三）改变社会结构，影响民族制度文化

新媒体不仅以其强大的产业聚集功能带动了经济产业的发展，同时以其强大的互动功能拓宽了诉求表达渠道，增强了人际互动，改变了传统的社会结构，影响了制度文化的发展。

新媒体凭借其强大的互动性打破了传统媒体的局限性，增强了公民的参与性，使得公民有了更多交流的机会。新媒体使信息传播更加顺畅，为民众表达意愿和利益诉求，甚至参与决策制定提供了快捷的渠道，为公民更好地行使知情权、参与权、表达权与监督权提供了条件，也为更好地推动社会民主政治进展提供了一个方便快捷的民意直通车。互联网、微博、微信、BBS网络已经走进千家万户，网络正成为信息传播的主渠道。正如前文所述，湖南侗族地区的各大网站都设立网民参与互动的栏目，方便广大网民参与社会事务管理，反映意见和建议。有些人直接通过手机、电子邮件、微博和微信进行投诉、建议或表达自己的政见。

新媒体正在逐渐成为消解大众不满情绪的减压阀，许多社会不良情绪得以排解，社会管理中的缺陷得以弥补和改善。随着新媒体的出现，传统媒体减压阀的功能逐渐被以互联网和手机为代表的新媒体工具所取代。特别是在社会热点事件中，人们利用手机或者网络媒体，获取自己所需的信息，缓解恐慌情绪；或者利用新媒体的交互性与开放性，表达自己的不满与愤怒，从而满足心理上的需求。在某种程度上，互联网"社会减压阀"的作用，可以缓解我国在社会转型过程中面临的结构性压力。

（四）改变思想观念，影响民族精神文化

精神文化是人类在从事物质文化基础上产生的一种人类所特有的意识形态，是人类各种意识观念形态的集合。文化的内核是思想观念，思想观念的改变导致精神文化的变迁。价值观体现民族和时代的特点，并成为不同民族文化和不同时代文化的最重要标志性特征。新媒体通过海量信息的传播和娱乐化、个性化的传媒文化体验，正在不断地改变着广大侗族同胞的思想观念，引起侗族传统精神文化的变迁。

侗族是个勤劳、朴素的民族，不喜欢奢华，不讲究排场。千百年来，侗族同胞们一直过着艰苦朴素、勤俭节约的生活。然而，在媒介消费主义的影响下，时过境迁，年轻一代侗寨村民的价值观念发生了变化，对生活的要求高了，消费水平提高了，勤俭节约的习惯正在慢慢地消失。

追求时尚潮流也成为年轻侗族女性审美的重要特点。随便在碧涌镇街头观察一个女性，就可以发现其打扮的时尚元素。高跟鞋、太阳帽等已经不是什么稀罕之物，身穿韩国明星款的服饰，手拿音乐照相手机成为女孩子们的时尚首选，一些人恨不得把自己的身体全部用时尚的东西包裹起来。以现代传媒为载体的现代都市文化也在不断地劝说女性追求时髦之美。新媒体信息文化跨越时空限制，这也为人类的审美活动提供了普及性和可流行性的需要。同时，新媒体时代，信息量的激增促使当代社会文化快速而频繁地更新，也导致了包括审美文化在内的文化评价系统始终处于动态的不稳定的态势中，当代信息文化借助大众传播媒介以其普泛性、快捷性、时效性而影响并改变当代人的生活方式、思想方式和情感方式，成为制造社会文化时尚的高手。

在新媒体海量信息的传播中，西方个人主义价值观不断地冲击着侗族传统的集体价值观念。侗族村民的个人观念在不断增强，个人利益被摆到了首位，经济利益被无限追逐。而侗族传统的互帮互助、乐善好施、集体观念则在不断地弱化。

（五）改变身心体验，影响民族文化时空

文化正如生物体一样，必须依托一定的时空才能生存。春天播种，秋天收获。这是自然规律使然。文化同样如此，必须遵循一定的时空关系。因为"时空是物质固有的存在方式。空间是物质客体的广延性和并存的秩序；时间是物质客体的连续性和持续的秩序。空间、时间与物质不可分离，空间与时间也不可分离"[①]。马克思认为："时间实际上是人的积极存在，它不仅是人的生命的尺度，而且是人的发展的空间。"[②] 叶秀山说得更明确："在基本的生活中，时空不是工具，而是'人'及其'世界'的存在方式。"[③] 因此，文化空间则强调空间的社会性、文化性对自然性、物理性的优先性。任何文化的产生、发展和演化都离不开一定的时间和空间，在发展演化的过程中，有些保留下来，有些消失得无影无踪，还有些以另外的形式得以再生。所以，文化的这种在一定时间、空间的延续，就构成了它的时空系统。换句话说，任何文化如何脱离一定的时空，其生产与发展将会受到影响，甚至死亡。

传统社会是一种静态的、同质化的社会，其文化生态系统是相对稳定的，系统各组成部分的关系是协调的，其文化空间有如下特征：（1）狭隘性和封闭性。这是由各民族、国家交往的有限性决定的。（2）确定性。个人、社会、民族对空间位置（处所）有较明确的感知与体认。（3）自我中心性。以自我为中心，向"他者"外向辐射，形成一个个同心圆，如"中国"观念和西方的"远东/中东/近东"观念。（4）次序感。空间的前后方位及中心/边缘关系有明确的规定。（5）稳固性和连续性。[④] 然而，伴随着数字化技术的发展，新媒体彻底地改变了人们传统的时空观念，提供给人们完全不同的时间体验和空间感觉。

以互联网为例，网络文化的空间在"（1）文化的空间化；（2）空间

---

① 见《中国大百科全书·哲学》"空间与时间"条目。
② 《马克思恩格斯全集》第47卷，第532页。
③ 叶秀山：《美的哲学》，东方出版社1991年版，第68页。
④ 常晋芳：《网络哲学引论：网络时代人类存在方式的变革》，广东人民出版社2005年版，第317—320页。

的全球一体化；（3）空间界限的消解；（4）空间的流动性；（5）空间的压缩性和碎片化；（6）空间实质的虚拟化"① 六个方面发生了明显嬗变。而网络文化的时间则在"1.时间的普遍化；2.时间的压缩化；3.时间界限的模糊化和结构的弹性化；4.时间交流的即时互动性；5.时间取向的未来性；6.时间进程加速化；7.现实时间变革与人的时间观念之间的矛盾"② 七个方面发生嬗变。这种时空的嬗变带给人们普遍的不安全感、不稳定感以及强烈的感官刺激，好奇的本能驱使人们不断去尝试新的文化体验，而这种新的文化体验的最终结果就是越来越多的年轻人逐渐放弃了对传统文化的热爱，投身到声色犬马的新媒介文化中而不能自拔。侗族大歌的遭遇便是铁证。侗族大歌是一种流行于侗族地区，并由侗族人民进行世代传承的复调式合唱歌曲。侗族大歌有着自身特定的文化空间，是一种活态的文化。它不仅是一种音乐艺术，而且是侗族的社会结构、精神生活、婚恋关系和文化传承的重要组成部分。侗族大歌的形成和发展是侗族传统社会环境与价值体系和约定俗成的行为规范相互适应而成的。然而，电视、电影、互联网、手机等现代文化传媒的影响，使得侗寨的许多年轻人对现代大众文化产生了好奇，其审美情趣悄然发生了变化。"这种新态势的现代传媒不仅浸润着商业动作带来的新鲜与刺激，更重要的是它蕴含着现代文化传媒对大众的吸引力和号召力，彰显着一种与众不同的生存空间和生活方式。"③ "在这种新媒介带来的信息鼓动和思想冲击下，年轻一代的侗家子弟难以抵抗这一充满生机与新潮的诱惑，对原本属于自己的本土文化逐渐失去了兴趣和耐心，并在新与奇的'玩乐时光'中背离、抛弃了原本引以为豪的文化传承。"④ 因此，新媒体改变了人们的时空观念，改变了人们的思维方式，改变了人们的行为模式，冲击了传统文化的生态环境，破坏了传统文化的运行机制。因此，在新媒体的影响下，民族传统文化的生存空间普遍面临着被挤压、扭曲和淘汰的窘境。

---

① 常晋芳：《网络哲学引论：网络时代人类存在方式的变革》，广东人民出版社 2005 年版，第 316—320 页。
② 同上书，第 312—316 页。
③ 谭榕榕：《论侗族大歌的当代传播策略》，载《原生态民族文化学刊》2013 年第 5 期。
④ 任瑞羾：《对世界民族民间音乐之花侗族大歌的感思》，载贵州非物质文化遗产网，http：//www.gzfwz.com/Article/ShowArticle.asp? ArticleID=1429，2014 - 05 - 31。

## 第三节　新媒体影响少数民族传统文化现代性建构的特点

新媒体作为一种全新的媒体类型，其对传统文化有着深远的影响，呈现出许多特点。

### 一　作为一种生活方式，其影响更具隐蔽性

小龙来自侗乡芷江，现在长沙一家房地产公司工作。每天清晨睁开眼睛，网络达人小龙的第一个动作便是拿起枕边的手机看看闹钟，刷刷微信里的朋友圈，看是否有什么新的发现，然后浏览下各大网站的头条新闻。接下来是听着网络流行音乐，洗脸刷牙，吃早餐。这个早餐有可能是昨天到步步高超市用微信扫一扫购买的打折巨惠肯德基或面包。吃完早餐上班，他用手机打车软件"滴滴打车"叫到了离他最近的一辆的士，从住地到上班的公司节省了5元钱和10分钟时间。他觉得太值了。

上班开始，便是坐在电脑桌前，不断地敲击着键盘，除了偶尔上厕所、喝茶，他几乎没有离开过屏幕，一封封电子邮件从中国发到美国、日本、英国甚至非洲刚果，总之公司有业务的地方，他都可以用E-mail及时联系，也可以用QQ这只小企鹅来偶尔调侃一下身边的美女同事，甚至在中午休息时间还可以跟远在天边的盟友们酣畅淋漓地打一场网络CS。

下午上班，重复上午的节奏。

下午下班后，乘坐在公交车上，一路刷着微博，很快就到家了。然后，吃晚饭，看网络电影。累了，洗脸。牙膏、日用品很多都是从淘宝网购的，不仅便宜而且送货到家，省了很多的时间和精力。到床上是万万不能倒头而睡的，因为微信里的好友还在"嘀嘀"地爆料，几经反复后，实在困了，这才关了手机，开始睡觉。时针已经指向凌晨12点。一个网络达人的一天就这样结束了。

从最初的聊天、查资料、看电影、玩QQ游戏到看新闻、听音乐、

写博客乃至日常生活中的衣食住行,如今人们的生活都被打上了新媒体烙印。这种烙印影响至深,以至有人感叹:"如果哪天没有了网络,真不知道自己还能做什么!"最新的调研发现,普通人平均每天会看手机150次,这相当于每个人在醒着的时间里,每6.5分钟就会看一次手机。人们用手机上网、购物、联络朋友、交换信息、办公,移动互联网无所不在,你可以没有其他任何东西,但一旦离开手机,将会寸步难行。数字化、网络化、信息化使人的生存方式发生了巨大的变化,并由此带来一种全新的生存方式,这就是美国学者尼葛洛庞帝所说的"数字化生存"方式。数字化生存是现代社会中以数字信息技术为基础的新的生存方式。在数字化生存环境中,人们的生产方式、生活方式、交往方式、思维方式、行为方式都呈现出全新的面貌。生产力要素的数字化渗透、生产关系的数字化重构、经济活动走向全面数字化,使社会的物质生产方式被打上了浓重的数字化烙印;人们通过数字政务、数字商务等活动体现出全新的数字化政治和经济;通过网络学习、网聊、网络游戏、网络购物、网络就医等刻画出异样的学习、交往、生活方式。这种方式是对现实生存的模拟,更是对现实生存的延伸与超越。

作为一种生活方式,人们愉快地接受新媒体带来的可喜变化,很少有人去思考这种变化所带来的影响。就像生命需要空气一样自然,我们的生活需要新媒体,如果离开了新媒体,我们将顿感迷失。因为新媒体已经深深地嵌入了我们的生活,成为生活方式的一个不可或缺的部分。

## 二 作为一种技术手段,其意识形态更显著

意识形态是指一种观念的集合,是与一定社会的经济和政治直接相联系的观念、观点、概念的总和,包括政治法律思想、道德、文学艺术、宗教、哲学和其他社会科学等意识形态。意识形态的内容,是社会的经济基础和政治制度与人与人的经济关系和政治关系的反映。意识形态在我们的生活中已经无处不在,有文化的意识形态、宗教的意识形态,也有审美的意识形态、商品的意识形态,甚至技术的意识形态,等等。马克斯·韦伯是把科学技术视为意识形态、认为科学技术是执行意识形态

功能的第一人。他认为，随着科学技术和现代工业的发展，工具的合理性将会渗透到现代社会的各个角落，从总体上推动现代社会的合理化。但工具的合理性发展会造成物对人的统治、官僚化等消极因素。霍克海默认为，科学阻碍了发现社会危机的真正原因，掩盖了社会的真实本性，因此它是一种意识形态。他认为："不仅形而上学，而且还有它所批判的科学本身，皆为意识形态的（东西）；科学之所以是意识形态，是因为它保留着一种阻碍人们发现社会危机真正原因的形式，……所有掩盖以对立面为基础的社会真实本质的人的行为方式，皆为意识形态的（东西）。"马尔库塞认为，科学与技术本身成了意识形态，是因为科学和技术同意识形态一样，具有明显的工具性和奴役性，起着统治人和奴役人的社会功能。他对科学与技术所做的这些毫无掩饰的揭露和批判，明确告诉读者，后工业社会是一个"利用技术而不是利用恐怖"有效地统治着个人和"窒息人们要求自由的需要"的集权社会。大众传媒属于意识形态的重要组成部分，法兰克福学派认为，在发达工业社会，大众媒介已经具有了操纵和控制人意识的权利，因而成为意识形态的工具，甚至意识形态本身。

作为现代性的后果，大众传媒往往被认为是自由的、民主的、客观的，独立于政府的资本主义企业，是监督政府的"第四权力"。但本质上是"意识形态国家机器"，是国家维护意识形态、传播统治阶级意志的工具，履行着意识形态的社会控制职能，维护着国家统治的合法性。美国著名学者J.希利斯·米勒甚至认为"媒介就是意识形态"。冷战结束后，世界格局走势日趋复杂。全球化、网络化和社会化发展的新媒体，空前拓展了意识形态存在的时间与空间，不同意识形态的冲突与交锋更为复杂、激烈和多样化。约翰·B.汤普森认为："现代社会中的意识形态分析，必须把大众传播的性质与影响放在核心位置，虽然大众传播不是意识形态运作的唯一场所。"[1] 新媒体传播扩大了意识形态在现代社会中的运作范围，而拥有新媒体技术、资本绝对优势的美国等西方

---

[1] ［英］约翰·B.汤普森：《意识形态与现代文化》，高铦等译，译林出版社2005年版，第286页。

国家是绝不会放松新媒体领域的意识形态战的。按照美国政治学者安德鲁·查德威克的说法,互联网已成为"西方价值观出口到全世界的终端工具"①。

那么,作为意识形态工具的媒体是怎样引起社会文化变迁的呢?笔者认为,大众传媒主要通过以下四个方面的形塑来影响社会文化的变迁:"一是政治意识形态的型塑推动了政治运动发展,引起社会制度的变化,导致制度文化的变迁。二是技术意识形态的型塑普及了现代科学技术,使人们纷纷抛弃传统技术,导致传统文化的流失。三是消费意识形态激发了消费主义狂潮,引发了新的拜金主义,改变了传统的人物关系和社会结构,引起了社会文化的变迁。四是审美意识形态激发了人们的现代审美观念,冲击着传统民族社会文化。"②

大众传媒传播主流社会价值观,促使村民们形成与主流社会相融合的身份意识和观念。大众传播作为国家意识形态领域的重要组成部分,充分行使着对境内各民族群众宣传教育和引导的重要职能。通过传播主流社会价值观,使得村民们获得对国家政治、经济或日常社会生活方方面面的认知,并借助主流的舆论导向,促使村民们形成与主流社会相融合的身份意识和观念。比如说,"文化大革命"期间,在高音喇叭、大字报、革命标语的"轰炸"之下,侗族同胞纷纷投入对"走资派"的批斗中,平日的邻居、族人、亲朋等身份认同在强大的"革命"中黯然淡去,"保卫无产阶级国家政权"、"保卫毛主席"、"保卫社会主义国家"成为村民一致的认同。当前,在各级党报党刊、电视台、广播的政治宣传下,"三个代表思想"、构建和谐社会、实践科学发展观等核心政治概念成为侗族同胞所熟悉的政治词汇。

大众传媒发挥语言文化的教育功能,促进村民与外界的跨文化交流和传承。语言文化是民族身份认同的基础,大众媒体借助多样生动的形式,在传播知识信息的同时,推动汉语在全国的普及,促进村民与外界

---

① 中国社会科学院新闻与传播研究所编:《中国新媒体发展报告 2011》,社会科学文献出版社 2011 年版。
② 龙运荣:《大众传媒与民族社会文化变迁——芷江碧河村的个案研究》,中南民族大学博士学位论文,2011 年。

的跨文化交流，塑造村民的中华民族认同意识。此外，通过发展使用民族语言文字的大众媒体，也促进了村民对外来文化的吸收以及对传统文化的传承，进而增强了村民对国家的认同感。

大众传媒传播社会经济信息，鼓励村民参与国家整体社会经济活动。当今是知识经济时代，信息技术对于社会成员的日常生活日益重要。村民们要参与国家、区域性的经济活动，就必须掌握更多、更新的信息、技术。而村民越是深入参与国家、地区的社会经济活动，其对主流社会、对国家的向心力也更强，身份认同意识更趋于融入主流社会中。在碧河传统生产方式的转变中，我们可以看到，在大众传媒的影响下，越来越多的村民对市场信息和新技术的重视和运用，而对这些信息和技术的重视和运用的前提就是对国家宏观经济发展趋势的理解和把握，是对国家主流经济发展的认同。

大众传媒通过媒介化仪式，重塑民族认同感。仪式具有无形的规约力量，通过各种媒介化仪式来强化和引发民族认同感。比如，电视、网络直播香港回归、澳门回归、三峡工程、申办奥运会等事件，已经超出了事件本身的意义，其目的在于，通过制造媒介事件来建构民族—国家认同感。人们在共同分享国家强盛的象征性影像经验的时候，产生对民族、对国家的自豪感，从而激发一种具有凝聚力的全民力量。近年来，芷江凭借独特的抗日受降资源，打造和平文化节，并连续推出三届。来自世界各地的抗日老战士、老将军以及许多和平爱好人士齐聚芷江，开展各种纪念活动，庆祝抗日胜利和祈祷和平。芷江和平文化节通过中央、省、市、县各级媒体的广泛报道，已经深入广大人民心中，唤起了人们对中国人、中华民族的高度认同。所有这些活动都表现出了大众传媒对增强人们对民族国家认同感的重要作用。

作为数字科学技术发展的产物，新媒体拥有比一般大众传媒更高的科技含量和更科学的传播手段，并且作为现代人们所必需的一种生活方式，其意识形态工具的本质隐藏更深，更不易被察觉，其传播的速度更快、范围更广、方式更隐秘、影响更大。在近年来一些国家的变革中，互联网、手机媒体、Twitter、YouTube、Facebook等发挥了举足轻重的作用。难怪"国际社会普遍认为，网络空间现已成为领陆、领水、领空和太空之外的第五空间,是国家主权延伸的新疆域"①。

## 三 作为一种文化观念,媚俗已成集体意识

新媒体独特的传播方式契合了现代观众的接受习惯,媒体与受众的距离越来越近,也越来越考虑甚至迁就广大网民"猎奇"的欲望。一些不良媒体为了吸引人们的眼球,博取点击率,甚至肆意传播虚假、淫秽、色情、低俗信息。媚俗与新媒体俨然已成为一对孪生姐妹,一刻也分开不了。以名噪一时的凤姐为例,她在新浪开设的个人微博拥有150万粉丝,不仅经常在微博中发表挑衅性言论,以"故意找骂"的方式吸引网民,甚至偶有挑战社会道德底线、扭曲正常价值观的留言。"男子见义勇为赔光奖金还倒贴4万"、"医院因产妇欠费藏匿婴儿"、"丈夫用锤砸死出轨妻"、"肇事司机异地掩埋受害者"等低俗、负面消息层出不穷,此类新闻往往能够获得高点击率,引起阅读者的热烈讨论。翻看各大门户网站或者手机新闻平台,情况大同小异,或者可以说,这已经成为互联网新闻的常态表现。甚至有人总结了全球媒体庸俗化、恶俗化乃至卑鄙无耻的十大标志:"(1)炒作富豪榜。(2)炒作明星婚外情、三角恋、卖淫嫖娼等。(3)炒作低俗无聊文学作品。(4)变相色情诱惑。(5)变相宣扬暴力。(6)无聊网络游戏充斥。(7)无聊猎奇。(8)炒作炫富斗富。(9)蓄意造谣污蔑。(10)虚假广告触目皆是。"② 实际上,伴随西方现代化发展进程,商业性、流行性、娱乐性和媚俗性是工业化和媒介化所催生的大众传媒文化与生俱来的最主要特点。③ 新媒体更是以其强大无比的传播优势蚕食着广大青少年的思想观念和行为,媚俗化已经不可避免地成为全民的文化观念。

这种专注负面新闻、热衷渲染炒作、罔顾社会责任的做法,导致了各种低俗、庸俗、媚俗现象粉墨登场,给公众造成不良道德感受和普遍

---

① 侯云龙:《全球网络主导权争夺烽烟骤起 专家:我国抢占新技术高地不能手软》,载《经济参考报》2012年2月9日第5版。
② 见中国农业银行首席经济学家向松祚的腾讯微博,http://t.qq.com/p/t/451440111601964。
③ 龙运荣:《大众传媒与民族社会文化变迁——芷江碧河村的个案研究》,中南民族大学博士学位论文,2011年。

道德焦虑，也给少数民族社会文化发展带来了极大的冲击。首先，随着电视、手机甚至互联网络的快速发展，各种外来文化像潮水一般涌入曾经闭塞的民族地区，对各民族文化进行着强有力的冲击，各民族自成一体的文化空间遭到极大的破坏。近年来，在大众传媒的"信息轰炸"下，各种现代化的生产和生活方式正在蚕食民族地区，各民族传统的生活和生产方式遭到人们的抛弃，追求现代化生产和生活方式成了民族地区人民强烈的愿望和要求。这无疑给民族文化发展带来了很大的困难。从20世纪80年代末起，伴随着电视机、录像机的出现而蓬勃发展起来的港台流行音乐、影视剧、言情及武侠小说等，迅速赢得了广大侗族青年同胞的认同，为他们提供了廉价的精神快餐。其次，在"大众文化"的感召之下，许多侗族青年甚至中年人纷纷走出山寨，到城市寻求发展机会。随着大批青年外出打工，和重要的民族文化的传承人随着年纪的增加而逐年递减，民族文化的传承丧失了其重要的人员基础。再次，"大众文化"带给了侗族同胞消费观念、商品观念和享乐观念，使得许多年轻人眼光短浅，注重物质消费和享乐，侗族传统的勤劳、俭朴的伦理价值观念正在被日益淡化。同时，"大众文化"正在逐渐地改变侗族传统社会结构，传统社会结构的社会约束力量在不断削弱，传统家族的社会养老、教育、娱乐功能丧失殆尽。随着侗寨年轻人纷纷外出打工，由此带来的留守儿童的教育问题、留守家庭的养老和社会保障问题在侗族地区显得日益突出。

### 四 作为一种消费符号，炫耀成为社会潮流

符号是指具有某种代表意义的标志，是人们共同约定用来指称一定对象的标志物，它可以包括以任何形式通过感觉来显示意义的全部现象。恩斯特·卡西尔说："我们应当把人定义为符号的动物来取代把人定义为理性的动物。"法国人类学家克劳德·列维·斯特劳斯也认为，人类活动的任何方面都具有作为符号，或成为符号的可能。格尔兹更认为，文化就是社会行动者利用象征符号为自己制造的意义和组织的逻辑。象征符号规定人们如何理解和看待世界。符号的灵魂是它代表的意义。这个意义只为行动中的人所知，而行动中的人又随时随地赋予旧符号以新意义，所以人类学家对文化符号只能尽力理解并作深度解释和描绘。库利的社

会互动和皮尔士的符号学在早期界定了传播学的两大传统,后来这两种传统慢慢融合:传播是通过符号或象征手段而进行的社会互动,也就是斯图亚特·霍尔所说的"编码—解码"的过程。而传媒符号之所以能够引起民族社会文化的变迁,主要是因为"它有一种'赋予意义'(signification)的独特功能"。"传媒就是这样一种符号世界的中介,它通过各式各样的符号,建构起一套复杂的意义之网,将人们网络其中,供人们'有意义'地生存。"①

电视、手机、电脑作为现代文明的符号,从一开始在侗族地区出现便受到广大侗族同胞好奇的围观和向往,拥有一台电视或手机曾经是很多侗族同胞奢侈的梦想或夺得话语权的重要武器。电视在村民中无形地划了一条界线:"拥有者——富裕,缺乏者——贫困。电视还成为村民们掌握话语权的工具,没有电视的家庭成员觉得在别人面前没有面子,找不到共同话题,不敢跟别人交谈,怕听不懂电视里的人物的名字而尴尬。"②

而新媒体在解构人们传统的消费文化和心理的同时,还不断鼓吹和强化新的消费模式和观念,让人们更"有意义"地活着,那就是住别墅、开名车、戴名表、喝洋酒、玩苹果手机。我们不妨来看看苹果产品在中国的销售有多热。用一家媒体的话来说,就是"不亚于任何一个楼盘的火暴开盘","搭帐篷露宿"、"人头攒动"、"几千人排队"。我们不禁要问:"这些人花了大把的票子,吃了那么多苦,仅仅为了拥有一款苹果产品,值吗?"可是,苹果粉丝们却说:"哥买的不是苹果手机,是文化。"更有极端者,湖南郴州17岁高中生小王为买苹果手机和iPad 2,在网上黑中介的安排下卖掉自己的一个肾,导致三级伤残。一项调查显示,80.8%的受访者确认,身边很多人消费的是符号,而非商品本身,其中26.9%的人表示这样的人"非常多"。受访者中,"80后"占43.2%,"70后"占37.4%,51.8%的人坦言有过符号消费经历。③ 人们已经不再

---

① 龙运荣:《大众传媒与民族社会文化变迁——芷江碧河村的个案研究》,中南民族大学博士学位论文,2011年。
② 同上。
③ 向楠:《符号消费来势凶猛 国人应思如何过好富日子 民调显示57%的人担心 "符号消费热"让社会更物质化》,载《中国青年报》2010年10月21日第7版。

是仅仅消费"物"的实用价值,更重要的是消费附着于这些"物"之上的"符号和意义"。而同时,由于大众传媒的"功劳",符号消费问题将会更加凸显。从某种程度上说,目前国人对于消费的符号象征意义推崇已经到了较为严重的地步,符号消费在我国消费文化中已经成为一个凸显的社会问题。以穿名牌、戴名表、开名车、住豪宅为人生目标的大有人在,并且成为衡量一个人是否成功的社会标尺。

# 第六章　新媒体语境下少数民族传统文化现代性建构的问题与对策

通过前文的叙述,我们可以看出,新媒体在促进我国少数民族传统文化现代性生成的同时,也给传统文化发展带来了许多严重的问题。如何利用新媒体促进我国少数民族传统文化的现代化转型,传承与发展传统文化,是摆在我们面前的重要议题。

## 第一节　新媒体语境下少数民族传统文化现代性建构存在的问题

新媒体在促进我国少数民族传统文化现代性生成的同时,也给其传统文化的传承与发展带来了许多严重的问题。主要表现在传统文化生态遭到破坏、文化系统内部发展不协调、外部发展不平衡、个体发展差异大等几个方面。

### 一　传统文化生态遭破坏

新媒体不仅促进了人们生存、生活方式的改变,也引起了传统文化生态的变化,给民族文化的传承和发展带来了严重破坏。

文化是人类创造的物质文明和精神文明的总和。文化是人的生存方式和生活方式,是一定人群的思维模式和行为模式。文化生态则是建立在一定技术环境基础之上的文化状况或文化样态,它是人类在一定时期形成的文化活动形态和生活方式。魏美仙认为,一个民族的文化生成和发展离不开特定的环境,这一特定的环境综合了该种文化生成发展所必需的一切要素，这就是一个民族的文化生态。① 方李莉认为，人类所创造的每一个文化都是一个动态的生命体，各种文化聚集在一起，形成各种不同的文化群落、文化圈，甚至类似食物链的文化链，它们相互关联成一张动态的生命之网，这种网状的文化系统就是文化生态。② 也有人认为，所谓文化生态就是文化的生成、传承和存在的生态状况。③ 无论对文化生态怎么界定，其内涵至少应该包含以下几个要素：（1）文化生态是"文化"的样态。（2）文化生态是一种系统运动态。（3）文化生态是一种自组织的"有机态"。④

随着新媒体时代的到来，传统文化的生产和传承方式受到很大的冲击。过去口传身授、口耳相传的传承方式与批量生产的高效的数字化生产方式相比，显得成本过重、效率低下；基于传统农业社会产生的传统价值观念、审美意识、哲学思想、道德伦理和社会规范，与讲求个性、追求自我，讲求消费、追求享乐，讲求体验、追求刺激的现代文明相比，显得缺少个性，过于落伍；特定区域产生的具有浓郁地域特色和民族特色的文化形式与国际化、全球化的西方流行文化相比，显得泥土味太浓、视野太窄。

新媒体对文化生态产生了巨大的影响，主要表现在以下方面："第一，新媒体改变了文化生产和传播的方式。第二，新媒体改变了人们沟通交流的方式，增强了文化的互动性特征。第三，新媒体对文化的大众化产生持久的影响。第四，新媒体反映了文化发展的后现代趋势，使整个文化生态表现出开放性和多元化的特征。第五，新媒体体现了文化和技术的相互影响。第六，新媒体唤醒了个体的自我意识。"⑤ 因此，新媒体时代的到来不仅意味着文化发行和传播载体的变化，也意味着人们的生存方式与生活方式的改变，意味着整个社会文化生态的改变。正如第

---

① 魏美仙：《文化生态：民族文化传承研究的一个视角》，载《学术探索》2002 年第 4 期。
② 方李莉：《文化生态失衡问题的提出》，载《北京大学学报》（哲学社会科学版）2001 年第 3 期。
③ 李学江：《生态文化与文化生态论析》，载《理论学刊》2004 年第 10 期。
④ 张小飞、陈莉：《新媒体时代文化生态的嬗变与社会核心价值观传播策略》，载《理论视野》2013 年第 6 期。
⑤ 林坚：《新媒体对文化生态的影响》，载《瞭望》2014 年第 39 期。

五章所指出的那样,在新媒体的影响下,少数民族传统文化生态出现了"(1)文化全球化,(2)文化'同质化',(3)文化美国化,(4)文化动态化,(5)文化大众化"等特点。

## 二 系统内部发展不协调

文化是人类历史上创造的各种物质和精神财富的总和,是一个复杂的生态系统。这个生态系统由各个子系统构成,各个子系统之间是相互影响、相互制约的。文化生态系统总体上可分为两大子系统:一是自然环境子系统,二是社会环境子系统。两大系统相互影响,相互制约。而各大系统内部的各因素也是相互影响和制约的。各因素共同作用的结果将会影响整个子系统的发展与变迁方向、速度和性质。

根据文化的四元结构分类法,社会子系统的各因素可分为物质文化、精神文化、制度文化以及风俗习惯四个层面。从文化的各个层次来观察,新媒体语境下各层次现代化发展是不平衡的。目前,中国的现代化主要是经济、科技的现代化,而政治现代化、组织管理现代化和人的现代化、文化现代化还很欠缺。比如,随着经济的发展和家庭收入的增加,笔者在调查中发现,许多湖南侗族同胞像江浙、广东等沿海开放地区的其他少数民族兄弟一样拥有了冰箱、彩电、摩托车甚至小汽车等现代化的物质文明,然而,在思想观念、科学文化知识、现代化技能等方面还有较大的差距。因此,我们就不难发现,虽然很多少数民族同胞拥有了手机、电视甚至互联网等现代化信息传播工具,但是他们很少懂得如何使用这些工具来改善自己贫穷落后的生产局面,依旧习惯于"日出而作,日落而息"的传统生活方式。

## 三 系统外部发展不平衡

如果说从微观来看,侗族传统文化现代性建构在系统内部呈现不协调状态,那么从宏观来看,我国少数民族传统文化现代性建构呈明显的不平衡状态。

首先是区域间发展不平衡。由于受到交通区位、资源条件、历史背景和文化传统等各方面因素的影响,与发达的沿海地区相比,湖南整体上属于后发展地区，而湖南侗族地区的现代化发展则更加属于后中之后。据有关数据统计表明（表6-1），2013年，湖南省经济总量达到24501.7亿，全省人均GDP为36906.10元，低于全国平均水平；从各地级市来看，长沙、岳阳和常德GDP领先，张家界GDP垫底；从人均GDP来看，2013年长沙人均GDP超过10万元，折合16161.50美元，湘潭、株洲、岳阳人均GDP超过全国平均水平，其他地市人均GDP仍低于全国平均水平。邵阳市人均GDP最低，为2544.83美元；怀化市也仅为3755.34美元，排名倒数第四。而怀化、邵阳两地为湖南侗族的主要聚居区。

表6-1　　　　　　　　湖南省各地市GDP产值及排名统计

| 2013年GDP排名 | 地级市 | 2012年GDP（亿元） | 2013年GDP（亿元） | 2012年常住人口（万） | 人均GDP（元） | 人均GDP（美元） | 省内人均GDP排名 |
|---|---|---|---|---|---|---|---|
| 1 | 长沙 | 6399.91 | 7153.13 | 714.66 | 100091.37 | 16161.50 | 1 |
| 2 | 岳阳 | 2199.92 | 2430.52 | 552.31 | 44006.45 | 7105.61 | 4 |
| 3 | 常德 | 2038.5 | 2264.94 | 576 | 39321.88 | 6349.20 | 5 |
| 4 | 衡阳 | 1957.7 | 2169.44 | 719.83 | 30138.23 | 4866.34 | 7 |
| 5 | 株洲 | 1759.41 | 1948.01 | 390.66 | 49864.59 | 8051.51 | 3 |
| 6 | 郴州 | 1517.27 | 1685.52 | 463.27 | 36383.10 | 5874.69 | 6 |
| 7 | 湘潭 | 1282.35 | 1438.05 | 278.1 | 51709.82 | 8349.45 | 2 |
| 8 | 永州 | 1048.57 | 1161.75 | 525.82 | 22094.06 | 3567.47 | 12 |
| 9 | 邵阳 | 1028.41 | 1130.04 | 717 | 15760.67 | 2544.83 | 14 |
| 10 | 益阳 | 1020.28 | 1123.13 | 434.24 | 25864.27 | 4176.24 | 9 |
| 11 | 娄底 | 1002.65 | 1118.17 | 381.21 | 29332.13 | 4736.18 | 8 |
| 12 | 怀化 | 1001.07 | 1110.55 | 477.5 | 23257.59 | 3755.34 | 11 |
| 13 | 湘西州 | 397.73 | 418.94 | 258.1 | 16230.44 | 2620.69 | 13 |
| 14 | 张家界 | 338.99 | 365.65 | 150.21 | 24342.59 | 3930.53 | 10 |
|  | 全省 | 22154.23 | 24501.7 | 6638.93 | 36906.10 | 5959.13 |  |

资料来源：宜居城市网：http://www.elivecity.cn/html/jingjifz/2307.html。

其次是行业发展方面的不平衡。目前，我国现代化发展主要是工业现代化发展较快，农业和农村现代化发展较为缓慢。以怀化市为例，从总体来看，怀化市农业现代化指数呈逐年递增的态势，1996—2007年，农业现代化指数从30.34%提高到43.4%，平均每年递增1.18个百分点，但进程相对缓慢,每年的推进速度比湖南略高,低于全国 0.41 个百分点。到 2007 年年末,怀化市农业现代化水平低于湖南 7.54 个百分点,低于全国 13.73 个百分点,仅相当于全国 20 世纪 90 年代中期的水平。① 而从工业方面来看,怀化市 2010 年工业化阶段综合评价分值为 2.35 分,表明当前怀化市已进入工业化初级阶段的后期,即将迈入工业化中级阶段。② 2000—2010 年,随着经济社会的平稳快速发展和小城镇建设的日益蓬勃,怀化城市化率由 22.9% 提升至 36.1%,城市化进程进入加速阶段。但城市化发展"市高县低"不平衡现象及城市综合承载能力较弱、城市特色不鲜明等问题也日益凸显。③

最后是各民族发展不平衡。得益于优越的交通区位、国家政策的倾斜、优厚的资源等各种发展条件,沿海经济发达地区的汉族和其他少数民族现代化发展水平较高,而内地老、少、边等少数民族受交通区位不便、资源短缺、国家政策偏移等因素制约,现代化发展水平还很低。

## 四 个体发展差异性较大

新媒体时代具有高度个性化特征,每个人面对新媒体都可以找到适合自己的个性化产品和服务。由于受到经济条件、受教育程度以及使用习惯的影响,新媒体时代,人们使用新媒体呈现出较大的个体差异,受新媒体影响的程度和方式也是差异明显。年轻人追求时尚和科技感,喜欢使用科技含量高、时髦的新媒体产品,包括各种智能手机、智能服务。而老年人使用手机、电视则显得比较单一,仅限于打电话、娱乐。在经济发达交通便利、网络覆盖率高的地方,各种新媒体产品类型发展全面,新媒体使用体验感强烈。而在经济欠发达、网络覆盖率低的地方,新媒体使用还存在很大的瓶颈。比如,同是靖州苗族侗族自治县寨牙乡岩脚

---

① 郑光恒、曾军:《怀化现代农业进程研究与实证分析》,载湖南省统计信息网,http://www.hntj.gov.cn/sxfx/hhfx/200910300046.htm, 2009-10-30。

② 怀化市统计局综合研究室(课题组组长:蒋邵于 成员:刘立新、张东华、胡少华):《怀化新型工业化问题研究》,载湖南省统计信息网,http://www.hntj.gov.cn/sxfx/hhfx/200607/t20060707_32193.htm, 2006-07-12。

③ 郑光恒、刘立新、米军霞、张义湘、廖文忠、陈叶:《怀化经济发展后劲研究》,载怀化市统计信息网,http://www.hhtj.gov.cn/article/2011/1223/articles_6564.html, 2011-12-23。

村村民，LJF选择留在家乡发展，除了日常劳作外，很少有机会外出，用手机也只会打电话、发短信，上网发微博、网络购物等对他来说还十分陌生；而其弟弟LJC则南下广东创业，如今已经是身价上百万的老板，每年都有机会周游全国，微博、微信、网络购物等现代信息传播方式已经成为其日常生活的重要组成部分。在调研中，YJC表示一定要想办法把村里的互联网开通，不能再让广大侗族同胞"望网兴叹"了。

## 第二节　新媒体促进少数民族传统文化现代性建构的对策

新媒体是现代化发展的重要推动力，应该充分利用新媒体优势，促进民族地区现代化发展，促进少数民族传统文化的现代性建构。

### 一　利用新媒体促进民族地区文化产业的发展

文化产业是21世纪全球经济一体化时代的"朝阳产业"、"黄金产业"，全世界文化产业每天创造220亿美元的价值，并且还在以5%的速度递增。文化产业已成为美国、英国、日本、澳大利亚等国经济发展、科技创新的重要推动力。发展文化产业既是满足人民群众日益增长的精神文化需求的重要渠道，也是促进经济生产和发展方式转变的重要途径，还是增强国家文化安全和综合国力的必要措施。因此，文化产业也是新时期世界各国竞相发展的重要产业类型，在许多发达国家已经成为经济发展的支柱产业。

2002年11月，中共十六大首次区分了公益性文化事业和经营性文化产业，为文化产业发展破除了认识束缚。2003年开始的文化体制改革，旨在为文化产业发展破除体制、机制障碍。2009年国务院发布的《文化产业振兴规划》把推动文化产业发展上升到国家战略层面。2010年，中央关于制定国民经济和社会发展"十二五"规划的建议提出了"推动文化产业成为国民经济支柱性产业"的发展目标。党的十七大报告在谈到发展文化产业是增强国家"软实力"的重要途径时，着力强调要"运用高新技术创新文化生产方式，培育新的文化业态"。十八届四中全会《决定》更是指出,制定文化产业促进法,把行之有效的文化经济政策法定化,健全促进社会效益和经济效益有机统一的制度规范。

文化产业具有很好的聚集效应和产业关联性,容易形成产业集群,带动相关产业的发展。文化产业集群包括文化产业的五大主体,即创意主体、制作主体、传播主体、服务主体和延伸主体。而文化产业的核心产业集群,则主要包括新闻出版业、广播电视业、电影业、娱乐业、艺术业、广告业六大产业。文化产业的外围产业集群主要包括文化旅游业、会展业、博彩业、竞技体育业和网络业等。文化产业的边缘集群则主要是指文化产业集群的相关支撑机构,包括为使文化产业集群获得可持续发展所需的各类基础设施和配套机构的总和,如图书馆业、文物业、群众文化业、博物馆业、咨询业、文化科技与科研、文化交流、文化经纪与代理、教育产业、资本市场、物流体系等。正是因为有了这些相关支撑机构的发展与完善,文化产业集群才能获得可持续的深入发展。得益于一系列文化产业扶持政策,我国文化产业取得了快速发展。据国家新闻出版总署公布的数字,2009年,新闻出版业全行业总产出为10668.9亿元,实现增加值3099.7亿元;2010年,全国新闻出版、印刷和发行复制业总产出达到12700万亿元,实现增加值3503.4亿元;2011年,全国出版、印刷和发行服务业实现营业收入14568.6亿元,实现增加值4021.6亿元。

发展迅猛的新媒体技术至少在四个方面深深地影响着文化产业的发展:一是为文化节目的制作提供了先进手段和表现形式,使其内容的表现形式更加丰富多彩,更具吸引力;二是催生出很多新兴的文化业态,如电子票务、网络文化、手机文化、4D电影等;三是极大地拓展了文化节目传播的出口和通道,节目播出渠道的垄断逐渐被打破,呈现出更为开放、多元的格局,文化节目"播出为王"、电台与电视台垄断的时代即将结束,以文化优劣为评价标准的时代正在到来;四是多种高速的、大容量的通道已经建好,对文化内容的需求更为迫切,这为以内容创作生产为核心的文化产业提供了快速发展的机遇。[①] 因此,通过新媒体的发展

---

① 浦树柔、唐春辉:《中国文化产业高增长背后存在隐忧》,载新浪网,http://news.sina.com.cn/c/2009-10-28/093518925229.shtml,2009-10-28。

可以带动信息咨询、广告、创意、文化旅游、经纪、物流等一系列相关文化产业的发展，可以促进区域经济社会的发展。

一是利用新媒体提供的各种优质信息服务。应该充分利用新媒体信息传播优势，为民族地区的企事业单位、普通市民提供优质的、个性化的、多元化的信息服务。

二是利用新媒体的融合特性，消除各个媒介之间、产业之间、社群之间的隔阂，促进跨越性文化产业的发展，推动地方经济的快速发展。

三是利用新媒体在信息透明度、和谐政治环境建构、舆情传达等方面的优势，积极参与民主和谐的政治环境的建构。

四是利用新媒体在民族文化传播与传承中的作用，为传播民族文化带来方便与快捷，以满足各民族对文化传播的需求。

五是利用新媒体的教育功能，促进民族地区现代教育与个人的发展。

## 二　利用新媒体提高少数民族同胞的媒介素养

媒介素养是指正确地、建设性地享用大众传播资源的能力。少数民族同胞较低的媒介素养妨碍了其对媒体的理解和运用。因此，必须采取切实可行的措施提高少数民族同胞的媒介素养，提升其理解与利用媒介的能力。新媒体与传统媒体相比，具有交互性、费用低、容量大、多媒体等诸多特点，是人们学习的重要工具，应该从国家、学校、家庭和媒体自身等层面建立学习机制，鼓励和帮助广大少数民族同胞提升媒介素养。

从国家层面来讲，应该加大对民族地区的教育、科技、通信等投入力度，提升广大少数民族同胞的文化教育水平和科学技术水平，提高人民信息化认知，更正人们对网络媒介错误的认识，鼓励支持并继续发展电脑培训、送科技下乡，提高人们对网络媒介的认同意识和认知度，从而提高少数民族地区网络媒介的使用率和媒介素养；加大对民族地区的软硬件投入，改善民族地区的通信基础设施，提高网络覆盖率和信号传输质量，降低通信资费，提高广大少数民族同胞利用网络、手机、数字电视等新媒体的积极性和能力。同时，国家应制定相关法律法规，净化新媒体传播环境，打击利用新媒体进行的诈骗、色情、赌博、洗钱、虚假新闻等违法犯罪活动，给广大少数民族同胞营造良好的网络环境。

从学校层面来讲,学校是广大青少年学习的重要场所。可以说,学校对媒介素养教育重视的程度在某种程度上直接影响青少年媒介素养水平的高低。目前,加拿大、英国、法国、德国、芬兰、瑞典等国已将媒介素养教育设为全国或国内部分地区大、中、小学的正规教育。因此,民族地区学校要重视媒介素养课程与教师队伍建设,要配备相关的设备,配齐相关的师资,开设相关的课程,通过选修课、竞赛、学生社团、社会实践、媒体参观、媒体见习等方式提升广大民族地区青少年的媒介素养。

从家庭层面来讲,随着新媒体进一步介入社会生活,家庭作为青少年"素养教育"的一个重要阵地,应发挥出积极主动的作用。广大少数民族家长在提升自身媒介素养的同时,还应关注、指导孩子正确使用网络,保证孩子安全上网、文明上网,使孩子从互联网上更多地受益。同时,家长们要及时更新知识,完善自我知识结构,加强家庭对孩子媒介素养的培育。通过家庭的潜移默化作用,对青少年进行媒介素养教育,使他们具备解析网络信息的能力,赋予广大青少年良好的判断力与思辨力,以及生存于网络时代的技能,从而成为积极的网络使用者。

从媒体层面来讲,媒体机构在少数民族同胞的媒介素养方面也应该发挥重要作用。要引导少数民族同胞了解媒介的运作规律,了解广播、电视、报刊、网络等各种传统媒介及新媒介的制作流程,消除媒介的神秘感,增强对媒体教育功能的认识,熟悉寻求信息的方法,具备评估、解释、判别、选择综合信息的能力,并积极影响和促进媒介维护信息的透明度与公正性。媒体应该发挥"把关"功能,减少和杜绝虚假新闻报道,营造真实、客观、可信的媒体形象,增强广大少数民族同胞对媒体的信任感。媒体应树立品牌意识,建立少数民族传统文化的专业化、专门化品牌网站,推介少数民族文化,提高本民族地区人们对于本民族文化的素养和认识,促进人们文化水平的提高,挖掘本民族传统文化的价值。媒体应加强内容定位和市场定位,有针对性地传播适合本地区、本民族经济和社会发展需要的文化、教育、科技、市场信息,促进本地区经济社会发展。

### 三　利用新媒体促进少数民族传统文化的传播

新媒体是建立在数字技术和网络技术基础之上的，它延伸出来的各种媒体形式同传统媒体相比，有超媒体性、交互性、跨时空、自媒体等特点。新媒体彻底改变了传统媒体时代信息发布权掌握在特定机构和组织手中的垄断局面，人人都可以成为信息的发布者和接收者，能以更快的速度、更便捷的方式向全世界任何拥有网络的人或组织传递信息。因此，新媒体为少数民族传统文化传播提供了更加便捷的平台。近年来，借助新媒体的力量，在地理位置较偏僻的少数民族地区，那些长期靠口头传播或仪式传承的少数民族文化得到了快速、广泛而有效的传播。

以侗族文化的网络传播为例。目前有许多侗族文化传播网站，如侗人网、侗族风情网、中国侗族网、中国·侗族等网站除了报道旅游新闻，发布旅游资讯如行业动态、旅游线路、交通和住宿条件、天气预报、组团信息等之外，还大量介绍侗族的民族风情、风俗活动以及鼓楼、风雨桥、侗族村落等人文景观；刊载侗乡图片，积极地对外宣传侗族和侗族文化。以侗族风情网和中国侗族网为例，侗族风情网论坛活跃的注册会员1.3万人，并以每天超过50人的注册速度增长；论坛同时在线500人以上，会员日发帖量300帖以上。截至2009年9月，累计访问者达15160658名。会员游客来自国内所有省份，国外游客主要来自美国、澳大利亚、加拿大、日本、英国、韩国、新加坡、马来西亚、法国、德国、越南、泰国、新西兰、意大利、西班牙、俄罗斯等110多个国家。而2008年4月24日，中国侗族网发文报道来自西班牙的专家何力欧在贵州省黎平县体验具有侗家风味的烧烤。当日，外国专家贵州行（原生态系列）大型采访活动在贵州省黎平县肇兴侗寨进行。来自中国国际广播电台的8位外国专家受贵州省的邀请，到贵州省民族地区进行大型采访活动。他们将亲身体会贵州独有的民族风情，了解和感受贵州多元的民族文化。与此同时，该网站也刊登了一则英文新闻，据悉会发往国外不少媒体。

还有许多个人和组织，开设专门的网站或在自己的博客、播客、微博里介绍侗族传统文化。这些个人和组织往往是侗族文化精英和意见领袖，对侗族传统文化有着深厚的情感，又具有较高的媒介素养和影响力，对于传播侗族传统文化具有十分重要的作用。比如，侗族文化研究者亚高原的博客就有许多关于侗族文化的介绍和研究内容。

然而，由于受到各种条件的制约和影响，目前侗族新媒体传播还存在很多问题。以侗族网站的建设来看，主要存在四个方面的问题："（1）各自为政，互相重复，实力不强。（2）没有经济来源，网站投入和宣传推广力度不足。（3）有些站点名称和栏目较混乱。（4）资料性较差，多数缺乏站内搜索功能。"①

因此，有关部门应该采取积极措施，整合资源，加大投入，协调创新，构建侗族文化传播的新媒体平台，包括互联网传播、数字电视传播、移动媒体传播等。

### 四 利用新媒体促进少数民族传统文化的传承

文化内核的传承和保护是文化发展的基础。新媒体是建立在数字技术基础之上的，数字技术使得新媒体拥有超强的存储能力，可以实现对数字化后的少数民族传统文化的海量存储。跟传统的存储方式相比，数字化存储方式容量超大，并且耐火、耐水、耐腐蚀，具有永久性，不会像传统的录音带、录像带因为时间过长而损坏。同时，新媒体具有便捷和强大的检索功能，可以实现民族文化资源的共享。存储在计算机网络上的信息可以通过网络进行快速便捷的查询，网络存储的民族文化资料可以让使用者更方便迅速地进行检索和利用，实现民族文化资源共享。并且任何网民都可以对不完整的资料进行修改、删除和补充，使民族文化资源库不断丰富和完善，从而促进少数民族文化的传承发展。因此，数字化保护成为许多传统文化保护的重要手段。特别是许多濒危的少数民族非物质文化遗产的数字化保护成为当务之急。因此，应该尽快建立各少数民族传统文化数据库，将亟须保护的各民族文化遗产进行拍录、复制、工艺改造，予以永久性保护。

---

① 吴定勇：《侗族网站发展现状、主要问题及对策》，载《西南民族大学学报》2009年第4期。

同时，新媒体为少数民族歌舞、说唱等展演类文化的传承提供了便捷途径。过去，由于没有很好的录音、录像设备，少数民族传统的歌舞、说唱等文化形式不能被很好地保存下来，许多珍贵的文化事项只能靠口耳相传，随着老一代文化持有者的逝去，很多文化珍宝也失传。传统媒体时代，即便有了录音、录像设备，由于对专业技能要求太高、设备太昂贵而很少能由普通文化持有者完成文化事项的摄录工作。新媒体时代，随着便携式数字媒体设备的普及，普通的文化爱好者都可以完成摄录、制作工作，因此新媒体给少数民族文化传承提供了便捷途径，特别是民族歌舞、说唱等展演类文化形式更是受到广大少数民族文化持有者的青睐。侗族是唱歌的民族，山歌非常丰富。靖州、绥宁、通道、会同等县的侗族苗族同胞经常举行各种歌会，以歌会友，以歌传情，以歌排忧。一些有经营头脑的人、民间文化爱好者、文化传媒公司就将各种歌会拍成数字影像，刻录为光盘流通到各地的农村集市出售，受到广大少数民族同胞的欢迎。这些歌碟3—5元一张，每逢赶集日就有人销售，生意红火。2013年7月，笔者在靖州苗族侗族自治县寨牙乡调研时发现，寨牙集市赶集日最多时有4个摊主在出售这种歌碟，有《绥宁东山歌会》《绥宁在市歌会》《通道大雾梁歌会》《会同歌会》等歌名，零售价5元一张，10元3张。一位摊主最多时一天可以卖出80张以上。很多赶集的同胞不购买歌碟，但是围着播放机听歌是必不可少的。因此，每个卖小家电播放器的摊主总是把歌碟大声地播放着，招揽生意。喜欢听歌的苗侗同胞也总是乐不可支地围着边听边哼。虽然歌碟的清晰度、画面构图、舞美、光线、演员等水平跟当前流行歌曲的制作存在很大的差距，但是便携式播放器和DVD这种新媒体形式满足了当地侗族、苗族同胞的文化需求，为当地侗族、苗族同胞的传统文化传播提供了便捷条件。

### 五 利用新媒体实现少数民族传统文化的开发

少数民族传统文化是宝贵的资源，资源的开发和利用可以给少数民族带来现实的利益，利益的驱动又可以变为民族文化传承和保护的现实动力。在传统媒体时代，因为缺少可供开发和利用的途径，许多宝贵的民族文化资源被淡忘和遗弃，甚至消亡。日趋成熟的新媒体技术能够通过互联网、宽带局域网、无线通信网和卫星等渠道，以电视、电脑和手机等输出终端向用户提供文字、视频、音频等形式的信息，为民族文化传播提供多种方式，实现跨区域传播，向全球展示本民族文化的特色，吸引不同地区的人们来旅游、观光、学习和考察，将民族文化资源变成旅游资源和文化研究资源，以实现更大的开发与利用价值。

以侗族大歌为例。侗族大歌是世界级非物质文化遗产，独具特色，内容丰富。近年来，随着文化旅游热的兴起，很多地方成功利用民族文化资源打造独具特色的文化旅游项目，并取得成功，获得巨大的经济和社会效益。比如广西打造的《印象刘三姐》，云南打造的《印象云南》，等等。因此，侗族地区完全有条件凭借独特的民族文化资源，辅以现代科技手段和全新创意打造《大歌印象》文化旅游项目。为抢占文化品牌先机，发展文化旅游产业，贵州省黎平县以侗族大歌申遗成功为契机，引资6.5亿元，建设侗族大歌实景展演场。该项目也被列为贵州省文化产业重点建设项目和全省拉动内需重点建设项目。项目规划占地面积788亩，将成为集观光、体验、寻访、研究、休闲、度假、娱乐为一体的"国际性侗族风情旅游城"①。除了将侗族大歌进行旅游实景打造外，还可以将侗族大歌开发成彩铃、文化展演、MV、电影、摄影、数字博物馆、数字旅游、动漫游戏等项目。

此外，侗族传统游戏、体育项目可以通过数字化开发成网络游戏、动漫项目，侗锦可以开发成绘画、工艺品、装饰项目，侗族鼓楼和村寨文化可以开发成城市建筑、风水、城市设计、园艺规划，然后利用新媒体传播、营销、创意平台，促进民族传统文化的数字化发展。

### 六　利用新媒体促进少数民族事务的自主管理

在新媒体的影响下，我国的民族事务管理同样面临着机遇和挑战。主要体现在以下几个方面。

信息来源更加广泛，民族事务管理的信息掌控面临挑战。过去，各

---

① 石光照：《贵州黎平借势起跳打造"侗乡之都"大品牌》，载新华网贵州频道，http://www.gz.xinhuanet.com/2014-11/12/c_1113221234.htm，2014-11-12。

民族地区因为地理位置影响，信息传播十分不便，人们的信息来源比较单一。民族事务管理中的信息传播主要是靠口耳相传或政府部门传达，或从书报、广播、电视等传统媒体上获得。新媒体时代，各民族群众的信息来源更加广泛。然而，新媒体在给人们以海量信息的同时也不可避免地充斥着虚假、色情、暴力、犯罪、反动等垃圾信息。由于各族群众的新媒体素养较低，人们面对大量垃圾信息时往往缺乏正确选择的能力，对信息的选择显得十分随意和茫然。这样，无疑给别有用心的人以可乘之机。同时，大量垃圾信息也给民族事务管理部门的信息梳理、甄别和掌控增加了难度。对信息不能有效掌控，就意味着不能做到及时把握社会舆情，不能有效引导舆情，不能使事件朝有利的方向发展，使民族事务管理工作陷入被动局面。

组织方式更加多样，民族事务管理的群众动员工作面临挑战。传统上，各民族群众都遵循一种同质化的生活方式，民族事务管理中的群众动员都是统一在村寨首领或行政官员的领导下行动，意见具有高度的一致性。新媒体为群众的沟通提供便利，让群众的组织方式更加多样化，使人们有了重建社会关系的可能，为群体价值观的重建和社会自组织提供了条件。这就意味着自上而下的传统动员方式的效果将会大打折扣，而许多群众自发的动员活动会得到更多人的支持。在面对由政府组织的集体动员活动时，许多组织者感到十分为难："现在的人都喊不动了!"因此，随着各民族群众组织方式更加多样，民族事务管理的群众动员工作将面临挑战。

诉求表达更加便捷，民族事务管理的组织协调面临挑战。长期以来，由于各民族地处偏远，交通不便，信息沟通不畅，群众诉求难以表达。即使一些问题能向民族事务管理部门表达诉求，而民族事务管理部门因为职能所限也只能与具体职能部门沟通协调而不能具体解决，久而久之形成了各种积怨。新媒体通过技术手段清除了种种障碍，使群众足不出户就能表达自己的意见、建议和要求，利益诉求表达更加便捷了，社会的声音得到空前加强。2010年伊始，国家提出加快推进"三网融合"政策，为用户带来真正融合的、完全不同于以往的新媒体收看及互动体验。温家宝同志在2010年"两会"前夕与网民交流时提出的"问政于民、问需于民、问计于民"成为现实。未来，普通百姓只要拥有一台入户的有线电视或者手机、电脑，就可以轻松与事件同步、与媒体同步，既提高了突发事件和新闻报道的及时性，又能使普通观众成为电视节目的参与者和创造者。这就意味着各族群众可以绕过其所处的基层单位或部门，直接把各种问题"捅破了天"。由此而带来的直接后果是，其所属的基层单位或部门将会面临来自其上级主管部门、社会舆论、新闻媒介和人民群众的强大压力，民族事务管理协调工作也将面临更大的难度。

社会思潮更加活跃，民族事务管理的舆论引导面临挑战。新媒体的开放性为各种思想、文化、信息的发布和传播提供了平台，新媒体成为多种思想、文化、信息的集散地，各种社会思潮、意识形态也随之扑面而来。新媒体也成为西方资本主义国家对我国进行"和平演变"的工具，其中以网络社区最为典型。网络社区已经成为各种意识形态、价值观、社会思潮传播和斗争的新阵地。"在这种背景下，意识形态安全成为中国当前最重要的问题。新媒体技术对于意识形态的构建产生了极大的影响，意识形态的门槛在降低。尤其是对于中国而言，全球化、网络化和社会化发展的新媒体，空前拓展了意识形态存在的时间与空间，使得意识形态无所不在、无时不有，不同意识形态的冲突与交锋更为直接、激烈和多样化。"① 这无疑给民族问题的舆情收集工作带来了很大的难度，同时对民族问题的舆论引导提出了新的挑战和要求。

针对我国民族问题的特点，新媒体时代，应该充分利用新媒体的传播优势，加强和促进我国民族事务管理的创新。

充分利用多媒体传播优势，为各民族群众提供经济、科技信息服务。我国现阶段的民族问题说到底是经济欠发达问题。胡锦涛同志指出："发展是解决中国所有问题的关键，也是解决民族地区困难和问题的关键。民族地区存在的所有困难和问题，归根结底要靠发展来解决。"经济欠发达的原因是多方面的，各民族群众经济、科技信息欠缺及运用能力较低是重要方面。各民族事务管理部门应该针对各民族特点充分利用手机、网络、卫星数字电视等新媒体为各民族的经济、科技信息服务。可以根

---

① 尹韵公：《中国新媒体发展报告》，社会科学文献出版社2011年版，第20页。

据各民族地区经济发展条件，有针对性地收集经济、科技致富信息，通过手机、网络发送给少数民族同胞。为此，一方面，要加大各民族地区通信基础设施建设，提高宽带、移动通信网络的覆盖面；另一方面，要增强各民族群众新媒体素养，提升各族群众对新媒体的认识水平和使用能力。

充分利用新媒体传播优势，构建党的民族理论与民族政策宣传的立体网络。贾庆林同志在2010年12月16日出版的第24期《求是》杂志发表署名文章《坚定不移走中国特色解决民族问题的正确道路》指出，要加大对党的民族理论政策、民族法律法规和民族基本知识的学习宣传力度，真正为广大干部群众所掌握，成为自觉行动。要不折不扣地把民族政策和民族法律法规作为处理民族问题的准绳，切实落实到民族工作的各个方面、各个环节。新媒体具有传统媒体无可比拟的传播优势，利用新媒体宣传党的民族理论与民族政策将会起到意想不到的效果。

充分利用多媒体传播优势，建设多元化的信息情报渠道，做好影响民族稳定的各种信息，以及各族群众关注的热点难点问题的舆情掌控。民族宗教事务管理部门与各族群众之间始终保持着天然联系，更要充分利用多媒体传播优势，建设多元化的信息情报渠道，做好影响民族稳定的各种信息，以及各族群众关注的热点难点问题的舆情掌控，发挥敏感信息搜集汇总、及时上传下达的作用，使民族宗教事务管理部门的桥梁纽带作用在促进民族团结进步、维护民族地区社会政治稳定中得到充分体现和不断强化。有关部门要根据现代信息的特点，进一步进行有针对性的研究，出台规范互联网、手机短信等方面的法律法规，并狠抓落实，堵塞漏洞，不给别有用心的人以可乘之机。

充分利用多媒体传播优势，做好新形势下民族报道，占领国际舆论制高点。民族报道是新闻记者永恒的主题。多年来，我国各新闻单位重视民族报道，取得不少成绩，但近年来，由于种种原因，也出现民族报道被冲淡，有所弱化的现象。应充分利用多媒体传播优势，做好新形势下民族报道，占领国际舆论制高点。当前，加强民族报道，重点应该突出以下几个方面的内容：第一，抓住各民族共同团结奋斗、共同繁荣发展的主题并加强报道。第二，大力宣传党的民族政策和我国的民族区域自治制度，反映我国保障少数民族合法权益的做法和经验。第三，满腔热忱地讴歌我党建立的中国特色社会主义新型民族关系,用手中的笔巩固和发展平等团结互助和谐的社会主义民族关系。①

充分利用多媒体传播优势,建立快捷的民意表达平台,引导民情沟通。民众积怨太多,如果没有合理的渠道表达,久而久之就会酿成群体性事件的导火线。要把保障和改善民生作为民族工作的出发点和落脚点。新媒体为社情民意的表达提供了方便快捷而且费用低廉的平台,只要一个帖子、一个短信就可以将自己的诉求表达出来。作为民族事务管理各相关部门,应该建立快捷的社情民意表达平台,建立广泛而专门的社情民意收集机制,建立社情民意的处理反馈机制。

充分利用多媒体传播优势,加强民族干部的新媒体素养。民族干部的新媒体素养直接关系到为各族群众服务的能力与水平,只有提高民族干部的新媒体素养,才能很好地利用新媒体为各族群众服务。要通过自学、培训、考试等多种途径,加强对民族干部的新媒体素养的培养,并且运用到现实工作当中,为加强和改进民族事务管理服务。

## 第三节 少数民族传统文化现代性建构应处理好的关系

由于受到各种因素的影响,少数民族传统文化在现代性建构过程中会受到许多掣肘。应正确处理各种关系,促进少数民族现代化的快速发展。

### 一 传统文化与现代文化的共生关系

文化没有优劣之分,但是有先进与落后之别。积极学习和采借先进文化是一个民族发展进步的源泉,是民族和国家振兴的动力。充分挖掘和利用侗族传统文化中的优秀成分与现代先进文化相结合,是侗族传统文化现代性建构的发展方向。

文化变迁有计划性变迁和无计划性变迁。民族文化的传承和发展是一个动态的历史过程,这种趋势不以个人意志为转移,但是其发展速度和前进方向可以受到外界的影响而产生变化。在传统时代,民族文化的

---

① 吴国清:《做好新形势下民族报道的认识与实践》,载《中国记者》2008年第8期。

传承和变迁是在自然经济的背景下进行的，依据的是文化自身的变迁机制，呈自发性。进入现代社会，传统文化面临着现代文化的冲击。这种冲击表现为：一是传统文化的生态环境面临着越来越严峻的考验，许多传统文化形式面临消亡的危险。二是为了适应现代文化的要求，出现了许多伪民族文化，伪民歌、伪民俗、伪婚俗等比比皆是。三是面对现代化文化的冲击，许多人干脆"弃甲投降"，主张全盘"西化"，不分好坏地一味学习、引进、模仿西方文化，结果使我们的文化变成"无根之草"、"无本之木"。四是借助所谓的文化"回归"，某些传统文化中腐朽没落的成分趁机抬头，而且在某些地区或某些方面还很有市场，与现代化的主旋律极不和谐。

当前湖南侗族传统文化的现代化建构中存在着传统文化保护与发展的种种困境：一是如何正确处理传统文化与现代文化的关系问题。一方面大家都认识到侗族传统文化的重要性，觉得很有必要保护好侗族传统文化；另一方面广大侗族同胞又有发展现代经济、改善生产生活条件的迫切愿望，在进行利弊权衡的过程中，往往会忽视前者而重视后者。有些观点甚至认为，要发展经济、进行现代化建设就必须付出代价，这种代价既包括资源、环境的代价，也包括对传统文化的破坏。二是现代化发展中传统文化如何有效保护的问题。在对传统文化进行保护的过程中，由于缺少有效的保护手段，主要关注的是对遗产的静态维护而忽视了文化遗产的整体性、本真性，结果变保护为破坏，事与愿违。三是如何正确处理传统文化现代性建构中的长期效益和短视行为与绩效思想。现代化发展是一项长期的系统工程，民族文化的发展同样如此。要想在很短的一届或几届领导班子任期内取得现代化快速发展是不现实的。要想让一项长期的工作在短期内完成，势必会产生功利主义，造成对资源的浪费、掠夺甚至破坏。

保护文化就是保护我们民族的根基，守护民族文化资源就是守护我们民族的精神家园。随着现代化的进行，每一个民族都要在现代化与传统文化之间寻找平衡。

## 二 经济发展与文化传承的协调关系

随着经济的发展、科技的进步，尤其是网络的兴起，文化的力量日益凸显，文化与经济共生互动，经济和文化的一体化趋势日益增强。经济日益文化化，文化日益经济化。要促进湖南侗族文化现代性建构就应该充分重视经济发展与文化传承的互动关系，利用强大的经济基础来促进文化传承，同时也将文化资源转换为经济发展资源。

一方面，对经济社会的发展来说，文化的内在驱动力比经济力、政治力具有更强大的牵引力。文化在经济社会发展中的地位和作用越来越重要，已成为影响地区竞争力的关键因素。经济活动中注入的文化内涵越多，物质生产中产品的档次和附加值就越高，竞争力就越强，效益就越好。

另一方面，强大的经济利益能够促进文化的传承、传播和发展。文化发展中吸收的经济成分越多，科技含量越高，文化的覆盖面越广，影响力就越大，渗透力就越强。同时，人是趋利动物，文化的传承与发展必须有其特定的实用价值。在当今时代，经济价值是最外显和最具驱动力的因素之一。传统文化的传承和保护如果能转化成现实的经济利益，无疑具有十分强大的吸引力和号召力。

但是在现实的民族文化资源开发中，往往存在文化资源开发和文化保护的悖论。开发民族文化资源，发展文化旅游业目前已经成为少数民族地区脱贫致富、发展经济的重要途径，但是在发展旅游业的过程中，对于民族文化资源的保护与开发依然存在"两难"。一些少数民族地区对原生态文化进行了大规模、低层次的粗放式开发，在开发经营中"重利用，轻保护"，为了追求商业利益的最大化，对民族传统文化进行人为的"改造"，致其"变味"。这种过度商业化的开发虽然在短期内能够使当地群众脱贫致富，但从长期来看却对少数民族文化的传承发展造成了巨大伤害。如何做到开发与保护并举，实现少数民族文化的可持续发展，已经成为当前民族地区文化发展中必须解决的迫切问题。

面对这种开发与保护的困境，我们既不能为了片面追求经济社会的快速发展而盲目扩大少数民族文化旅游的规模，也不能为了片面强调保护少数民族文化而抑制旅游业产业化的发展。在少数民族文化资源的开发过程中，必须遵循经济、社会、环境三方效益相统一的原则，通过建立并完善相应的法律法规和政策措施，保障对于少数民族文化资源的合理开发和科学保护，以开发利用促进民族文化的保护传承，以保护传承保障民族文化产业的可持续发展，最终实现开发与保护的良性互动。

### 三　媒介宣传与文化建构的互动关系

新媒体时代，文化全球化、一体化趋势愈演愈烈，而快速更新的纷繁多样的媒介产品无一不在消解着人们对传统文化的注意力和热情，也在不断地冲击着传统文化的生存和传播。

麦克卢汉认为，媒介是社会变革的基本动力，并把媒介作为社会发展和社会形态变化的决定因素来看待。显然，麦克卢汉夸大了媒介的作用，在他的理论中看不到从事着能动的社会实践的人，看不到人与人之间的社会关系。而掌握媒介技术的人才是关键，如果没有训练有素的传播者，这些媒体技术的发展将不可能创造出任何成果，更谈不上改变社会形态了，所以，归根到底，媒介的使用者如何使用媒介才是最关键的。只有善于利用传播媒介新技术，做好把关人，才能真正做到不辱使命。在这个媒介技术无所不能的时代，媒体应该重复利用其强大的宣传力量来促进传统文化的传承和传播。

然而，在现实中却存在诸多的制约因素影响媒介宣传与文化建构的互动关系。一方面，受经济利益的驱使，媒介弱化或放弃了其社会责任，很少关注"具有泥土味"的少数民族传统文化发展的需要，而是将镜头更多地对准了经济效益好、有点击率、有轰动效应的现代流行文化，引进国外的流行文化来充斥国内市场，争夺国内受众；另一方面，受经济条件、文化背景和受教育程度等各种因素制约，广大少数民族同胞的媒介素养较低，利用媒介来传播、传承、建构本民族文化的意识欠缺、能力较弱，这样更进一步削弱了少数民族传统文化在信息爆炸时代的影响。同时，媒介长期以来形成的"高大上"宣传模式，隔离了广大受众与传媒的互动关系，影响了广大受众对传媒的认知与认同。因此，在新媒体时代，应该建立媒介与受众的良性互动关系，建立少数民族传统文化传播机制和平台,促进少数民族传统文化的传播。

## 四 政府力量与民族精英的协同关系

政府和民间分别代表着民族文化发展的两种不同力量。政府是民族文化发展的主导性力量,民间作用是民族文化发展的推动力量。两种力量相互协同形成合力,才能促进民族文化的健康发展。在侗族传统文化现代性建构中,必须正确处理好政府力量与民间精英的协同关系。

侗族精英可以分为政治精英(从政人员、领导、公务员)、民族精英(族长、长者)、经济精英(侗族企业家、成功人士)和文化精英(传统文化传承人、教师、学生)等。他们大多是侗族经济发展、社会进步的带头人,为湖南侗族地区区域经济发展和社会繁荣作出了卓越的贡献。由于历史原因,以精英为代表的侗族民间力量很难在政治上拥有话语权,加之侗族同胞整体文化水平较低,从事的都是粗放型农业,在经济领域也很难占有一席之地。因此,侗族精英在经济社会事业中很难拥有自己的话语权,对侗族自身文化建设、传承与传播也缺少强有力的发声,在许多文化事项建设中只能充当政府的配角、执行者。笔者调研中发现,作为民间力量代表的侗族精英群体力量单薄,导向作用没有全面发挥出来。许多受访者认为,要传承和保护好少数民族文化,最重要的还是靠民族自身和政府共同努力(表6-2)。因此,应该发挥"政府力量主导,民间力量推进"的合力,推进民族传统文化发展。

表6-2　　　　　少数民族文化传承最重要的力量是什么　　　　(单位:人)

| 题目＼选项 | 政府 | 媒体 | 学者 | 民族自己 | 其他 |
| --- | --- | --- | --- | --- | --- |
| 您认为要传承和保护好少数民族文化,要依靠什么? | 79(40.1%) | 8(4.06%) | 3(1.52%) | 104(52.79%) | 3(1.52%) |

# 第七章　新媒体的现代性反思

作为现代性历史发展的本性和现代性构成的标准化判断，传媒成为西方现代性发展的内在要求和代表性旗帜，成为现代化发展的重要"推进器"，新媒体更是以传统媒体无可比拟的优势极大地促进了现代性的发展。但是，新媒体在带给人类全新文化形式的同时，也给人类社会文化带来了严重冲击，引起了民族社会文化的急剧变迁。因此，我们必须深刻反思新媒体的现代性，客观评价新媒体在各民族社会发展和文化变迁中的作用。唯有如此，我们才能更好地发挥新媒体在少数民族传统文化现代性建构中的作用。

## 一　互联网使数字鸿沟越来越深

美国作家托马斯·弗里德曼曾经指出，互联网正让世界变得"扁平"：新技术将每个人都连接在一起，产生了跨越国界的竞争和机遇，使得许多工作可以在世界范围内流动。的确，互联网为全世界的信息快速流通创造了极为便捷的渠道。但是，互联网的出现是否真正意味着像一些人所想象的世界从此进入了没有差别、没有等级的完全"扁平"的时代呢？事实远非如此，互联网不但没有削减原本存在的人与人、国与国之间的各种差距，从某种角度来说，正是互联网在进一步放大了这种差距。被一些社会学家、经济学家称为"数字鸿沟"的差距正在将人们的差距拉得越来越大。

实际上，网络世界中个人与个人之间也具有非平等性。英国学者诺顿认为，"计算机世界是我所知道的唯一真正把机会均等作为当代规则的空间……但是互联网上没有形式上的权力，并不意味着没有权威"。实际上，网络世界中不仅存在着权威，而且存在着权力及权力等级。有学者指出："实际上，在任何社群中，身份与等级密切相关，在线虚拟身份的出现不仅意味着离线等级被打破，而且还意味着等级的重建……赛博空间并不是天然平等的'无知之幕'，而是一个新的名利场。"① "网络中仍存在着激烈的话语权争夺以及话语霸权。而在这场争夺中只有少数人能够获得相应的话语权（如版主和部分资深网友），更多的普通人则并不能真正地享有话语权。究其原因则是他们只有话语的权利（Right）却没有话语的权力（Power）——他们能说话，却没人听；他们能传播信息，却没有任何传播效果，而这种现象正在成为网络社会中的普遍现象。"② 喻国明教授把这个意思表达得更加活灵活现，话语权的"意思是，虽然每个人都拥有说话的权利，但就其社会声音的表达而言，社会层次的分布是很不相同的，有些人的'音量'比较大，比如他掌握着某种权利，操纵着某种国家机器，拥有某种财产；有些人的'音量'比较小，因为一没权，二没势，三没财"③。

  西方互联网发达国家早已认识到互联网发展的不平衡问题。国际互联网应用和普及程度最高的是美国。从 1995 年 7 月到 2000 年 10 月，美国国家远程通信和信息管理局（NTIA）先后四次发布了美国国内的"数字鸿沟"问题，把"数字鸿沟"问题列为美国首要的经济问题和人权问题。美国之所以把这个问题提到如此重要的地位，其目的是使全部美国人融入网络经济和网络社会，通过大力普及国际互联网，全面提高美国在 21 世纪的国家竞争力。随着对"数字鸿沟"认识的逐步深入，各国政府、国际组织以及各国政要纷纷发表了他们对"数字鸿沟"的认识，普遍认为国际互联网具有促进发展的潜力，如果不能有效解决该问题，"数字鸿沟"有可能成为各个国家间以及各国内部发展的巨大障碍。而这巨大的障碍带来的严重后果便是阿尔温·托夫勒在《权力的转移》中所说的，"世界已经离开了暴力和金钱控制的时代，未来世界政治的魔力将控

---

① 冯务中：《网络世界"平等性"的真相》，载《高校理论战线》2008 年第 5 期。
② 祁林：《以 BBS 为例论络话语的有限性》，载《新闻知识》2003 年第 111 期。
③ 喻国明：《21 世纪传媒业揭秘》，载赵均编《透视中国——在北京广播学院听讲座》，中国工人出版社 2001 年版，第 101 页。

制在拥有信息强权的人的手里,他们会使用手中掌握的网络控制权、信息发布权,利用英语这种强大的文化语言优势,达到暴力和金钱无法征服的目的"①。

面对互联网普遍存在的等级结构现实,首先,要正确认识其等级结构的实质。这种实质就是少数发达国家对广大发展中国家知识经济权力的垄断,是一种新型的殖民手段。随着冷战的结束,全球政治经济格局发生了很大的变化。进入21世纪,世界经济出现了一些新的重大变化,人类社会经过几千年的农业社会和几百年的工业社会,即将进入一种新的经济形态,美国称之为"新经济",经济与合作发展组织称之为"知识经济",还有人称之为"网络经济"、智能经济、眼球经济、信心经济等。新经济时代,即知识经济是新的社会经济形态,虚拟经济是新的经济活动模式,网络经济是新的经济运行方式。互联网将成为将来经济社会发展的重要支柱。发达国家在互联网方面的绝对优势,必将转化为经济社会发展的绝对优势,继续实现对发展中国家的新型殖民控制。

其次,要正确分析造成这种结构等级的历史背景和现实原因。那就是西方发达国家在经济实力、科学技术和文化实力等各方面所占有的绝对优势,这种绝对优势导致了以美国为首的西方发达国家在科学技术方面——包括互联网世界——远远超过了广大发展中国家。广大发展中国家要想在将来的经济社会中取得快速发展,就必须加大以互联网为主的信息产业的发展。当前,我国的互联网信息产业取得了可喜的成绩,但是部门之间、地区之间、行业之间、城乡之间的发展十分不平衡。这一方面是受到经济发展水平的制约,另一方面是受到体制的制约;更重要的是受到观念的影响,各个部门、各个行业、各个地区只顾及本位利益,很少从国家宏观层面、从老百姓利益角度去考虑互联网发展问题。仅仅因为利益分割问题,"三网融合"从概念到实施拖了15年之久,才在温家宝同志的亲自协调下勉强达成共识。可见,部门本位主义观念严重制约了我国互联网信息产业的发展。因此,要想大力促进我国互联网信息产业的发展,必须从体制、观念上狠下工夫,大力破除部门本位主义观

---

① 匡文波:《网络媒体概论》,清华大学出版社2001年版,第97页。

念,唯有如此才能真正促进互联网的快速发展。

最后,必须高度警惕以美国为首的西方国家通过互联网进行的各种渗透,要高度重视互联网平等、自由外衣下的各种不可告人的阴谋,从国家安全战略高度出发,加强对互联网的合理合法的管理和引导。

## 二 解构传统但尚未建构新秩序

程曼丽教授曾从历史的角度就新媒体对社会的解构进行了研究,认为新媒体给我国社会带来了结构性的变化。对于国家(政府)而言,以互联网为代表的新媒体带来的最大挑战是信息或舆论管理难度的增加。对于社会而言,互联网的出现使现实社会中人们的关系状态发生了前所未有的改变。在传统社会,由于信息流速的缓慢以及双向信息渠道的稀缺,人际关系的范围大多局限于血缘关系、亲缘关系、业缘关系、邻里关系、朋友关系等,而难以辐射到更为遥远的区域。互联网不但具有信息互动功能,而且无远弗届,借助于它,远隔千里万里、所处环境迥异、全无干系的人也能建立起关系,相互交谈、倾诉,成为网友。这就使传统的人际关系超越了地域的阻隔,具有了极大的延伸性。对于个体而言,只需一台计算机、一个调制解调器和一根电话线,就可以上网检索、浏览、存储信息,互联网所具有的交互式传播的特点,又使网民在接收信息的同时,可以进行信息的生产、加工与发布,成为信息传播的主体。而个人一旦进入互联网,他的思维、行为方式,包括信息获取方式、通信方式、言论方式、话语方式、娱乐方式等就必然发生变化,这是不以人的意志为转移的。[①]

的确,以互联网、手机为代表的新媒体在很大程度上对传统社会进行了解构,打破了传统社会的信息接收与发布、权力结构、人际关系等状态,于是给人以短暂的假象和快感,以为有了新媒体,国家将会变得越来越民主规范,社会将会变得越来越透明公正,个人将会变得越来越自由和谐。然而,我们在欢呼新媒体带来的这种短暂的解构作用之后,却发现新媒体并没有建构起新的社会秩序。

---

① 程曼丽:《从历史角度看新媒体对传统社会的解构》,载《现代传播》2007年第6期。

从国家层面来看，信息或舆论管理的难度增大了，对于互联网信息、舆论的管控手段依然显得极其落后，传统的封堵方法被应用到新媒体上。由于中国传统的民主意识和氛围欠缺，网络舆论威力的大小也往往取决于行政长官的个人意思或政治风气。

从社会层面来看，人与人的关系的确因为新媒体而变得更加具有延伸性，但是伴随而来的网络欺诈与犯罪却让人闻"网友"而色变，网友从某种程度上成了欺骗、虚假、犯罪、偷窥的代名词。

从个人而言，网络给个人信息获取方式、通信方式、言论方式、话语方式、娱乐方式带来了根本性的变化，但是学生简单复制论文交作业、老师复制论文评职称的现象比比皆是，上课玩手机、下课打游戏、考试发短信舞弊已经成为大学必修课。戴着高倍近视眼镜，无论是坐车、吃饭、走路还是交谈都目不转睛地盯着手中的手机、iPad 玩游戏、看视频，旁若无人，欲罢不能。新媒体像一块魔石一样吸引着众多青少年，带给他们的是伤害眼睛、荒废学业、情感淡漠、社交障碍等。

### 三　网络成瘾：新的都市流行病

2006 年 4 月 17 日，三个 12—14 岁的学生因没钱上网，将一个看大门的老人打死，抢走 67.36 元钱，作案后回到网吧继续上网。

2006 年 7 月 14 日，某市的一个 15 岁少年因上网成瘾，整天迷恋于网络游戏，平时少言寡语，精神呆滞，长时间逃学。其母见儿子如此沉迷，多次劝阻无效，同其父商量好后，将儿子锁在家中。5 日后，这个少年因网瘾大发，开始焦躁不安，同其母争吵几句后，便将其母杀死，造成血案。

2007 年 3 月，某县两个高中学生经常上网聊天。男生甲以少女的身份约男生乙半夜在某处约会，乙生信以为真，半夜翻过学校院墙，不幸将左腿摔折。后来，乙生知悉此事，为报复将甲生打成轻伤，二人家长也为此事诉诸公堂。

17 岁少年小新（化名）为了偷钱上网，竟然将奶奶砍死，将爷爷砍成重伤。事后，小新投案自首。

网络成瘾，也称为网络过度使用或病理性网络使用，是指由于过度使用网络而导致明显的社会心理损害的一种现象。其主要特征是：无节制地花费大量时间上网，必须增加上网时间才能获得满足感，不能上网时出现异常情绪体验，学业失败、工作绩效变差或现实人际关系恶化，向他人说谎以隐瞒自己对网络的迷恋程度，症状反复发作等。

一项遍布全英的针对九所学校 2200 多名学生的调查表明，超过四分之三的十年级学生（约十四五岁）睡觉时抱着手机或平板电脑，或者伴随一台笔记本电脑。几乎一半的被调查者自认为沉迷于网络。① 香港一项调查发现，超过 60% 的受访年轻人表示，平均每天上网或玩游戏超过两小时。将近一半的受访者会因为不能上网或玩游戏而感到不安，有 15% 的人甚至每天平均花 8 小时以上。香港年轻人沉迷上网的现象较为普遍，影响亲友之间关系，更影响学习、工作和健康。② 2010 年 2 月 1 日，中国青少年网络协会第三次发布《中国青少年网瘾报告》称，目前我国城市青少年网民中，网瘾青少年的比例约为 14.1%。《2011 年中国网络青少年网瘾调查数据报告》显示，我国网络青少年网瘾的比例高达 26%，网瘾倾向比例高达 12%。显然，网络成瘾已经成为一种都市流行病。

### 四 偷窥，撩拨的不仅是好奇心

一位女网友在没开视频的情况下上网聊天，结果只披着浴巾的她被对方用视频拍照，随后遭人敲诈勒索。关于"视频偷窥"的敏感话题，一次又一次引起不少网民的热议。而用以实现这一目的的"神器"是一种被称为"强制视频偷窥"的木马软件。这类软件以木马植入的方式悄悄入侵他人电脑，在对方不知情的情况下，远程操控他人的电脑摄像头。最初，这种软件只是用于一些特殊途径的监视需求，如：出差在外的人，担心妻子、丈夫"出轨"而监视，或是对竞争对手的商业监视……然而，随着这种软件在互联网上的"声名大噪"，其功能也被越来越多地用于不法的途径。

如果说网民个人的"网络偷窥"仅仅是出于好奇或个人非法目的，那

---

① 《人民网》5 月 9 日伦敦电。
② 李双、曹海扬、李海元：《调查称港年轻人沉迷网络现象普遍影响亲友关系》，载《中国新闻网》，http://china.huanqiu.com/local/2013-07/4096264.html，2013-07-05。

么国家或组织机构的"网络偷窥"则赋予了更多的政治目的或军事意图。

2013年6月,美国中央情报局职员斯诺登向媒体公布了包括"棱镜"项目在内的美国政府多个秘密情报监视项目,在全世界掀起轩然大波。其实,美国借"国家安全"之名在全世界范围内实施了长期的网络监控行为。

美国拥有十分完备的监控体系,分为联邦政府、各州政府与商业机构三个层次,涵盖立法、司法和行政多个领域。联邦政府是监控的主体,由众多部门参与。联邦政府一是从立法方面为网络监控提供法律许可,先后制定了《窃听法》、《爱国者法案》等,要求大型通信公司在网站与通信设备上为政府监控留有后门,政府还可以通过发送"国家安全信函"要求网络公司向政府提供用户信息。二是设立多个机构从事监控工作,像联邦调查局设有"国内通讯协助中心"、中央情报局设有"开放源中心"专门从事网络监控工作。三是制定监控规则与确定监控对象,如制定敏感词表等。各州政府与商业机构主要配合联邦政府提供信息或进行技术支持,州政府也对本地区或利益相关领域进行监控,商业机构除了参与政府指定的信息监控外还从事一些商业间谍活动。美国从事信息监控的政府部门众多,现在已知的有国土安全部、中央情报局(CIA)、联邦调查局(FBI)、国家安全局(NSA)等。2010年,美国又成立了美军网络司令部,把对互联网的监控由民用扩大到了军事领域,并于2011年建立了世界上第一个网络部队第780军事情报旅。这一编制1200人的网络部队是由来自各地的网络黑客高手组成的,第780军事情报旅中的黑客具有军人的身份,被叫作"军队黑客",他们大都不受法律的限制,只要军队有命令就可以攻击任何网络目标。以上这些部门从不同角度、不同领域监控着整个互联网信息流动,范围很广,信息处理量巨大。据美联社2011年11月报道,就美国中央情报局(CIA)一家,仅Tiwtter一个网站每天就有500多万条言论受到审查。①

美国作为世界上信息技术最发达的国家,深知其中利害,很早就注

---

① 孔建会:《偷窥——美国的网络监控》,载光明网,http://www.gmw.cn/xueshu/2013 - 05/30/content_7799341_2.htm,2013 - 05 - 30。

重利用互联网来影响社会的发展，并把监视与控制互联网作为实现其经济政治目的，从而称霸世界的最重要手段。在美国看来，控制了信息传播就控制了人们的思想，控制了互联网络就控制了世界。通过对互联网信息传播的监控，不仅可以掌握互联网的话语权，还可以拥有信息流动的控制权，可以利用网络实现其政治或军事目的。美国利用 Tiwtter 等社交网站，操纵了整个中东的"颜色革命"，引了发改变世界的"阿拉伯之春"，推翻了埃及、利比亚等世俗政权。互联网俨然已经成为美国称霸世界的廉价工具。

## 五　网络暴力：被操控的伪民意

2008 年 10 月 2 日，韩国著名女演员崔真实自杀身亡。韩国媒体报道说，崔真实自杀前一直受到网络关于"放 25 亿韩元高利贷给安正焕并导致其死亡"的恶性谣言煎熬，她很可能感觉自己名誉尽失，因此走上了不归之路，这再次引发了人们对网络实名制的思考以及严惩网上恶意留言跟帖者的强烈要求。

无独有偶。据英国《每日电讯》等媒体 2013 年 8 月 7 日报道，14 岁的英国北爱尔兰东部郡女孩汉娜·史密斯，数月以前在社交网站 Ask.fm 注册了个人主页并上传了照片，没想到竟无辜遭到网络暴徒的谩骂。"帮帮忙去死吧，你这个可怜的家伙"，数周以来，这些赤裸裸的谩骂多次出现在汉娜的主页上，甚至连汉娜已故的叔叔都不放过，网友留言称"他该死，罪有应得"。很多人在她的个人主页上留言道，"你真的很丑"、"太肥了"，甚至还有人诅咒她遭遇"死神"、"得癌症"、"去死"。

汉娜曾一度勇敢地对这些威吓之辞作出反击："是的，我可能丑陋，但你们让别人死，说明你们的性格更加丑陋。你们可能欠缺关爱。"但最终，不堪重负的汉娜在位于莱斯特郡的家中上吊身亡。

与现实生活中拳脚相加、血肉相搏的暴力行为不同，网络暴力是借助网络的虚拟空间用语言文字对人进行伤害与诬蔑。这些恶语相向的言论、图片、视频的发表者，往往是一定规模数量的网民们，针对网络上发布的一些违背人类公共道德和传统价值观念以及触及人类道德底线的事件所发的言论。这些语言、文字、图片、视频都具有恶毒、尖酸刻薄、残忍凶暴等基本特点,已经超出了对于这些事件正常的评论范围,不但对事件当事人进行人身攻击、恶意诋毁,更将这种伤害行为从虚拟网络转移到现实社会中,对事件当事人进行"人肉搜索",将其真实身份、姓名、照片、生活细节等个人隐私公布于众。这些评论与做法,不但严重地影响了事件当事人的精神状态,更破坏了当事人的工作、学习和生活秩序,甚至造成严重的后果。

　　网络暴力的出现,不是一个或两个声讨帖能造成的。网络暴力巨大的杀伤力,是来自成千上万参与口诛笔伐的网民。他们在数量与规模上形成了一定的强势,而他们一致的立场与观点则因这种强势更显其权威。网络暴力根源很多,一是网民的匿名性,网络上缺乏制度和道德约束;二是一些网民的素质原因;三是社会的不公;四是法治与精神文明建设滞后,等等。如果说广大网民的"网络围观"是出于朴素的良知和社会责任感,"网络推手"则是制造网络暴力的最主要"黑手"。为了在市场竞争中抢占先机,故意自编自演相关事件或是放任网络暴行蔓延;为了追求点击率,用吸引眼球的大图片、惊心动魄的大标题,以及夸张的细节故事,来对新闻事件进行炒作。如"史上最毒后妈"事件,发布的帖中就称被虐女童被后妈"打得口吐鲜血,背部六块脊椎骨基本被打断",配发的图片也是血淋淋的。经各大论坛转帖后,标题已升级为《史上最恶毒的后妈暴打六岁女儿》。血淋淋的图片和耸人听闻的标题成为挑动网民神经兴奋点的重要手段。后来事件证实,六岁女孩吐血只是患病所致而非后母所为。年轻的冲动与激情和朴素的良知却成为网络运营商家非法获利的资本。

## 六　网络犯罪:难以承受之隐痛

　　一个19岁青年利用知名拍卖网站实施"网络诈骗"案,2001年1月17日在河北省张家口市宣化区法院开庭审理,该案号称"中国网上第一骗案"。据《燕赵都市报》报道,该案的主角叫刘剑,初中辍学后曾在宣化、北京中关村两次接受过电脑培训。2000年6月21日因涉嫌诈骗被刑事拘留,7月19日被逮捕。此后,这名19岁青年"名扬"全国,被各大媒体称为"网上蒙面人"、"中国网上第一骗"。检方在法庭上宣读了8份书证，指控刘剑利用互联网骗取他人钱财，构成诈骗罪。公诉人指控，2000年4月以来，刘剑在"雅宝"拍卖网站上用假名字发布虚假信息，自称有便宜的"摩托罗拉"、"诺基亚"二手手机出售，其价格不到新手机的一半。而在收到货款后，刘剑却不给求购者发货。他用这种方法从山东、江苏、福建、山西、内蒙古共骗得13350元。

网络犯罪，是指行为人运用计算机技术，借助于网络对其系统或信息进行攻击，破坏或利用网络进行其他犯罪的总称。根据我国刑法，网络犯罪包括两大类型。一是在计算机网络上实施的犯罪：非法侵入计算机信息系统罪；破坏计算机信息系统罪。表现形式有：袭击网站；在线传播计算机病毒。二是利用计算机网络实施的犯罪：利用计算机实施金融诈骗罪；利用计算机实施盗窃罪；利用计算机实施贪污、挪用公款罪；利用计算机窃取国家秘密罪；利用计算机实施其他犯罪，如电子讹诈，网上走私，网上非法交易，电子色情服务、虚假广告，网上洗钱，网上诈骗，电子盗窃，网上毁损商誉，在线侮辱、毁谤，网上侵犯商业秘密，网上组织邪教组织，在线间谍，网上刺探、提供国家机密的犯罪。据悉，2012年，我国网络诈骗金额超过2800亿元，受骗人数达2.57亿。①

网络的隐蔽性、虚拟性给违法犯罪提供了天然的温床，加之当前有关网络管理制度的缺失和法律法规的欠缺，网络犯罪已经在所难免，成为全社会关注的隐痛。

新媒体在给人们带来极大方便快捷的同时，也不可避免地带来诸多负面影响。这本身就是新媒体的现代性特征的典型体现，痛并快乐着，只有正确地认识其利弊，才能很好地享受新媒体带给我们的快乐。

---

① 张驰：《去年网络诈骗金额超2800亿　79%网站存高危漏洞》，载《解放日报》2013年1月8日第3版。

# 附　录

## 一　调查问卷

**1. "大众传媒与农村现代化"问卷调查表**

您好！

我们是湖南科技学院新闻传播系社会调查组的调查员，在此进行"大众传媒与农村现代化"的调查。本次调查不记姓名，问题的回答无所谓对错，请根据自己的实际情况填答。我们会严格依据相关法律法规对您提供的信息予以保密，请您放心填答。调查会占耽误您一些时间，我们对于给您造成的不便深感歉意，同时衷心感谢您给予的支持和合作！祝您及您的家人开心快乐！

填答说明：请将您认为正确的答案直接打"√"。

湖南科技学院新闻传播系社会调查组

（一）个人基本信息

A1. 您的性别：

1. 男　　2. 女

A2. 您的出生年月：　　年　　月

A3. 您的民族：

1. 汉族　2. 侗族　3. 苗族　4. 土家族　5. 其他

A4. 您的政治面貌：

1. 中共党员　2. 共青团员　3. 民主党派　4. 群众

A5. 您担任过或正在担任下列哪些职务：

1. 村支书　2. 村主任　3. 村会计　4. 村民小组长

5. 群众  6. 其他（请注明）

A6. 您的受教育程度：

1. 小学及以下  2. 初中  3. 高中及中专

4. 大专及本科  5. 研究生及以上

A7. 您目前的婚姻状况：

1. 未婚  2. 已婚  3. 丧偶  4. 离婚

A8. 您的职业：

1. 农业劳动者  2. 企业职工  3. 党政机关工作者

4. 企业管理者  5. 个体工商业者  6. 外出务工人员

7. 旅游业  8. 在校学生  9. 其他（请注明）_____

A9. 包括您在内，您家庭（按共同生活的人口计算）人口数为（    ），他们是：

1. 配偶  2. 爸爸  3. 妈妈  4. 儿子  5. 儿媳  6. 女儿

7. 女婿  8. 兄弟姐妹  9. 爷爷  10. 奶奶  11. 外公

12. 外婆  13. 其他（请注明）_____

A10. 您去年的年收入约为（    ）元。

A11. 您家的收入的主要来源（限选三项）：

1. 种植业  2. 养殖业  3. 个体工商业  4. 旅游业  5. 打工收入

6. 政府补贴  7. 亲戚支援  8. 单位工资

9. 其他（请注明）_____

A12. 您家去年的日常开支主要是（限选三项）：

1. 食品  2. 日化用品  3. 鞋服  4. 教育费用  5. 医疗费用

6. 人情开支  7. 农药化肥种子  8. 电费

9. 其他（请注明）_____

A13. 您家有下列哪些物品：

1. 农机  2. 彩电  3. 冰箱  4. 洗衣机  5. 空调

6. 摩托车/电动车  7. 汽车  8. 热水器  9. 电脑

10. 固定电话  11. 手机

（二）媒介接触情况

（1）电视使用状况

B1. 您家有几台电视机：

1. 0    2. 1    3. 2    4. 3

B2. 您的电视机是：

1. 普通黑白电视　2. 普通彩色电视

3. 彩色纯平电视　4. 彩色液晶电视　5. 背投电视

B3. 您目前的电视机是第几台电视机：

1. 第一台    2. 第二台    3. 第三台    4. 第四台

B4. 您购买电视机的原因：

1. 了解国内外政策　2. 了解生活生产信息

3. 休闲娱乐　　　　4. 别人买了，我也买

B5. 您购买第二台或第三台电视机的原因：

1. 原来的电视机坏了　2. 原来的是黑白的，想买彩色的

3. 原来的屏幕太小，想买屏幕大的　4. 一台不够全家人看

5. 其他原因（请注明）：_____

B6. 您家电视机的来源：

1. 自己购买    2. 亲友赠送

3. 政府发放    4. 其他（请注明）_____

B7. 购买电视机之后，您是否觉得您家的生活有所改变：

1. 变化较大　2. 变化一般　3. 变化较小　4. 没有变化　5. 说不清

B8. 如果经济条件允许，你是否会购买一台更大尺寸的电视机：

1. 会    2. 不会    3. 不知道

B9. 您家的电视接收方式是：

1. 卫星接收器，即"天锅"，价格：_____ 元

2. 有线电视，需缴纳的费用为：_____ 元/年

3. 室外天线，购买费用：_____ 元

4. 其他（请注明）_____

B10. 您家每天收看电视的时间为：

1. 1小时以下　2. 1—2小时　3. 2—3小时　4. 3小时以上

B11. 您家电视每天的收看次数大约为：

1. 1次　2. 2次　3. 3次　4. 4次　5. 5次及更多

B12. 您家每天收看电视的主要时段为（可多选）：

| | |
|---|---|
| 早上 | 6:00—8:00 |
| | 8:00—10:00 |
| | 10:00—12:00 |
| 下午 | 1:00—3:00 |
| | 3:00—5:00 |
| | 5:00—7:00 |
| 晚上 | 7:00—9:00 |
| | 9:00—11:00 |
| | 11:00—凌晨 |

B13. 大部分时间里，您家看电视的方式是：

1. 家人一起观看  2. 孩子单独观看  3. 老人单独观看

4. 父母单独观看  5. 孩子和老人一起观看  6. 孩子和父母一起观看

7. 父母和老人一起观看  8. 其他（请注明）_____

B14. 您家人一起看电视时，一般谁决定收看的频道和节目：

1. 老人  2. 丈夫  3. 妻子  4. 孩子

5. 其他（请注明）_____

B15. a. 您家的老人喜欢看电视吗？

1. 不喜欢  2. 喜欢

b. 您家小孩喜欢看电视吗？

1. 不喜欢  2. 喜欢

c. 您的孩子每天看电视的时间大约有多长：

1.1 小时内  2.1—2 小时  3.3—4 小时  4.5 小时及以上

B16. 您喜欢看什么电视节目（限选 4 项）：

1. 动画  2. 新闻  3. 娱乐  4. 都市言情  5. 社会纪实

6. 战争  7. 科教  8. 戏曲  9. 法制  10. 经济  11. 国际

12. 旅游  13. 体育  14. 购物

（2）报纸阅读情况

C1. 您家订了报纸吗？（选 1 转 C3）

1. 订了  2. 没订

C2. 您没有订报的主要原因是：

1. 没有需要的内容　2. 报纸送不到手中　3. 价格太高

4. 广告太多　5. 不认字　6. 没地方订　7. 其他原因

C3. a. 您看报纸吗？（　　　）

1. 经常看　2. 有时看　3. 很少看　4. 根本不看

b. 您每周看报纸的次数：

1. 0次　2. 1—2次　3. 3—4次　4. 5次以上

C4. 您经常看的报纸类型有：

1. 党报　2. 晚报/都市报　3. 体育　4. 娱乐　5. 时尚报

6. 文摘　7. 社会纪实　8. 妇女报　9. 农业技术　10. 经济信息

C5. 您认为报纸对你的生产、生活是否有帮助？

1. 有很大的帮助　2. 有时候有帮助　3. 没有帮助

C6. a. 您是否从报纸获得过帮助？

1. 获得过　2. 没获得　3. 没试过

b. 如果您有困难，您愿意找报纸帮忙吗？

1. 愿意　2. 不愿意　3. 免费就愿意　4. 没想过

C7. 您认为读报纸的主要作用是什么？

1. 开阔眼界　2. 了解政策　3. 娱乐心情　4. 学习法律法规

5. 了解市场信息　6. 掌握科学技术

C8. 您认为当前报纸内容是否符合农民的需求？

1. 很符合　2. 一般　3. 有些符合　4. 不符合

C9. 您认为当前报纸存在的主要问题是：

1. 没有合适内容　2. 订阅不方便　3. 价格太高　4. 广告太多

5. 版式太死板　6. 虚假报道太多　7. 时效太慢　8. 内容重复

9. 太政治化　10. 携带不方便　11. 阅读不方便

C10. 您认为造成当前报纸主要问题的原因是：

1. 记者不深入基层　2. 党委政府管得太死　3. 编辑记者水平太差

4. 过分依赖广告收入　5. 报社设备太落后　6. 农村交通不便利

7. 电视的冲击　8. 手机、电脑网络的冲击

C11. 您希望报纸增加哪些方面的信息（限选5项)？

1. 农业种养殖类　2. 政治类　3. 娱乐休闲类　4. 科学技术类

5. 打工就业信息类　6. 子女教育类　7. 社会保障

8. 法律法规类　9. 金融股票　10. 汽车、摩托车

C12. a. 如果村里设立订报点，您会订报纸吗？

1. 会　2. 不会　3. 经济条件允许的话会

b. 如果经济条件允许，您会订报纸吗？

1. 会　2. 不会

c. 如果免费赠送，您愿意订报吗？

1. 愿意　2. 不愿意

C13. 如果村里有阅报栏，您会去看报纸吗？

1. 会　2. 不会　3. 如果有空就会　4. 方便的时候会

(3) 电脑网络使用情况

D1. 您家有电脑吗？（选1跳至D4）

1. 有　2. 没有

D2. 见过电脑吗？（选2跳至D7）

1. 见过　2. 没见过

D3. 您在什么地方见过电脑？

1. 政府办公室　2. 街上老板店子　3. 学校　4. 工作的工厂

5. 娱乐场所　6. 亲戚朋友家　7. 别人家

D4. 您觉得电脑是什么样子？

1. 高科技产品，不能随便碰

2. 一种办公工具而已，没什么大不了的

3. 可以学习掌握的

4. 普通家电

D5. 您认为电脑网络的主要用处是什么？

1. 办公　2. 提供市场信息　3. 游戏娱乐　4. 教学

5. 上网与外界联系　6. 帮助农业生产

D6. 您的电脑能上网吗？（选1跳至D8）

1. 能　2. 不能

D7. 您听说过上网吗？（选2跳至D13）

1. 听说过　2. 没听说过

D8. 您上过网吗？（选1跳至D13）

1. 没有　2. 上过

D9. 您每周上网多少次？

1.1次　2.3—5次　3.10次以上　4. 经常上　5. 记不清了

D10. 您每周上网的费用是多少钱？

1. 自己家里上，不花钱　2.1—3元　3.3—6元

4.6—9元　5.9元以上

D11. 您每次上网的时间是多长？

1. 30分钟以内　2. 30—60分钟　3. 1—2小时　4.2小时以上

D12. 您经常上网的地方是：

1. 自己家里　2. 网吧　3. 亲朋家里　4. 政府办公室　5. 学校

D13. a. 您玩过电脑游戏吗？（a题选1直接跳至D14）

1. 玩过　2. 没玩过

b. 您每周玩多少次电脑游戏？

1.1—2次　2.3—5次　3.7次　4.10次以上

c. 您每次玩游戏的时间是多长？

1. 30分钟以内　2. 30分钟至小时　3. 1—2小时　4.2小时以上

D14. a. 您的小孩玩过游戏吗？（a题选2直接跳至D15）

1. 玩过　2. 没玩过

b. 您的小孩每周玩多少次电脑游戏？

1.1—2次　2.3—4次　3.5—7次　4.8次以上

c. 您的小孩每次玩游戏的时间是多长？

1. 30分钟以内　2. 30分钟至1小时　3. 1—2小时　4.2小时以上

D15. 您赞成小孩玩游戏吗？

1. 赞成　2. 不赞成　3. 无所谓

D16. 您用QQ聊过天吗？

1. 聊过　2. 没有

D17. 您用电脑上网的主要目的是：

1. 打字办公　2. 寻找市场信息　3. 玩游戏　4. 寻找科技知识

5. 上网与外界联系　6. 了解农业生产技术　7. 看新闻

8. 了解国家政策　9. 看电影

D18. 您觉得农村上网速度怎样？

1. 很慢　2. 一般　3. 可以接受　4. 很快

D19. 您认为影响农村上网的主要原因是什么？

1. 电脑太贵，买不起　2. 没有网络　3. 网络使用费太贵

4. 没必要　5. 没文化，不会电脑

D20. 如果有能上网的电脑，您会在网上发布您的需求或产品信息吗？

1. 会　2. 不会

(4) 手机使用情况

E1. 您有手机吗？（选 2 跳至 F1）

1. 有　2. 没有

E2. 到目前为止，你共用了多少个手机？

1. 1 个　2. 2 个　3. 3 个　4. 4 个　5. 5 个以上

E3. 您的手机获取途径是：

1. 自己买的　2. 小孩送的　3. 活动奖品　4. 交话费送的

5. 政府送的　6. 亲戚朋友送的

E4. 您买手机的主要目的是：

1. 方便联系　2. 大家都有，所以想买　3. 上网

4. 技术咨询　5. 工作需要　6. 其他

E5. 您买手机最看重的是（限选 2 项）：

1. 品牌　2. 价格　3. 外观　4. 质量　5. 电池使用时间

6. 屏幕大小　7. 能否上网

E6. 您听说过手机报吗？（选 2 跳至 E8）

1. 听说过　2. 没有

E7. 您看过手机报吗？

1. 看过　2. 没看过

E8. 如果经济允许，您会订手机报吗？

1. 会　2. 不会

E9. 您认为手机报存在的主要问题是什么？

1. 手机屏幕太小，不方便看　2. 内容太少

3. 阅读太麻烦    4. 内容雷同

E10. 如果订阅手机报，您主要选择哪些内容？

1. 农业种养殖类  2. 政治类   3. 娱乐休闲类   4. 科学技术类

5. 打工就业信息类 6. 子女教育类  7. 社会保障类

8. 法律法规类  9. 金融股票  10. 汽车、摩托车

E11. 手机可以上网您知道吗？（选2跳至F1）

1. 知道   2. 不知道

E12. 您用手机上过网吗？

1. 上过   2. 没上过   3. 经常上

E13. 您手机最常用的功能是：

1. 打电话   2. 发短信   3. 上网   4. 订阅致富科技

5. 手机报   6. 电话购物

E14. 您认为现在的电话费价格高吗？

1. 不高   2. 一般   3. 可以接受   4. 很高

E15. 您认为农村手机上网速度快吗？

1. 不快   2. 一般   3. 可以接受   4. 很快

（三）大众传媒与信息获取渠道

F1. 您最先通过什么途径了解下列事件的？

| | | | | | | |
|---|---|---|---|---|---|---|
| H7N9 流感 | 1. 电视 | 2. 报刊 | 3. 广播 | 4. 上网 | 5. 手机短信 | 6. 听别人说 |
| 2008年北京奥运会 | 1. 电视 | 2. 报刊 | 3. 广播 | 4. 上网 | 5. 手机短信 | 6. 听别人说 |
| "5·12"汶川大地震 | 1. 电视 | 2. 报刊 | 3. 广播 | 4. 上网 | 5. 手机短信 | 6. 听别人说 |
| 奥巴马连任美国总统 | 1. 电视 | 2. 报刊 | 3. 广播 | 4. 上网 | 5. 手机短信 | 6. 听别人说 |
| 习近平当选国家主席 | 1. 电视 | 2. 报刊 | 3. 广播 | 4. 上网 | 5. 手机短信 | 6. 听别人说 |
| 我国成功发射神舟十号 | 1. 电视 | 2. 报刊 | 3. 广播 | 4. 上网 | 5. 手机短信 | 6. 听别人说 |

F2. 对您而言，获取信息的最重要渠道是什么（限选三项）？

1. 电视   2. 报纸杂志   3. 广播   4. 互联网   5. 手机短信

6. 宣传标语   7. 政府会议   8. 亲戚朋友   9. 学校子女   10. 村干部

F3. 下列与农村有关的国家政策，您的了解情况是：

| 农村选举政策 | 1. 不了解　2. 了解一点　3. 很了解 | |
| 粮食直补政策 | 1. 不了解　2. 了解一点　3. 很了解 | |
| 农村合作医疗 | 1. 不了解　2. 了解一点　3. 很了解 | |
| 义务教育免学费 | 1. 不了解　2. 了解一点　3. 很了解 | |
| "家电下乡"政策 | 1. 不了解　2. 了解一点　3. 很了解 | |

F4. 你对这些国家政策的了解途径：

1. 电视　2. 报刊　3. 广播　4. 上网　5. 手机短信

6. 政府宣传资料　7. 听村干部说的　8. 听别人说的

F5. 你的农业种养殖技术、病虫防治技术是向谁学的：

1. 电视　2. 报刊　3. 广播　4. 村电教室教的　5. 手机短信

6. 政府宣传资料　7. 村干部教的　8. 农业技术员教　9. 亲戚朋友教的

（四）大众传媒与村民观念

G1. 您认为电视里的城市生活与现实的城市生活有区别吗？

1. 区别非常大　2. 区别比较大　3. 区别较小　4. 区别很小　5. 没有区别

G2. 您是否认为城市生活很好？

1. 很好　2. 比较好　3. 还行　4. 不太好　5. 不好　6. 说不清

G3. a. 如果条件允许，您是否愿意搬迁到城市生活？

1. 非常愿意　2. 比较愿意　3. 无所谓　4. 不太愿意　5. 不愿意

b. 您所在的村庄，村民迁往城市生活的现象是否普遍？

1. 很多　2. 比较多　3. 一般　4. 比较少　5. 非常少

G4. 您认为电视里的农村生活与现实的农村生活有没有区别？

1. 区别非常大　2. 区别比较大　3. 区别较小

4. 区别很小　5. 没有区别

G5. 您是否认为电视所反映的农村生活很好？

1. 很好　2. 比较好　3. 还行　4. 不太好　5. 不好　6. 说不清

G6. 您是否希望您所在的村庄能够成为电视里面反映的村庄那样？

1. 很希望　2. 比较希望　3. 无所谓　4. 不太希望　5. 不希望

G7. 您如何看待电视节目中的"婚外情"现象？

1. 你情我愿，无可指责

2. 两个人过不来应该找更合适的

3. 无所谓好坏、善恶，这是个人的私生活

4. 败坏社会道德，该谴责

5. 与自己无关，不关心

G8. 您如何看待电视节目中的离婚现象？

1. 两个人合不来应该离婚　2. 这是私人问题，无所谓好坏

3. 即使合不来也不应该离婚　4. 与自己无关，不关心

G9. 您认为农村婚外情现象与电视播放的内容有关系吗？

1. 很大关系　2. 有一定关系　3. 没有关系　4. 说不清

G10. a. 您如何看待电视节目中城市人结婚以后便与父母分开过的现象？

1. 非常好，在农村也应该这样　2. 好是好，但在农村行不通

3. 无所谓

4. 不好，这种生活方式使家庭关系变得疏远了，亲情变淡了

5. 很不好

b. 您所在的村庄，是否存在子女婚后与父母分开过的现象？

1. 很多　2. 比较多　3. 一般　4. 比较少　5. 非常少

G11. 如果遇到纠纷，您会求助于下列哪些人或机构？

1. 村镇干部　2. 亲戚朋友　3. 司法机关　4. 电视台

5. 报纸杂志　6. 亲友　7. 其他（请注明）_____

（五）大众传媒与休闲生活

H1. 您和您的家人平时主要的休闲活动有哪些（可多选）？

1. 看电视　2. 看书报　3. 赶集逛街　4. 聊天　5. 走亲访友

6. 玩牌、打麻将　7. 听广播 8. 运动　9. 旅游　10. 参加宗教活动

11. 拉歌、跳舞　12. 睡懒觉　13. 其他（请注明）_____

H2. 您是否羡慕城里人的休闲生活方式？

1. 羡慕　2. 不羡慕　3. 说不清

H3. 您和您的丈夫（或妻子）是如何认识的？

1. 在家经人介绍　2. 出外打工认识　3. QQ聊天认识的

4. 传统风俗中自己交友认识   5. 其他

H4. 您如何看待电视节目中城市人的结婚仪式及场景？

1. 很好，在农村也应该那样   2. 好是好，但在农村行不通

3. 无所谓好坏，各有各的仪式

4. 不好，在农村就该按照传统风俗来

H5. a 您在结婚时拍摄婚纱照了吗？（未婚者不答此题）

1. 拍了   2. 没有拍

b 您希望结婚时拍摄婚纱照吗？

1. 希望   2. 不希望   3. 无所谓

H6. a. 您如何看待电视节目中的"未婚先孕"现象？

1. 时代开放了，很正常   2. 这是两个人的私事，无所谓好坏

3. 社会风气的败坏，该指责   4. 与自己无关，不关心

b. 您所在的村庄，是否有"未婚先孕"的现象？

1. 很多   2. 比较多   3 一般   4. 比较少   5. 非常少

H7. 您现在有几个孩子？

1. 1   2. 2   3. 3   4. 0

H8. 如果政策允许，您希望能有几个孩子？

1. 2   2. 2   3. 3   4. 0   5. 4 个以上

H9. 您主要从哪种途径获得如何教育孩子的信息？

1. 电视教育节目   2. 书籍   3. 碟片

4. 口耳相传   5. 其他（请注明）_____

H10. 如果有机会，您是否希望您的孩子在城市接受教育？

1. 希望   2. 不希望   3. 无所谓

H11. 您希望孩子今后的去向是什么？

1. 去城市读书或打工，见世面后再回家生活   2. 在城市扎根生活

3. 去城市不适应，希望从小一直在农村生活   4. 无所谓，哪里都一样

H12. 如果出外打工，您对孩子有怎样的安排？

1. 留在家里给老人带

2. 先留在家里给老人带，等上学时再带往城市

3. 先留在家里给老人带，等上学时自己回家带孩子

4. 自己一直把孩子带在身边

H13. 您认为年轻人带孩子和老人带孩子的区别是什么？

1. 老人带孩子好，有经验

2. 年轻人带孩子好，老人观念过时了

3. 谁带都一样

**2. 侗族传统文化传播的网络调查问卷**

您好！

我们是湖南科技学院新闻传播系社会调查组的调查员，在此进行"大众传媒与农村现代化"的调查。本次调查不记姓名，问题的答案无所谓对错，请根据自己的实际情况填答。我们会严格依据相关法律法规对您提供的信息予以保密，请您放心填答。调查会占耽误您一些时间，我们对于给您造成的不便深感歉意，同时衷心感谢您给予的支持和合作！祝您及您的家人开心快乐！

本调查问卷共1页20小题，感谢您的配合！谢谢！

（一）您对侗族文化的态度

（1）您认为侗族与汉族有区别吗？

| 有很大区别 | 没有 | 有，但不明显 | 不知道 |
|---|---|---|---|

（2）你认为侗族与汉族最主要的区别是什么？

| 生活习惯不一样 | 风俗礼节等不一样 | 交往方式等不一样 | 宗教信仰不一样 |
|---|---|---|---|
| 文化背景不一样 | 教育方式不一样 | | 家庭背景不一样 |

（3）你认为学习汉族文化与保持侗族文化，哪一个更重要？

| 学习汉族文化更重要 | 保持侗族文化更重要 | 一样重要 | 说不清 |
|---|---|---|---|

（4）您认为最能代表侗族传统文化的是什么？（最多3项）

| 鼓楼 | 芦笙 | 风雨桥 | 四月八姑娘节 | 大歌 | 对山歌 | 银饰 | 摆手舞 | 划龙舟 | 过春节 | 赶秋 |
|---|---|---|---|---|---|---|---|---|---|---|

（5）你认为在现代社会是否有必要保持侗族文化传统？

| 很有必要 | 有必要 | 应该有必要，但不要太死板 | 不好说 | 不是很有必要 | 完全没有必要 |
|---|---|---|---|---|---|

（6）您认为随着社会的发展，侗族传统文化是否会逐渐淡化？

| 当然会淡化 | 有一些东西会淡化 | 可能会淡化，但不一定 | 可能不会淡化，但很难说 | 不会淡化 |
|---|---|---|---|---|
| | | | | |

(7) 你认为侗族传统文化淡化的最主要原因是什么？

| 传统文化本身不好 | 外来文化的冲击 | 年轻人打工外出 |
|---|---|---|
| 电视、网络、手机等媒体的冲击 | 国家不重视 | 其他 |

(8) 您认为要传承和保护好少数民族文化，最重要的要靠什么？

| 政府 | 媒体 | 学者 | 民族自己 | 其他 |
|---|---|---|---|---|
| | | | | |

(9) 侗族歌曲和现代流行歌曲，你更喜欢哪一种？

| 本民族歌曲 | 流行歌曲 | 两样都喜欢 | 两样都不喜欢 |
|---|---|---|---|
| | | | |

(10) 您通过什么渠道了解侗族文化？（最多3项）

| 村乡干部 | 政府文件 | 电视 | 广播 | 互联网 |
|---|---|---|---|---|
| 手机 | 宣传标语 | 家人、亲戚朋友 | 学校 | 其他 |

(11) 你对电视、报纸、网络等媒体宣传和报道侗族文化是否感到满意？

| 非常满意 | 满意 | 一般 | 不满意 | 非常不满意 |
|---|---|---|---|---|
| | | | | |

(12) 你对侗族文化宣传报道不满意的主要原因是什么？

| 报道不真实 | 报道数量太少 | 报道形式太死板 | 不贴近群众生活 | 其他 |
|---|---|---|---|---|
| | | | | |

(13) 新闻媒体在报道侗族民族文化与其他民族文化时有无差别？

| 差别非常大 | 有差异，但不大 | 没有差异 | 没有关注 |
|---|---|---|---|
| | | | |

(14) 你喜欢流行音乐的主要原因是：

| 通俗易懂 | 流行 | 身边的人都在唱 | 方便学习 | 其他 |
|---|---|---|---|---|
| | | | | |

(15) 您认为导致侗族文化与别的民族文化报道差别的主要原因是什么？（最多3项）

| 媒体的偏见 | 记者报道的角度不同 | 侗族记者太少 | 政治因素影响 |
|---|---|---|---|
| 侗族文化影响力较弱 | | 侗族经济不发达 | 侗族文化没特色 |

(16) 您认为新闻媒体所反映的侗族生活是否真实可信？

| 完全可信 | 基本可信 | 比较可信 | 不可信 | 说不准 |

(17) 您认为有没有必要开设专门的侗语频道或栏目或网站？

| 非常有必要 | 可有可无 | 没有必要 | 不关心 |

(18) 您经常浏览的网站类型是什么？（最多5项）

| 新闻网站 | 政务网站 | 商业网站 | 购物网站 | 部门网站 | 游戏网站 |
| 个人网站 | 旅游网站 | 交友网站 | 技术网站 | 学术网站 | 论坛贴吧 |

(19) 您上网的主要目的是什么？（最多5项）

| 办公 | 交友 | 玩游戏 | 娱乐 | 看新闻 | 看电影 |
| 找信息 | 了解形势 | 了解技术 | 找科技知识 | 与外界沟通 |

(20) 您了解最多的网站是（最多5项）：

| 新浪 |
| 腾讯 |
| 搜狐 |
| 网易 |
| 凤凰网 |
| 淘宝网 |
| 红网 |
| 华声在线 |
| 怀化新闻网 |
| 邵阳新闻网 |
| 芷江政府公众信息网 |
| 新晃政府公众信息网 |
| 通道政府公众信息网 |
| 靖州政府公众信息网 |
| 绥宁政府公众信息网 |
| 会同政府公众信息网 |
| 侗人网 |

续表

| | |
|---|---|
| 侗族风情网 | |
| 中国侗族网 | |
| 怀化农网 | |
| 通道旅游网 | |
| 新晃旅游网 | |
| 芷江旅游信息网 | |
| 怀化生活网 | |
| 通道侗乡信息网 | |

（二）您的基本情况

（1）您的性别：

| 男 | 女 |
|---|---|

（2）您是哪个民族：

| 侗族 | 汉族 | 苗族 | 瑶族 | 土家族 | 其他 |
|---|---|---|---|---|---|

（3）您的年龄是：

| 20岁及以下 | 21—30岁 | 31—40岁 | 41—50岁 | 51岁以上 |
|---|---|---|---|---|

（4）您的受教育程度是：

| 小学及以下 | 初中 | 高中或中专 | 大学 | 研究生 |
|---|---|---|---|---|

Powered by 问卷星™ www.sojump.com

## 二 调查提纲

（一）村落概况

1. 村落名称

（1）历史由来（注意特别的传说、故事、典故）

（2）自然村寨数量

（3）村民主要生产方式

（4）水、陆交通情况（传统交通工具；现代交通工具，如自行车、摩托车、拖拉机、小汽车）

2. 人口构成

（1）村落总人口数，其中男性人口数、女性人口数，劳动力人数，村庄总户数

（2）人口的职业构成（工、农、商、脱产干部、运输、养殖、旅游服务等）

（3）民族人口构成

3. 经济收入

（1）主要经济收入类型

（2）人均经济收入状况

4. 村落能源使用情况

（1）村落通电历史

（2）电力运行状况（包括电力来源——山区小水电或者统一供电、使用费用、是否经常停电等）

（3）沼气使用情况（建造的资金来源、开始使用时间、数量）

（4）液化气使用情况（开始使用时间、数量）

5. 家用电器使用情况（时间、数量、费用）

6. 大众传媒使用情况

（1）大众传媒主要类型（电视、报纸、手机、网络、广播、杂志）

（2）大众传媒主要数量（电视、报纸、手机、网络、广播、杂志）

（3）大众传媒使用时间（电视、报纸、手机、网络、广播、杂志）

（4）大众传媒使用费用（电视、报纸、手机、网络、广播、杂志）

7. 人口流动情况

（1）外出打工人数

（2）村庄打工历史（最早出外打工时间、普及性、聚集地区）

（3）打工者的总体信息（普遍年龄、学历、性别、家庭状况）

（4）目前返乡的打工者人数及所占外出人数的比例、返乡的普遍原因

（5）外来媳妇、女婿的数量、来源地、民族

（二）入户调查内容

1. 家庭总体情况

（1）入户访谈对象的姓氏、性别、年龄、民族成分、受教育程度、

家庭常住人口、工作、除务农外是否做过其他工作、住处（平地、山区、交通是否方便、离集市远近等）、所属村落（具体到村小组或生产队）

（2）描述入户家庭的居住环境、位置、房屋结构、装修程度、房子花费、屋内摆设、重要电器及交通工具（包括摩托车、自行车等）、重要的媒体通信设备（电视天锅、有线电视、网线、电话线）（访谈员观察）

2. 传媒使用情况

（1）所入户的家庭有几台电视、手机、电脑

（2）电视是黑白的还是彩色的，电视的尺寸、牌子、摆放位置的描述；观察是否有VCD、DVD、音响等配套设施；手机的牌子，是否3G；电脑牌子，能否上网

（3）电视、手机、电脑的来源（购买、赠送、扶贫）、购买时间、价格、对电视的爱护程度（观察对电视的保护措施等）

（4）电视、手机、电脑网络接收途径（有线；卫星接收器，即"天锅"；商场买的天线）

（5）入户家庭能接收到多少频道（有线和"锅盖"的频道对比）

（6）最喜欢的电视节目和电视频道（记录所有可以接收到的频道数量和每个频道的主要播放内容；记录被访者最喜欢的频道和节目）；为什么喜欢（举例说明印象最深的频道或节目内容）

（三）日常观察和访谈内容

1. 电视文化部分

（1）电视与休闲生活

①重点观察和访谈电视中所宣传或播放的休闲方式（具体的休闲方式，如旅游、运动项目、逛街等）对当地百姓有何影响

②具体休闲方式对不同群体的影响（老年人，成年人，儿童）

③当地普通话的普及程度（考察电视对当地语言的影响）

（2）电视与消费生活

①村民的消费观念（经久耐用、好看、有档次、有面子等）

②电视节目中的消费品及消费观念对村民有何影响（尤其是电视中的特殊情节，如婚礼、过生日、日常生活的豪华家居设施、旅游等节目的影响）

③村民对电视节目、网络、手机内容的评价

④观察当地村庄商店所卖商品与广告商品的一致性；以及村民在商店购买商品的选择标准；店主进货时是否考虑广告因素

⑤电视广告对村民消费的影响（尤其是电视、电脑、冰箱、洗衣机、饮水机、摩托车、空调、农用机械、高档烟酒、婚嫁商品等消费的影响）

（3）电视与传统风俗

①访谈当地的主要风俗习惯、重大节日庆典、民间信仰（如遇到要详细描述过程）

②如今的风俗或庆典与以往有何不同，阐明原因

③电视、网络、手机是否被引入风俗或庆典仪式当中

④是否将风俗或庆典活动的内容摄录下来刻成光盘碟片保存阐明原因

⑤是否有专门的个人或组织进行庆典录像、刻录光盘的工作，如果有，访谈该人或该组织（摄录内容、费用、频次、效果、规模、影响等）

⑥当地的民族歌舞与传统饮食、服装是否受到大众媒介的影响

（4）电视与婚育观念

①当地农村传统的婚恋观念、贞操观念、结婚方式、孕育方式

②如今村民的婚恋途径、结婚仪式等较之传统有何变化

③电视节目中经常出现的婚外情、包二奶、未婚同居、未婚先孕等现象对当地农村婚嫁等风俗习惯和生活方式的影响，村民如何评价（包括对电视节目以及现实生活中的评价）

（5）电视与育儿

①当地幼儿抚养状况（由谁抚养，每月平均费用，观察家中婴幼儿用品数量、来源）

②年轻父母抚养与爷爷奶奶等老一辈人抚养有何不同（观念、方式、效果等）

③电视节目、电视广告内容对婴幼儿抚养的影响（是否会接受电视中的育儿观念、育儿方法、育儿产品等）

④电视中的汉语、英语节目对婴幼儿教育的影响

⑤当地儿童的日常生活状况（平时上学时的主要时间安排和课余活动；节假日，尤其是寒暑假的时间安排和主要活动）

⑥电视节目对当地儿童日常生活的影响

a. 家长方面：家长对儿童教育是否受电视节目的影响

b. 儿童自身方面：儿童自身是否受电视的影响（具体是什么影响，如观念、对未来生活的想象等）

（6）传媒与城市生活的想象（注意区分经历过城市生活的人和没有经历过城市生活的人）

①对电视、影视、网络中城市生活的看法

②对现实中城市生活的看法

③自己所处的农村生活与城市生活最大的区别

（7）传媒与身份认同

①看电视、网络、手机时，是否有对自我的认同（每人都有自己的想法，应该尊重每人的生活态度和方式）

②看电视、网络、手机时，是否有对民族的认同（侗族与其他民族的区别，侗族的特点）

③看电视、网络、手机时，是否有对国家的认同（中国的历史、中国在世界所处的地位，中国人与外国人相比的优势与劣势）

（8）传媒与制度、管理

①是否利用网络、手机来进行各种事物的管理

②是否利用网络、手机进行各种技术、资料、文件、精神的传达

③是否利用网络、手机进行信息传播

④是否利用网络、手机进行各种纠纷、投诉、发表意见、见解

# 后　记

　　本书是教育部人文社科基金项目《新媒体语境下少数民族传统文化现代性建构研究——以湖南侗族为例》（编号12YJAZH083）的最终成果。从申报课题时的忐忑不安，到公布立项时的意外欣喜，再到做课题时的困苦交加，直到提交书稿时的如释重负，三年来的酸甜苦辣最后都浓缩在这一本不算沉甸的著作里。

　　整个研究历时三年，课题组先后多次深入湖南侗族地区的绥宁、通道、靖州、芷江、新晃、会同等地调研，得到了当地各族同胞的热情帮助，积极提供相关资料、联系调查点、提供食宿便利、配合调研。他们有的是我的领导、老师，有的是我的小学、中学、大学和研究生同学，有的是我的亲戚、朋友和同胞，有的是我的学生，也有的是普普通通的农民。让我们记住这些名字：杨灿权、李万彰、杨政和、杨富家、石佳能、吴国华、腾阳、彭开金、欧阳海峰、谭绪清、储永坤、赵芙蓉、龙康云、龙宪智、杨敬友、陈石姑、刘勇、黄民阳、田均权、侗族亚高原大哥吴跃军、杨志专、杨晓军、杨志坤、赵巧艳、李技文、傅绍璋、陈媚等，虽然我没有把他们按职务、身份一一排列，但要衷心感谢他们。本书还得到了课题组成员、王真慧博士、岳雪莲博士、韩斌博士、张佳硕士的大力支持。特别要感谢我的爱人张淑华女士，她作为课题组成员，自强不息，克服一切可以克服的困难，尽最大可能支持我的工作，积极参与课题研究，是她的坚强和勇敢让我能一如既往地进行课题研究。我们双方家庭也为此付出了很多很多，让我无以为报。本书的出版得到了中国社会科学出版社郭晓鸿主任，以及编辑、校对、设计等人员的大力支持，同时也受到湖南科技学院新媒体与社会发展研究所资助。湖南科技学院的各位领导、科技处、财务处等相关部门对本课题研究给予了大力支持,传媒学院的各位领导、同事也给予了大量关心。在此一并表示衷心感谢。

科学研究是为现实服务的。本研究虽然取得了一定的成绩,但是还有许多不足,还有很多问题需要解决。特别是民族地区的现代化发展问题,是实现我国各民族和谐共处、繁荣发展的关键环节。由于诸多原因,湖南侗族地区的各族同胞还处在较为贫困和欠发达状况,各族同胞实现现代化发展的愿望十分强烈,应当得到社会的更广泛关注,应当引起各级各部门的高度重视,想方设法,积极努力,为促进湖南侗族地区及各少数民族地区的快速发展共同奋斗。

龙运荣

2015 年 4 月于湖南科技学院桂园新村